지승호, THE INTERVIEW

그는 내가 만난 사람 중에 가장 나이스하고
친절한 사람이었습니다.
허세마저 귀여웠던 남자,
고故 신해철 님,
그리고 한번도 치사하지 않았던
내 어린 시절의 우상,
고故 최동원 님에게
이 책을 바치고 싶습니다.

인 터 뷰 의   재 발 견

지승호,
THE INTERVIEW

지승호 지음

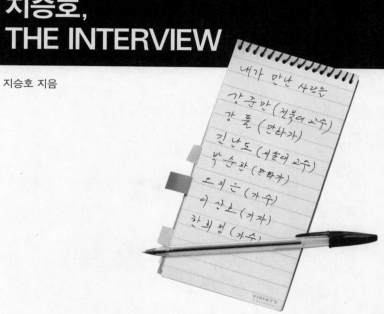

ViaBook Publisher

다시 인터뷰를 위하여

15년 전부터 알고 지낸 후배를 2년 만에 만났습니다. 만나자마자 후배가 물었습니다.

"형, 어떻게 지냈어?"

"어, 그냥. 그나저나 내가 왜 이 일을 계속하고 있는지 모르겠다. 무슨 호강을 누리겠다고."

그러자 후배가 말했습니다.

"그건 뭐, 운명 같은 거 아닐까?"

'다른 일을 해낼 자신이 없기도 하지만 경제적 안정을 원했다면 다른 선택지도 많았잖아.' 하는 생각이 들고 '이게 정말 내 길이 아닌 건 아닐까?' 하는 잡념이 많을 무렵 '운명'이라는 식상한 단어를 듣고 그냥 '심쿵'했습니다. 그 말 말고는 설명하기 힘든 것 같다는 생각이 들었습니다.

어느 날 갑자기 운명처럼 다가온 인터뷰라는 장르는 저에게 친절하지만은 않았던 것 같네요. 저는 늘 그 곁을 맴돌았지만, 이것이 내 것이라는 생각도 해보지 못했던 것 같습니다. 5년 전 『쉘 위 토크』라는 인터뷰집을 내고 앞으로는 인터뷰 모음집을 내지 않겠다는 이상한 결심을 했습니다. 어떤 주제별로 여러 사람을 인터뷰한 책 외에 그냥 제가 괜찮다고 생각하는 인터뷰를 모아서 내는 책은 그 이후 처음입니다. 그때 왜 그런 결정을 했는지 모르겠지만, 아마 이런 이유가 아니었나 싶습니다.

얼마 전 다음카카오 뉴스펀딩 인터뷰를 하면서 15년간 인터뷰를 했던 것에 대한 소회를 밝힌 글에 이런 댓글이 달렸습니다.

'남의 말이나 받아 적는 주제에 지 이름 달고 책을 내는 일을 15년간 하다니 정말 뻔뻔하다.'

여전히 인터뷰, 정확히는 문답식 인터뷰에 대해 편견을 가지고 있는 분들이 있다는 점에서 큰 충격을 받았습니다. 지난 15년은 이런 편견과의 싸움이었고, 이 싸움은 아직 끝나지 않은 것 같습니다. 매체가 없어 단행본이라는 매체를 선택했는데, 그것이 제게 기회와 모욕을 함께 준 셈이지요.

인터뷰 대상에 대한 애정과 사안에 대한 깊은 이해가 없으면 좋은 인터뷰를 해낼 수 없다고 생각합니다. 제가 그런 좋은 인터뷰어인지와는 별개로 말입니다. 2004년 『마주치다 눈뜨다』라는 책을 낼 무렵 김규항 선생은 제게 이런 추천사를 써주셨습니다.

"한국에서 인터뷰는 '인터뷰이의 약력이나 훑어보고 찾아가 두어 시간 이야기를 나눈 다음, 그 삶과 정신에 대해 파악하는 양 구는 일'인 듯하다. 물론 그건 인터뷰라는 노동을 둘러싼 추레한 환경 때문이다. 지승호는 그런 환경과는 아랑곳없이 인터뷰어의 기본을 지킨다. 그는 인터뷰이가 감탄할 만큼 치밀하게 준비하고, 또 거듭한다. 아직 그의 노동엔 즉각적인 보상이 따르지 않는다는 점에서, 그는 개척자적인 인터뷰어인 셈이다."

11년이 지난 지금, 과연 제가 어떤 분들의 기대만큼 '개척자적인 인터뷰어'로서의 역할을 제대로 수행했는지 돌이켜보면 그것이 실패였음을 자인할 수밖에 없습니다. '인터뷰라는 노동을 둘러싼 추레한 환경'을 개선해서 새로운 인터뷰어들이 등장할 수 있는 토양을 전혀 만들지 못했기 때문입니다.

그럼에도 불구하고 저는 대한민국에서 가장 많은 텍스트를 생산한 인터뷰어입니다. 여러 가지 어려움을 겪고 나서야 '인터뷰어가 인터뷰 모음집을 피해야 될 이유가 뭐지?' 하는 생각이 들었습니다. 이 인터뷰집의 콘셉트는 인터뷰의 재발견입니다. 여러분들께서 이 텍스트들을 통해 인터뷰의 재미를 발견해주셨으면 합니다. 저 역시 새삼 인터뷰의 재미에 눈뜨고 싶습니다. 그리고 인터뷰어로서 지승호가 재발견 당하고 싶다는 바람도 있습니다. 올해 말쯤 나올 인터뷰론과 함께 이 책은 인터뷰어로서 거듭나겠다는 선언의 의미로 받아들여 주셨으면 합니다.

이 책에 실린 인터뷰는 이상호 기자의 인터뷰를 제외하면 이미 지면이나 인터넷 등을 통해 발표된 것들입니다. 지면 관계상 실리지 못한 부분들을 추가했고요.

강준만 교수님의 인터뷰는 2014년 12월 「인물과 사상」 200호 특집을 통해 소개된 인터뷰입니다. 저한테는 엄청난 영향을 주신 분이고, 인터넷 논객들이 활동할 수 있는 토양을 만들어주신 분입니다. 강준만 교수님이 제게 남겨주신 '사람을 사랑하는 논객 지승호'라는 표현은 저에게 가장 영광스러운 호칭입니다.

만화가 강풀, 박순찬 화백, 이상호 기자의 인터뷰는 2015년 1~2월 다음카카오 뉴스펀딩 서비스를 위해 진행한 것입니다. 강풀 작가는 몇 년 전부터 인터뷰를 요청했으나 이번에 성사되었습니다. 지금의 웹툰 시장을 만들어낸 1등 공신인 강풀 작가의 진면모를 알 수 있는 인터뷰 중 하나가 될 것이라고 생각합니다. 박순찬 화백은 20년째 네 컷으로 시사만평을 해오고 있는 우리 시대의 만평가입니다. 겸손하면서도 소신 있게 우리 시대의 기록자 역할을 충실히 해내고 있습니다. 이상호 기자는 100여 번이나 고발, 소송을 당한 바 있습니다. 제가 아는 가장 뜨거운 남자입니다. 눈물이 가장 많은 남자이기도 하고요. 그에게 세월호가 우리에게 주는 의미, 영화 「다이빙벨」을 만든 이유를 들어보았습니다.

김난도 교수 인터뷰는 2012년 10월 「주간경향」 997호 '지승호가 만난 사람'에 게재된 인터뷰입니다. 『아프니까 청춘이다』라는 책으로 엄청난 사랑과 비난을 동시에 받은 김 교수에게 그런 논란에 대한 이야기를 듣고 싶었습니다.

가수 오지은, 한희정 님 인터뷰는 가슴네트워크/대중음악SOUND연구소가 기획하고 펴내는 「대중음악 SOUND」 9호 '우리시대 여성 싱어송라이터' 특집에 게재되었던 인터뷰입니다. 척박한 환경에서 음악을 해나가고 있는 여성 싱어송라이터로서의 이야기, 한국을 살아가는 30대 여성으로서의 이야기를 들어보았습니다.

이 인터뷰집으로 인해, 혹은 조그만 차이로 인해 우리가 외면했었던 인터뷰이들의 재발견이 되었으면 좋겠습니다. 이 책에 실린 인터뷰이들은 꾸준함과 일관성을 가지고 개척자적인 삶을 사신 분들, 자기 삶을 완성시켜나가고 계신 분들입니다.

요사이 했던 인터뷰 중에서 가장 의미가 있고, 인터뷰이들도 만족한 인터뷰라고 자신합니다. 부디 재미있게 읽어주시면 좋겠습니다. 이 자리를 빌려 귀한 시간 내어 인터뷰해주신 인터뷰이들에게 감사의 말씀을 드리고 싶습니다. 아울러 촉박한 시간에도 불구하고 꼼꼼하게 원고를 챙겨주신 비아북 한상준 대표, 이현령 편집자께도 감사의 말씀을 드립니다.

2015년 4월 25일
지승호 씀

★ 다음 카카오 뉴스펀딩을 통해 후원해주신 아래 분들에게
이 자리를 빌려 감사의 말씀을 드립니다.

0717blue님, 1000-ho님, 1258312님, 2-space님, 3beuty님, 501sister님, 6878-jung님, 78shyguy님, 856867님, alabuny님, amazon님, angbuli님, antiac님, aoghk0320님, arare-52님, awake.k님, banff2007님, bj0905님, bmyg7님, bnetzzang1님, bobhj007님, brownluv님, bugbears님, buljabi21님, bummomy님„ cadeau1024님, castrato77님, cebuchi님, charlie3255님, charm-jisuk님, chiwoo96님, choijk0405님, chokonglae님, chstone님, chul84님, cjkoung님, cleverhj3님, cokey9님, cooldent930님, coolwater4u님, cpproll님, creamy-님, cromian5님, csc6938님, csgee115님, curry-x님, cyhcms1240님, cynos0님, damooltr님, david2718님, dear-sb님, drroot님, drug48님, duchant님, dudream1979님, dudrud0901님, dufakquflm님, easil님, edkwchoi님, elevator2000님, emily515님, eunsdream님, eve-26님, fa2200님, flow_님, forever4kak님, form2002님, fotojournal님, fromladakh님, gaja206님, gaza222님, glancing1님, gncs1님, god2hana님, gogogom2001님, gojune6님, gomgug님, goodmanpb님, grinder님, gunsik630님, guswn81kr님, hadong00님, hannul1000님, hanrhdy님, happypark71님, hcy3438님, hgb2580님, hi79님, highclass님, hijih님, hiro0174님, hkk09님, hosan625님, hwanta2004님, hyeon112611님, hyoung75님, hyunmi3811님, hyunyongc님, interactive_1님, inyqueen님, inyqueen님, jak36님, jaki2님, jeewon418님, jenn-shin님, jesus26님, jh-8328님, jiclbs님, jiclbs님, jimo93님, jinshin73님, jin-ting님, jjil69님, jungaeryun님, jykim528님, k2gamer님, k-angra님, karamazova님, karla98님, kforreal님, kjehhh님, kjhtoday님, kjk1278님, kjo1128님, knsblue님, kym1102님, kyo6166님, kyongran님, lgh407님, lhh1108님, lhj13833님, lidialane님, lie7712님, limdarling님, ling220님, loveordeath-_-a님, luxmea86님, maeno486님, makline님, margo386님, mbc-eye님, mdw83님, mijoda님, miro1023님, miro1023님, missexpo님, mohano3님, moonjsun님, mosuky님, mpalba님, -my-sanctuary-님, namicool5님, neo2012kr님, neo-crom님, ner4kn님, nermsui님, net815님, nextwm님, nicejang74님, nikc80님, odogo님, ohhjk님, ondoka님, onecircle1님, opiatesoo님, ourchang님, park2407님, pd-hyonny님, pengos님, phdogy95님, philosper1님, picasso3040님, pichilgup님, pigfa68님, piguri님, piniya님, planpr님, pmy9007293님, pobby113님, poet0317님, poiuy__님, qqazx8040님, queen_jieun님, ramma2님, rmfjgwlanj님, rnsoo님, rockdays님, rus416님, sadwhite님, sbmom님, schoolboy님, seasch님, seoalan님, shm354님, sierra912님, sikimi1118님, silver2815님, singi185님, sizaq님, skytow님, smilewithyu님, sms3234님, so8710님, soj1014님, sonomama73님, sookkp님, soosoo0329님, sorii41님, soulnlife님, speediman님, sporlo님, ssigssigia님, ssmcrom님, tgbhu12님, tjboys90님, tmbgiw99님, tubig님, twa3762님, valentainji님, virushi님, wenjingen님, whnck님, windcone7님, withme1221님, won8680님, wonbokcho님, workman100님, yepannet님, ygadamer님, yhkim723님, ynchoice님, ynoza님, yolee1님, yoojchul님, youn8576님, youni-k님, yume1009님, zerosumy님, zominsu님

'태초의 논객'
강준만

"나는 중독형 인간이다.
글쓰기에 중독되어 있다."

지승호,
THE INTERVIEW

강준만
전북대학교 신문방송학과 교수로 재직하고 있다. 탁월한 인물 비평과 정교한 한국학 연구
로 우리 사회에 의미 있는 반향을 일으켜온 대한민국 대표 지식인이다. 지식인의 사명은
지식의 대중화에 있다고 여기며 그러한 사명을 다하기 위해 글을 쓰고 있다. 전공인 커뮤
니케이션학을 토대로 정치, 사회, 언론, 역사, 문화 등 분야와 경계를 뛰어넘는 전방위적인
저술 활동을 해왔으며, 사회를 꿰뚫어 보는 안목과 통찰을 바탕으로 숱한 의제를 공론화하
는 데 선도적인 역할을 해왔다.
『한국 현대사 산책』(전 18권), 『한국 근대사 산책』(전 10권), 『생각의 문법』, 『싸가지 없는 진보』
등 200여 권의 저서가 있다.

INtro

　　월간 「인물과 사상」 200호를 맞아 2014년 11월 1일, 전북대에서 강준만 교수와 인터뷰를 가졌습니다. 자신의 매체를 통해 인터뷰하는 것이 부담스러웠던지 극히 고사하던 강준만 교수는 마감을 며칠 앞두고서야 인터뷰를 수락했습니다. 「경향신문」은 2007년 4월 30일자 '민주화 20년, 지식인의 죽음' 특집을 통해 1987년 민주화 이후 20년 동안 한국 사회에 가장 큰 영향을 끼친 지식인으로 백낙청 서울대 명예교수, 리영희 전 한양대 교수, 최장집 당시 고려대 교수(현 고려대 명예교수)가 꼽힌 앙케이트 조사 결과를 발표했는데, 72명의 지식인이 응답한 이 조사 결과에서 강준만 교수는 열 표를 얻어 4위에 선정되었습니다. 90년대 이후 등장한 지식인으로 원로 지식인들과 어깨를 나란히 하는 지식인으로 인정받은 셈입니다. 담론 시장이 바뀌기 힘든 한국적인 상황에서 「인물과 사상」은 그만큼 큰 변화를 몰고 왔습니다. 당시 저널룩 「인물과 사상」과 월간 「인물과 사상」을 통해 등장한 논객들은 여전히 현재진행형으로 활발하게 활동하고 있습니다. 노정태는 그의 저서 『논객시대』를 통해 '태초에 강준만이 있었다'고 표현하며 이렇게 기록하고 있습니다. "철학자 비트겐슈타인과 러셀의 관계에 대해 누군가 '비트겐슈타인이 아름다운 그림이라면, 러셀은 벽지와도 같다'고 비유했다. 강준만이 논객시대의 시작과 형성, 어쩌면 지금까지의 전개에 미치는 영향도 바로 이와 같을 것이다. 저작물의 질, 논리, 문장력, 주제 선정, 정치적 지지, 문화적 취향 등에서 어떤 논객이 강준만보다 더 나은 무언가를 보여줄 수는 있다. 하지만 강준만이라는 존재를 배제하면, '논객시대'를 논의하기란 사실상 불가능하다. 심지어 우리가 살펴볼 또 한 사람의 강준만, 말하자면 '후기 강준만' 역시 '전기 강준만'이 대한민국 지성계에 터뜨린 폭탄과 후폭풍을 염두에 두지 않으면 이해할 수 없다. 강준만은 글을 통해 세상을 바꾼 몇 안되는 지식인이다."

나는 SNS 부적응자

"SNS에 대해 동의를 안 하고, 내가 할 뜻도 없지만, SNS가 사회적 담론의 주된 무대로 등장한 현실은 받아들인다."

지승호(이하 지) 월간 「인물과 사상」 200호를 맞는 소회가 어떠신지요? 만감이 교차하실 것 같은데요.

강준만(이하 강) 편집장님에게 들었겠지만, 인터뷰를 안 하려고 했어요. '뭔가 할 말이 있어. 의미 있어' 이럴 때 해야 하는데, 제가 처음에 큰소리쳤던 만큼, 원했던 만큼 되지 못한 것 같아서 부끄럽죠. 세월이 많이 흘렀구나, 하고 느끼는 정도.

지 노정태 씨의 『논객시대』라는 책에 나오는 것처럼 지금 활동하는 논객들이 만들어진 토양이 된 면이 분명히 있고요. 말씀하신 것처럼 처음에 원한 것만큼 오지 못하기도 했는데요.

강 기본적으로 종이 신문의 죽음, 죽기 일보 직전까지 몰아간 인터넷, SNS로 대변되는 기술 변화 앞에서는 전 세계가 다 똑같은 것 같습니다. 그게 근본적인 환경의 변화예요. 두 번째 변화는, 어찌됐건 그걸 진보라고 부르건 뭐라고 부르건 간에 과거 친민주당 세력들, 분명히 당파성은 있었던 거니까요. 그 세력이 사분오열이 되어버리니까요. 그걸 누가 막을 수 있었던 것은 아니고. 사실은 그게 좀 아쉽죠. 환경 변화야 어쩔 수 없는 것이지만, 생각이 완전히 달라져버린 데다가 아예 여와 야, 진보와 보수의 싸움 이상으로 내부의 싸움이 격렬해져버렸으니까요. 그 상태가 좀 씁쓸하죠.

지 한국에서 담론 시장이 바뀌는 것은 굉장히 어렵지 않습니까? 백낙청, 리영희, 최장집으로 대변되는 지식인들 이후에 「인물과 사상」 창간을 계기로 한 번 바뀌었다고 봅니다. 그 무렵부터 활동하던 강준만, 진중권, 고종석, 유시민, 홍세화, 김규항 등의 논객들이 여전히 활발하게 활동하고 있지만, 옛날만큼의 힘이 안 나오는 부분이 있는 데다가 그 아래 세대가 올라오지 못하고 있는 측면이 있는데요. 인터넷을 통해서 활발하게 활동했던 논객들도 펴보지 못하고 수그러들었거나 사분오열이 돼서 흩어져버린 느낌이 있습니다.

강 기술 변화, 이런 것이 결정적인 것 같아요. 과거에는 국민드라마라고 했잖습니까? 지금도 가끔 시청률이 높게 나오는 것이 있기는 하지만 다매체, 다채널 시대가 되니까 국민드라마라고 하는 것이 아주 어쩌다 한 번 나오는 것이 됐어요. 과거에는 '어저께 그거 봤어?' 하면 대충 셋 중에 하나는 봤는데, 지금은 그게 안 되죠. 종편이 잘 상징해주듯이 정치평론을 원래 제대로 했던 분들은 종편에 나오는 분들을 질 떨어지는 정치평론가 그런 식으로 이야기하지 않습니까? 하지만 종편에 출연하는 분들이 자기가 질이 떨어진다고 생각하겠어요? 질이 높건 낮건 간에 정치평론의 시대도, 종편을 이념적, 당파적 어떻게 보든 간에 그런 새로운 채널들이 생기면서 춘추전국시대가 되어버렸듯이, 논객이라고 해도 과거 종이 매체 시대에 리영희 선생 책을 안 읽으면 어디 가서 말도 할 수 없고, 필독서가 돼야 했던 시대는 간 것이 아니냐는 거죠. 그러니까 그 근본적인 환경 변화는 우리가 안고 들어가 줘야지, 그것을 넘어설 수는 없는 것 같아요. 바꿀 수가 없는 거고. 어떻게 보면 논객이라고 하는 것을 과거의 이미지대로 정의해버리면 논객 시대의 실종이고, 종언이겠지만 논객의 정의를 좀 신축성 있게 하면 수시로 생겼다가, 이슈별로 떠서 이야기하다가 사라지는 존재가 된 것 같습니다. 한 사람이 이렇게 오래 장기 집권, 독식하는 것은 어려워진 시대가 된 거죠. 그건 환경 변화로 돌려야 할 것 같아요.

지 인터넷 환경이라는 자체가 과거의 논객이라고 할 수 있는 사람들이 새롭게 나타나기 힘든 환경이라는 건가요?

강 예전 의미의 논객은 나오기가 어렵죠. 근본적으로 논객의 성격이 달라진 것 아니냐는 거죠. 우리가 옛날 논객의 정의에 집착하면 그 논객은 없는 것이고. 논객이라는 것이 아무래도 시사적인 문제라든가, 우리 사회의 공공적인 문제에 대해서 한마디 툭 던지는 사람이거든요. 예전의 관점에서 보면 저 같은 사람은 SNS 시대의 부적응자죠. 안 맞죠. 아니, 어떻게 저렇게 순식간에 몇 줄 가지고 재단을 해버리지, 이런 생각이 들거든요. 이번에도 제가 『싸가지 없는 진보』를 내고 놀란 것이, 책을 안 읽고 얘기하더라고요. 처음에는 기가 막혀 했다가, '정말 사람들이 뻔뻔해졌구나' 하다가 가만히 생각해봤더니 그게 하나의 새로운 모델일 수 있겠다는 생각이 들었어요. 제가 이상한 거죠. 속도가 생명인 시대에, 그때그때 느끼는 감을 토로하는 것이 하나의 생활양식, 라이프 스타일이 되어버린 시대에 SNS 자체를 하지 않는 내가 이상한 것이죠. 책을 읽고서 코멘터리해야 된다는 것이 나의 구시대적인 발상이라는 생각이 들었습니다. (웃음) 개인적으로는 쓸쓸하지만. 논의 전개가 안 되죠. 예전에는 동의하건 안 하건 비판을 하면 거기서 얻는 게 있었잖아요. '어, 이건 미처 생각을 못했는데… 내가 쉽게 봤네' 하는 거요. 그런데 이런저런 코멘트를 보고서 '아, 이 사람은 안 읽었어' 하고 느껴지면 '책에서 다 설명했는데, 왜 이러실까' 하는 생각이 들어요. 읽었는데도 그랬다고 하면 그건 악의적인 것이고요. 그걸 이번에 많이 느꼈어요. 뭔가 확 달라졌구나, 하는 생각이 들었죠.

지   예전에 지면을 통해서 논쟁할 때는 글이 매체에 게재된 지 한두 달이 지나서 반론하기도 하고… 그만큼 생각할 시간이 많았죠. 지금은 SNS 몇 자로 배설을 해버리는 건데요. 언론들이 인터넷을 통해 속보 경쟁을 하다 보니 깊이 있는 기사가 안 나오고, 가십 경쟁을 하니까 진지한 언론들도 없어지고, 진지한 토론들도 없어진 것 같습니다.

강   아주 뚝심 있는, 확신을 갖고 있는 사람 같으면 '세상이 이렇게 됐다'고 개탄하며 살려야겠다고 하겠지만, 저 같은 경우에는 '세상이 바뀌었나?' 하면서 그 바뀐 것에 대한 적응이 빠른 편이에요. 적응이 빠르다는 얘기는, 가령 SNS에 대해서 동의를 안 하고, 개인적으로 할 뜻도 없지만 SNS가 우리의 사회적 담론의 주된 무대로 등장한 현실은 체념해서 받아들여야 된다는 거죠. 이것이 우리 커뮤니케이션의 질을 떨어뜨린다고 하고 싶지는 않아요. 부작용을 이야기할 수는 있겠죠. 그러나 동시에 그것이 가져다주는, 예전에는 느낄 수 없었던 장점도 있을 거 아닙니까? 개인적으로는 동의하지 않지만, '그런가 보다' 하고 받아들이는 쪽이죠. 예전의 것을 다시 살리는 것이 가능할까 싶어요. 배설에 대해서도 그래요. 배설이라고 하는 말이 딱 맞다고 보는데요. 특히 댓글 문화가 그런데, 배설에 대해서 아주 부정적이었다가 가만히 생각해봤더니 인간의 건강도 똥을 보면 확실하게 알 수가 있다네요. 똥이 아주 중요하다는 거예요. 그렇다면 설사 배설 수준의 댓글이라 할지라도 똥으로 건강을 알 수 있듯이 거기서 포착할 수 있는 뭔가는 있단 말이죠. 그걸 무시하기는 어렵지 않을까 싶습니다. 최근에 어떤 분이 쓴 칼럼에 나왔는데요. 우리나라의 악플 대 선플의 비율이 4 : 1인데, 일본은 1 : 4, 네덜란드는 1 : 9라고 하잖아요. 그러니까 악플이 4, 선플이 1이라고 하는 점은 어찌됐든 바꿔나가려고 노력해야겠지만, 이것이 현재 우리에게 주어진 한국적 현실이 아닐까 생각합니다. 배설의 순기능도 있겠구나, 하고 받아들이는 편이죠.

지 '일베'에 대해서도 글을 쓰셨는데요. 유럽 기준으로 볼 때 인종

차별에 해당하는 범죄적 행위에 대해서는 제재안을 마련해야 된다고 말씀하셨습니다. 사실 일베가 좌파 진영의 거친 말에 대한 대응인 측면도 지적하셨는데, 그런 것을 반성해봐야 개선도 될 것 같습니다.

강 정말 우리나라 진보도 문제가 있는 것이, 과거 독재 정권 시대에 표현의 자유가 억압되었던 것에 콤플렉스가 있다고 봐요. 한(恨)의 수준이라고 할까요? 무슨 말이냐 하면, 소위 증오 범죄마저도 표현의 자유를 들어 용인해야 된다고 하는 사람들이 많아요. 저분들은 왜 그럴까, 가만히 이유를 생각해보면 과거 독재 정권 시절에 표현의 자유가 억압되었던 것에 대한 한, 그거 아니고는 설명할 길이 없어요. 특정 지역을 비하하고 그런 식으로 행동하는 것을 어떻게 그냥 둡니까? 그건 법의 심판을 받게 해야죠. 그것까지도 하위문화로 존중해주자, 그건 아니죠. 일부 나오고 있지만, 다문화주의의 상황에서 한국도 그런 문제가 곧 닥친다는 거죠. 유럽이라든가 미국에서는 인종 간의 경계를 중심으로 증오를 부추기는 것에 대해 응징하는 것이 선진적인 것이라 생각하고, 그것을 표현의 자유로 옹호할 수 없는 것으로 되어 있는데요. 인터넷에서 표현의 자유라고 하면 진보로 분류되는데, 그게 진보, 보수로 나뉘어야 될 문제인지… 저는 단호히 응징해야 된다는 쪽입니다.

지 유럽에서는 축구장에서 인종차별적 발언을 하면 축구장 출입을 금지당하기도 하고, SNS를 통해 극단적인 인종차별 발언을 하는 경우 감옥에 가기도 합니다. 일베에서 일부 나오는 표현에 비하면 훨씬 온건한 표현에 대해서도 단호하게 대처하는 부분이 있는 것 같습니다. 5·18

희생자에 대해 '홍어 택배'라는 표현까지 나왔지요.

강 그분은 실형을 받았던 것 같습니다. 제가 응징하자고 하는 뜻은 뭐냐 하면, 그렇게 증오 어린 말을 쓰는 사람들이 그것만 빼고는 착한 사람들이라는 거예요. 이게 저는 기가 막힌 현실이라고 보는 거죠. 그 사람들이 왜 그런 글을 올리느냐. 사건 터져서 범죄자가 나타나면 그 사람 고향 따져서 전라도 출신들만 열거해놓고 그러지 않습니까? 왜 그러느냐는 거예요. 그렇게 해도 괜찮으니까 그러는 거란 말이죠. 제가 이야기하는 것은 크게 응징할 것 없이 경찰서에 몇 시간만 끌려 갔다 와도 그렇게 못한다는 겁니다. 놔두는 데다가 그것을 일일이 잡을 수 있는 주체가 없다는 게 문제죠.

새정치민주연합의 민심난독증

"민심을 못 읽는다는 것도 너무 정중한 표현이다. 새누리당보다 지지율이 반토막이 나도 선거 때 되면 비슷해진다고 생각한다."

지 우리 정당들을 보면 지지자들이 과잉 대표화되고, 주변에서 압력을 넣고 하니까 다른 사람 얘기를 듣기보다는 그 사람들 얘기를 들어야겠다고 생각하는 것 같은데요.

강 그게 진짜 우리 여야를 막론하고, 특히 야는 답이 없는 것 같아요. 그걸 벗어나야 되는데 1% 법칙의 전형적인 지배를 받고 있는 것 같아요. 그 문제를 자꾸 지적하면 그 사람들이 문제가 있다거나 나쁘다는 의미가 아니라 '어찌됐건 본선에 가려면 대표성이라든가 전반적인 유권자들의 대표적 성격을 띤 사람들의 목소리가 필요하다'고 하는 말인데도 불구하고, 자신들을 비판하고 욕하는 것으로 생각하는 것 같아요. 최근에 어떤 분들에게 얘기를 들었는데요. 지금 동대표 하는 분들이 안 좋다는 것은 전혀 아니지만, 동대표를 하면 좋겠다고 생각되는 분들은 전혀 안 하고, 안 하면 좋을 것 같은 분들이 동대표를 한다는 거예요. 정치도 정당이 어디로 가야 되고, 한국 정치가 어떻게 가면 좋겠는데, 제발 거기 끼어들어서 참여도 하고 목소리를 내줬으면 싶은 분들은 자꾸 뒤로 빠지고, 여야를 막론하고 강경파들만 적극 참여하는 거 아닙니까? 그러면 강경파들이 싸우는 모습을 보고, 대다수 사람들은 등 돌리고 욕하고… 이게 악순환이죠. 저도 말할 자격이 없는 게 '너는 한 번이라도 아파트 동대표 해볼 생각을 했느냐' 이거예요. 저는 참여 안 하면서 그것만 개탄하면 뭐 하느냐는 건데, 그 얘기를 들으니 '나는 자격이 없구나' 이런 생각이 들더라고요. (웃음)

지 교수님께서 자주 하는 말씀이 있지 않습니까? 아이들이 자기 과자에 침을 뱉어서 다른 사람들은 못 먹게 하는 것처럼 정치인들이 그런 모습을 보여줌으로써 정치 참여를 막는 것 아니냐고요. 그게 적대적 공생관계 같기도 하고요.

강 저는 이 사람들이 은근히 즐기는 것 같아요. (웃음)

지 일부러 진흙탕 싸움을 만든 후, '그것 봐라, 이거 피곤한 일이야. 하지 마'라고 하는 것 같아요. 국민들도 어떻게 보면 같이 욕만 하면서 정치가 바뀌지 않는 데 일조를 하는 것 같기도 하고요.

강 공모하는 것 같아요. 아무나 들어갈 수 없고 범접할 수 없게. 우리 친구들끼리도 그러잖아요. 누가 정치한다고 하면 '너 미쳤냐? 패가 망신하려고 그래?' 하면서 자꾸 담을 쌓고 그러지 않습니까? 그 담을 뛰어넘을 수 있는 사람들은, 능력적으로 훌륭하고 좋은 점을 지녔겠지만, 일단 그걸 뛰어넘을 정도의 특별한 사람들이라는 거예요. 이분들이 좋다, 나쁘다는 것이 아니라 전반적인 유권자의 대표성으로부터 멀어졌기 때문에 조직에서 승리하는 방법이 본선 게임에서 승리하는 방법과 다르다는 겁니다. 전혀 다른 게임이 벌어지는 거죠. 그런데 이분들이 메인 게임에서 이길 수 있는 방법을 고려하느냐. 저는 그러면 좋겠다고 보지만, 이 사람들은 부차적인 거라고 보는 거예요. 중요하지 않다는 거죠. 대권 잡는다, 대통령이 돼서 청와대 들어간다, 그것을 그렇게 중요하게 생각하겠느냐는 거예요. 아니죠.

지 개인의 차원에서는 합리적인 선택일 수도 있지 않습니까? 내가 국회의원 하는 게 우리 당에서 대통령 나오는 것보다.

강 노무현 정부 때 솔직한 애기로 운동권 체질들 좀 비판하고 싶어도 하기 힘들었죠. 물론 많이 하긴 했지만, 속병 걸립니다. 그런 분들한테는 야당이 더 좋은 점이 많죠. 이분들에게는 정권 교체를 다시 해서 뭘 해보려는 집권의 뜻이 없는 거예요. 본인들은 있다고 하지만, 아니 그걸 중요하게 생각지 않는데 있다고 할 수 있습니까? 사실상 없는 거죠. 열성 지지자들도 똑같다고 보고요.

지 새정치민주연합에 대해서 '민심난독증'이라고 표현하셨는데요. 선거 때 한 번 이기고 나면 그다음 선거에서는 민심에 어긋나는 공천을 한다든지 해서 완전히 이길 것 같은 선거에서 지는 과정을 반복했지 않습니까? 뼈를 깎는다고 한 후 2주면 또 잊기도 하고요.

강 민심난독증도 너무 정중하게 대접해주는 표현이라고 생각하는 데요. 민심을 읽는 것이 어려운 것도 아니고. 일단 다 제쳐놓고, 새누리당 지지율의 반토막이 계속되고 있지 않습니까? 반토막에 대해서 충격을 받아야 되는데 그게 아니라 어차피 선거 때가 되면 비슷해진다고 생각합니다. 게다가 '민심이, 여론이 늘 옳기만 한가? 우리가 진보적으로 국민을 위해서 옳은 길을 가는데, 민심이 이해를 못해서 그런 것이다. 그런데도 우리는 옳은 길을 가줘야지' 이런 생각을 합니다. 알고서도 의도적으로 그러는 거예요. 난독이라는 것은 자기들이 읽으려고 하는데 역량 부족으로 못 읽는 거지만, 이건 그게 아니에요. 못 읽어서 그럴까, 저도 생각해봤는데 아닌 것 같아요. 선거 때 되면 (지지율이) 비슷해진다, 그거 하나. 두 번째로 '우리가 옳은 일 하지만 여론이 안 따라주면 어때, 우리는 옳은 길 가는 거지' 하는 겁니다. 세 번째를 들자면, 이분들이 생각하는 것이요… 뭐라고 표현해야 될까요? 끼리끼리 효과가 있어요.

지 SNS에서도 끼리끼리만 얘기하다 보면 세상이 좁아 보이죠. (웃음)

강 완전히 집단 극화 현상 식으로 열성적인 사람들에게 둘러싸여 있고, 생각을 달리하는 사람들은 적극적으로 발언하지 않죠. 또 다른 길을 통해서 만났다 하더라도 '저 사람 듣기 싫어하는 소리를 제가 왜 하나요?' 그러니까 그 안의 물 자체에 갇혀버리는 것도 있어요. 그러다 보니까 앞의 두 가지 이유가 더 강화되어버리는 거죠. 난독이라는 것은 사실 좋게 이야기해주는 것이고.

지 누구나 새정치민주연합은 계파가 문제라고 하지만, 계파가 없다고 하는 분도 있고… 계파 문제에 대한 인식 차가 큽니다. 해법은 뭐가 있을까요? 제가 볼 때는 갈등이 너무 커져서 내부에서 해결할 수 없는 상황인 것 같습니다.

강 과거에도 계파 문제가 있었지만, 그래도 봉합이 되고 타협이 되고 했었는데요. 지금은 유권자들이 계파별로 갈라졌어요. 예전에는 계파 간 싸움이 있어도 지지하는 유권자 쪽에서 어딘가 하나 손을 들어줬어요. 지금은 유권자들 자체가 계파별로 분류되어버렸기 때문에 타협이 안 되는 거죠. 타협한다고 하면 계파별 지지자들이 뭐라고 하잖아요. 저는 이게, 똑같은 말인 것 같아도 자꾸 새정치민주연합 문제, 계파 문제, 의원들 문제, 그러는데요. 유권자들을 봐야 된다고 봐요. 유권자들도 완전히 맛이 가버렸다고 할까요? 똑같아져버렸어요. 계파가 자꾸 없다고 주장하는 사람들은 둘 중 하나라고 봅니다. 완전히 뻔뻔하게 사기를 치거나 선의로 해석하자면 이런 거예요. 계파 하면 공익을 저버린 집단의 이익으로 보는 시각이 있으니까, '우리 계파는 그게 아니다. 우리 나름대로 내건 원칙이 있는데 계파라고 부르는 것이 마음에 안 든다'고 항변하는 것일 수도 있죠. 계파라는 것이 만약에 노선과 원리 원칙에 따른 계파라면 좋죠. 노선 투쟁을 누가 뭐라고 합니까? 우리가 계파라고 부를 때는 그런 식으로 안 돌아가니까 비판하는 거 아닙니까?

지   어디가 아프면 병을 제대로 진단하고 인정해야 나을 텐데, 병에 안 걸렸다고 자꾸 주장하는 거잖아요. 계속 문제가 발생하고 있는데도.

강   그렇죠. 계파 없다고 그러면서.

지   말씀하신 대로 유권자들 문제일 수 있기 때문에 더 복잡하잖아요. 몇몇 의원의 문제라면 멱살이라도 잡고, 가둬놓고 합의하라고 할 수도 있겠지만 유권자들 문제까지 같이 섞여 있으니 풀기가 어려운데요. 그래서 장하성 교수 같은 분들은 '진보 진영이 당분간 집권하기 어렵다'는 비관적인 전망까지 내셨어요.

강   이렇게 가면 답이 없죠. 유권자들이 문제라는 거예요. 제가 여기서 온몸으로 느껴요. 학교에 가면 교수들이 정치 얘기 안 해요. 계파가 다 달라요. 계파가 아니면서도 특정 계파가 옳다고 보는 생각들이 다 달라요. 예전 계파에 비해서 지금 계파가 낮다거나 계파가 없다고 주장하는 사람의 얘기를 선의로 받아들이면 나아지는 점이 있죠. 그 안에 뭔가 확실한 콘텐츠가 있어요. 그 콘텐츠가 유리할 때는 공개적으로 밝힐 수 있는 노선과 원리 원칙을 이야기하지만, 결정적일 때는 권력 잡는 문제에 있어서 그것과 아무 관련도 없이 가지 않습니까? 주변에 있는 사람들도 보면 완전히 달라요. 서로 소통이 안돼요. 안되니까, 짜증 나니까 이야기를 피해버리죠. 그런 지 오래됐어요. 이게 이렇게까지 달라졌어요. 옛날에는 유권자들이 조정 역할을 해줬는데, 그게 안 되는 겁니다. 참 어렵죠.

지 이것도 일종의 운동 경기이거나 전쟁이라면 우리가 어떤 힘을 가지고 있는지 알아야 되잖아요. 새누리당 김무성 대표 같은 경우 자기 혼자 당내에서 돌파하기 어렵다고 생각해서 김문수 전 지사를 보수혁신 특별위원장으로 앉혀 같이 돌파하려고 하는 건데요. 이쪽은 그런 모습을 보이지 않는 것 같아요. 맨날 기울어진 운동장이라서 불리하다고 얘기하죠. 그러면 선수를 더 많이 끌어들이고 훈련도 많이 하고 서로 협조해야 되는데 그러지는 않으면서 관중들 수준이 낮다고 욕하는 상황인 것 같습니다. 어떻게 저 나쁜 놈들을 응원하느냐고.

강 정치 발언하는 지식인들부터 문제입니다. 내부 계파 투쟁에 지식계, 유권자까지 결합되니까 누가 나서서 이걸 해결해줄 사람이 없는 거죠. 우리한테 이게 도움이 되나, 안 되나 하는 생각조차 잊어버렸고요. 답답해서 '길이 보이는데 왜들 이러지' 하고 나름대로 분류를 해봤어요. 왜 자꾸 도움이 안 되는 쪽으로 생각하고 움직일까. 제일 악성인 뱀파이어족이 있어요.

지　피를 빨아먹는 족속인가요? (웃음)

강　피를 원하는 거예요. 수구꼴통에 대한 증오 때문에. 두 번째로는 꼴통이 있어요. 근본주의자들. 세 번째가 성찰 박약자. 성찰을 잘 못해요. 하워드 가드너의 다중지능이론인가를 보면, 그 사람이 아홉 개인가를 제시했잖아요. 그 가운데 자기성찰지능이라는 게 있어요. 성찰력이 약해요. 성찰력이 약하다는 것은 이런 거죠. 김대중, 노무현 정부 때 우리는 어떠했던가에 대해서 성찰을 안 해요. 그때 보수 쪽 사람들이 느꼈던 분노를 이해하지 못해요. 그리고 과거에 자기들이 똑같이 했던 것을 뒤엎어버리고, 거기에 대해서 사람들이 등 돌리는 것을 이해하지 못해요. 네 번째로는 기득권파가 있어요. 기득권이라고 하면 우리는 자꾸 권력이라든가 금력 중심으로만 생각하는데, 정서적 기득권이라는 것이 있거든요. 김대중, 노무현 정권의 기득권자들, 소위 야권에 있는 사람들한테 기득권 정서가 있어요. 거기에 따라서 지금 움직이는 거예요. 자기 이익에 의해서. 그런데 정서를 이익이라고 생각 안 하니까 그것이 자신의 정치적 소신이고, 이념이고 원칙인 것처럼 생각하지만, '이 사람이 왜 저렇게 생각하지?' 하고 가만히 들여다보면 과거의 기득권 정서가 있는 거예요. 어렵죠. 그래서 '해법은 세월밖에 없지 않나' 하는 생각도 들더라고요.

지　제가 정치 웹진 「서프라이즈」에 있을 때 소수의 매파가 분위기를 지배하는 경향이 있었습니다. 다수가 온건한 해법을 쓰자고 해도 강하게 주장하지 않는 가운데 매파가 나타나서 다 쳐버리면 '아이고, 여기 싫다' 하면서 다른 데로 가든지, 정치에 관심을 끊게 되기도 하는데요. 상대방을 인정하면 수구꼴통이나 새누리당 2중대로 비난받기도 합니다.

강 답이 없죠. 우리 유권자들도 다 보고 있고, 머리도 좋고, 세상 돌아가는 것 다 알아요. 결국 옳건 그르건, 높건 낮건 간에 이게 우리 국민의 수준이고, 대한민국 사회가 이러한 과정을 거쳐야 한다면 거칠 수밖에 없지 않나 싶어요. 다만 이건 아닌 것 같다고 말해야 할 의무를 개인적으로는 느낍니다. 해방 정국 때 좌우가 극단으로 나뉘어서 싸우는데, 중간파 지식인들의 존재가 없는 것으로 보였다가 뒤늦게 중간파 지식인들의 글을 묶어서 낸 책이 나왔어요. '이때 이런 말이 있었구나' 했는데요. 그때는 양쪽으로부터 두들겨 맞던 주장이었죠. 이분들이 거기 아무런 영향을 못 미쳤다고 하더라도 이런 이야기는 그때 해야 했죠. 그런 생각이 동시에 들죠. 해방 정국에서 좌우 극단의 대결 없이 그 사람들이 타협하고 화합할 수가 있었을까. 정말 그게 가능했을까. 지금의 상황도 과거 민주화에 이르고 10년을 집권했고, 정 이렇다고 하면 이것마저도 겪어야 할 과정이지 않나 생각하니 마음이 편해졌습니다. 그러니까 꼴통들이 밉지가 않아요. 이해도 되고 너그러워진다고 할까요? 그래서 원래 도사들이 너그러운 것 같아요. (웃음) 그런 과정으로 보는 거죠.

조중동 프레임에 휘말렸다고?

"조중동이 문제면 진보 언론을 키워야 하는데 못 키운다. 거기다가 힘을 보태주면 될 텐데 안 한다. 언제까지 조중동 탓만 할 것인가?"

지   예전에 '전 제 이름을 소중히 여깁니다. 먼 훗날 한국이 세계에서 가장 선진적인 언론을 갖게 된다면 그때 가서 가장 큰 공로자로 기억되기를 바랍니다'라고 하셨어요. 「인물과 사상」을 만든 것도 한국 언론이 좀 더 선진화되고 개혁되기를 바라기 때문이었을 텐데요. 그럼에도 언론 환경은 더 악화된 상황입니다.

강   그거하고 우리 지역 언론 문제가 닮은꼴이라 너무 깜짝깜짝 놀라요. 이게 그럴 수가 있구나, 하고. 일단 전국 이야기부터 하면요. 정치가 언론 문제를 먹어버린 거죠. 적어도 저는 언론과 정치를 같은 무게로 봤으면 싶었는데, 정치가 언론을 먹어버리고 언론을 정치 안의 도구로 써버린 겁니다. 그래서 저는 하이재킹 당했다고 해야 할까요? 언론 문제를 정치화해서 정치적 도구로 만들어버리니까 변질이 돼서 제가 원래했던 주장이 엄청나게 오염됐다고 보는 쪽이죠. 오염된 정도가 아니라전복이 돼버렸어요. 나중에는 뭐든지 조중동 결정론으로 가버리고, 자기들에게 조금이라도 싫은 이야기를 하면 조중동 프레임에 휘말려 들었다고 하잖아요. 기가 막힌 이야기죠. 김규항 씨 말 가운데 가장 멋있게 본 말이, 요즘은 안티조중동으로 자기가 진보라는 것을 보여준다는 거예요. 완전히 이용당해 버린 거죠. 그러니까 안티조중동을 하는 이유가,

자기들 극단적 대결 구도의 졸로 그걸 이용해먹으려는 거예요. 자기들 마음에 안 들면 「한겨레」 거부 운동이나 하겠다 하고. 진보 언론을 키우는 데 어떤 기여를 하고 있느냐는 말이에요. 그렇게 조중동이 문제라면, 진보 언론을 키워야 되잖아요. 왜 못 키워요. 거기다가 힘을 보태주면 될 텐데, 그건 안 하잖아요. 정치적으로 오염되어 있으니까 어느 순간 개인적으로 짜증이 나고, 화가 치밀고 막 그러더라고요. 저한테 막 가르쳐요. 니가 조중동 프레임에 휘말려 들었다고. 제가 몇 번째 반복하는 이야기지만, 어떻게 사람들이 조중동의 지능을 과소평가할 수 있는지… 제가 볼 때는 조중동이 진보 쪽보다 더 머리가 좋아요.

지 좋게 말하면 정교하고, 나쁘게 말하면 교활하죠. (웃음)

강 그런데 조중동을 아주 아메바로 취급해요. 진보 언론하고 보수 언론 사이에서 박근혜 정부의 문제를 누가 잘 지적하느냐. 당파적인 편파성은 있을망정 진보 언론이 훨씬 더 잘 지적하죠. 마찬가지로 진보라든가 새정치민주연합의 문제라든지, 이걸 누가 잘 지적하느냐는 거예요. 보수 언론이 더 잘 지적하죠. 「한겨레」라든지 「경향신문」은 못 건드리는 것이 많아요. 계파 투쟁에 휘말릴까 봐 못 건드리죠. 그런데 조중동에 나오는 것은 무조건 음해고, 악의적인 기사냐는 말이에요. 어떻게 이렇게 갑자기 지능이 떨어질 수가 있는지, 조중동의 지능을 너무 낮게 평가하는 게 아니냐는 겁니다.

지 어떨 때는 되게 힘이 세다고 생각하죠. 저쪽이 다 가지고 있기 때문에 어쩔 수 없는 거 아니냐고 할 때는 저쪽 힘을 굉장히 과대평가합니다. 어떨 때는 수구꼴통, 아메바, 무식한 놈들이라고 하는 이중적인 태도가 있잖아요.

강 노무현 후보가 대통령에 당선됐을 때 「오마이뉴스」 오연호 대표가 한 말로 돌아가야 합니다. 그때 뭐라고 했습니까? 조중동의 시대는 완전히 끝났다고 했잖아요. 그때 많은 사람들이 동의했잖아요. 그때로 돌아가야죠. 왜 그렇게 조중동 탓만 해요. 이제는 종편 탓을 해.

지 당시 노무현 정부에 있던 많은 분들이 한나라당은 불임 정당이라고 비아냥거리기도 했는데요. 실제 결과는 달랐죠.

강 그러니까 자기들이 상승세를 타면 저것들은 아무것도 아닌 것처럼 폄하했다가 자기들이 불리해지면 엄청난 힘을 가지고 있다고 뻥튀기를 하고. 면책 심리 아닙니까? 운동장이 기울어져 있으니 어쩔 수가 없다고, 우리 탓을 하지 말라는 거죠.

지 2001년 무크지 「인물과 사상」 19권에 '나의 구상과 무관하게 최근 활발하게 이루어지고 있는 안티조선 운동은 내가 의도했던 바를 넘어선 운동이다'라고 하셨습니다.

강 제가 후회되는 것이 하나 있다면 그거예요. 공적인 자격도 없는데 나서는 것이 건방 떠는 것이 아닌가, 그런 마음 때문에 못했는데요. 그게 후회됩니다. 그런 생각 하지 말고 건방을 떨더라도 제가 조금 더 나가야 했어요. 안티조선 취지가, 선거 끝나고 나서 여론하고의 괴리,

무슨 말이냐 하면 대통령 선거 같은 엄청난 빅 이벤트일 때는 언론이 영향을 못 미치고, 유권자들의 표심에 의해서 적어도 반 이상이거나 하여튼 반대편보다 많은 표를 가져가서 대통령이 됐단 말이에요. 김대중 전대통령도 그랬고, 노무현 전 대통령도 그랬고요. 그런데 이분들을 찍은 유권자들이 일상으로 돌아가면 옛날 신문 시장 기준으로 70%를 먹고 있다는 조중동만 본다는 거예요. 그러면 그 이유가 뭐냐. 조중동은 계속 DJ, 노무현을 때리는 명백한 당파성과 편파성을 가지고 있는 언론인데, 왜 김대중, 노무현, 좀 더 실감나게 이야기하면 그분들의 광신도들마저도 신문은 조중동을 보는가. 정말로 당신들이 그렇게 뜨거운 정치적 열정을 지니고, 이른바 진보 정권이 계속되고, 보수보다는 진보가 더 커야겠다고 생각한다면 그 신문을 좀 끊고, 이쪽 진보 쪽 신문을 보면 여론 형성에 기본적인 힘의 균형이 이루어질 것 아니냐. 취지가 그거였단 말이에요. 그전까지는 진보적 지식인도 보수 신문에 글을 쓰고, 친하게 지내고, 이용당하는 것 같고, 그러니 이거 한번 바꿀 수 있지 않을까. 그런데 그렇게 보낸 시간, 세월, 알아들을 만큼 충분히 했다고 보고, 우리나라 일반 독자들이 충분히 알았다고 봅니다. 그런데 결국은 선택을 안 했단 말이에요. 그 이유를 봤더니 내가 정치적으로는 김대중, 노무현에게 표를 던진 유권자였을망정 내 개인의, 가족의 삶을 살아가는 데는 조중동을 보는 게 유리하다는 거죠. 두껍고, 광고 지라시도 많이 들어 있고, 그쪽이 또 주류의 시각이잖아요. 그러니까 이 사람들이 전혀 다른 행태를 보인단 말이죠. 신문 구독에서는. 저는 그걸 바꿀 수 있지 않을까 했던 건데요. 어떤 분들은 그러겠죠. 더 치열했으면, 더 나갔더라면 바꿀 수 있었다고 하는데, 저는 그렇게 안 봐요. 성공할 만큼 했다고 봐요. 그런데 그걸 끝끝내 안 바꿔주더라고요. 우리나라 독자들이. 그런데 그걸 욕할 수 있느냐는 거예요. 그건 이미 독자들의 선택에 의해서 사실상 결정된 거죠. 끝끝내 가져가겠다, 고집하겠다는 걸로. 호남에서는 「조선일보」가 좀 타격을 받았죠. 가장 많이 나갔었는데, 순위가 좀 떨어졌어요. 하지만 여전히 조중동에 대한 지역 독자들의 선호도, 큰 흐름은 안 바뀌었단 말이죠. 지금이야 신문 자체가 죽어가는 상황이니까 의미가 없게 된 점이 있긴 하지만 어찌됐든 우리나라 독자, 유권자들의 선택이 그렇다고 하니, 제가 원래 부르짖었던 안티조선의 의미는 일단락이 된 거죠. 할 만큼 했고, 유권자들은 원치 않고. 그러면 동시에 포지티브한 운동으로 진보 언론을 키워주면 될 텐데, 이건 비위만 좀 상하면 절독운동, 불매운동을 한다고 협박이나 주고 그러잖아요. 이번 세월호 관련해서 말도 안 되는 유언비어가 도는 것을 「한겨레」가 검증하는 것이 뭐가 잘못된 겁니까? 그건 수구 신문들이나 할 것이라니, 그게 말이 됩니까?

지 예전에 마광수 교수가 하소연한 부분이 자기를 좋아하는 사람도 있고 싫어하는 사람도 있을 텐데, 좋아하는 사람은 가만히 있지만 싫어하는 사람은 전화해서 '이 교수 잘라라' 한다고요.

강 맞아요. 싸가지 문제도 그래요. 이 지역에서 진보적인 분들이 그러더라고요. 사적으로는 내 얘기에 동의하지만, 공적으로는 동의한다고 하지 못하겠대요. 다 얘기해요. 싸가지가 없는 것이 문제라고. 그런데 공적으로는 얘기하지 못한다는 거죠. 그리고 싸가지의 문제에 동의하는 사람들은 적극적으로 나서서 SNS에 글 올리고, 댓글 달고, 항의 전화하고 그런 분들이 아니에요.

지 진보 진영의 언론들을 키울 필요가 있다는 말씀을 하셨는데요. 「한겨레」나 「경향신문」이 버티고 있는 부분은 있지만, 조중동에 비해서 힘이 작은 데다가 종편까지 생겼습니다.

강 지금과 같이 왜곡된 상황에서는 안티조중동이 오히려 포지티브한 쪽을 제로섬 게임식으로 막아버리는 거죠. 지금 적하고 똑같다니까요. 왜 야당을 뭐라고 하느냐는 거예요. 새누리당이 더 나쁘고 보수 수구꼴통이 더 나쁜데, 왜 우리 쪽을 건드리느냐는 거죠. 아니, 그렇게 보수 언론이 힘이 세서 문제라고 생각한다면 우리 쪽 언론을 키워주면 될 텐데, 그걸 안 하잖아요. 저쪽에 대고 욕해서 효과가 있다면 모르겠다는 거예요. 없다는 것이 충분히 입증됐잖아요. 똑같은 논리 구조거든요. 아니, 지지율이 경쟁 정당의 반토막이면 '아, 이쪽에 문제가 있구나' 해서 여기서부터 문제의 원인을 찾고 들어가야 될 텐데, 그럴 시간과 힘이 있으면 저쪽을 공격해라? 그건 계속해온 모델 아닙니까?

나꼼수, 편한 길로의 도피

"주류 진보 언론을 키울 생각은 않는다. 조중동 밉다고 하면서 「한겨레」, 「경향신문」 아무것도 안 본다. 이게 과연 바람직한가?"

지 지난번 「한겨레」에 쓴 세월호 정국 관련 칼럼에 대해서 비판을 많이 받으셨죠?

강 손석희 앵커가 댓글 50개라고, 얼마 안된다고 했는데… 아니, 댓글 수가 문제예요? 한두 개 빼놓고는 전부 다 욕이더라고요. 아니, 박근혜 대통령의 일곱 시간을 물고 들어가는 게 옳은 방법인가, 이 말이에요.

지 비판해야 될 것을 못하게 막는 거 아니냐고 생각하는 것 같은데요.

강 다들 미쳐 돌아가는 것 같아요. 누가 진짜 세월호 유족을 위하는 겁니까? 나는 일곱 시간 얘기하고 악플 달고 하는 사람들이 사실은 유족을 이용한다고 봐요. 그게 어떻게 유족을 위하는 거예요. 아니, 그러면, 정말로 진실 규명을 해야 되는데, 박근혜 대통령 일곱 시간을 계속 물고 늘어지면서 여기 엄청난 비밀이 있는 것처럼 그러면 저쪽 정당이 죽어도 안 받겠구나 하는 것을 뻔히 아는 거 아닙니까? 죽어도 안 받고, 저쪽은 다수당이고, 질질 끌고 가면 누가 죽어납니까? 그렇게 되면 완전히 정략적이고 당파적인 이슈로 둔갑돼버리는 거죠.

지 진보 언론을 키우는 데 제일 걸림돌이 되는 부분이 어떤 부분인가요?

강 '새정치민주연합이 정말 문제가 많다. 키워보자. 비판 좀 해주라' 이러면 이게 잘못됐다고, 반대편을 공격해야 된다고 주장들을 해요. 반대편을 공격하기보다 이쪽에서 콘텐츠 생산하고, 제대로 된 정책 만들고, 그 역량을 가져가야 하는 거라니까요. 우리 인간의 시간과 돈과 에너지, 열정은 제한되어 있어서 동시에 두 가지 전선을 펼 수 없어요. 그런데 진보 언론도 조중동에 대해서 그렇게 할 만큼 했는데, 사실 결과는 없어요. 우리는 의미 있는 일을 했으니 실패는 아니라고 의미를 자꾸 부여하잖아요. 어찌됐건 결과적으로 우리 다수가 원치 않았던 거예요. 그러면 인정을 하고, 할 사람은 하더라도 그건 우리가 늘 원래 해왔던 언론 비평 차원에서 하면 되는 것이고, 봤더니 '아직도 힘이 열세고, 종편도 생겨나고, 더 위축이 됐네. 그러면 이거 힘을 키워야겠다' 싶으면 일단 구독으로 가야 되겠죠. 우리 요즘 신문 잘 안 보고 인터넷으로 기사 보고 SNS로 보고 스마트폰으로 보지만, 구독으로 가주면서 해야 될 텐데요. 지금 일어나고 있는 일은 뭐냐는 거죠. 걸핏하면 절독하겠다는 거 아닙니까? 이 꼴통 구조를 안 바꾸면 안 된다니까요. 계파 간 차이 나오면 이쪽을 협박해대고, 그건 뭐예요. 저쪽에 대한 증오를 이용해서 자기들의 정치 세력을 키워가겠다는 것 외에 뭐가 있습니까. 이야기를 한번 해보자는 거죠. 이게 언론 한번 제대로 해보자는 취지를 정치적으로 이용하는 거잖아요.

지　안티조선 운동이 나오고 안티조중동까지 간 상황에서도 진보적인 지식인들이 「중앙일보」를 매체로 활용하는 경우가 있지 않았습니까?

강　그때부터가 저는 안티조선파였고, 그 안에서 싸움이 있었지 않습니까? 그걸 「동아일보」, 「중앙일보」까지 넓혀야 되느냐. 그때 강경파들이 있었잖아요. 그 사람들 그 이후로 뭐 했나요? 그 사람들도 결국 정치적으로 이용하는 거 아니었나요? 승산이 있는지 없는지, 되는지 안 되는지 따져볼 것도 없이, 그리고 정말로 이 사람들이 언론 문제, 조중동이 심각하다고 하면 대한민국 인구가 5,000만인데 「한겨레」 100만 부 못 만들어줍니까? 그 100만이 경제적인 뭐도 되고, 이 사람들이 진보일망정 구매력이 있는 사람들이네, 하면 「한겨레」가 확 달라지죠. 그런데 이쪽은 하나도 안 봐주고 신문 구독도 안 해주면서 맘에 안 들면, 강경파 쪽으로 쓰지 않으면 댓글에 폭격을 퍼붓더라고요. 「한겨레」 기자들이 자기 검열을 안 하겠어요? 조금만 강경파에서 벗어나면 '기레기'라고 욕해대고. 저쪽 사람들이 욕하는 건 괜찮아요. 상처 안 받잖아요.

지　책에 김용민 교수의 페이스북 글을 인용하셨는데요. 새정치민주연합 의원들이 「조선일보」와 인터뷰한 것에 대해 김 교수가 정말 심하게 비판했던데요.

강　반응이 싸늘하면 그분이 그렇게 할까요? 아이고 속 시원해, 하는 사람들이 있잖아요. 아니, 그러니까 그런 분들이 없어져야 된다는 이야기가 아니에요. 다 필요하죠. 사람들마다 자기 생각, 자기 정서가 있는 것은 좋은데, 그게 야권의 주류 문화가 되어야 하나, 이게 미치고 통탄

할 문제가 아니냐는 겁니다.

지 명암주의자로서 모든 일에는 명과 암이 있다고 하셨는데요. 「나는 꼼수다」(이하 「나꼼수」)의 명과 암은 어떻게 보시나요?

강 그게 제가 사회현상을 보는 하나의 원칙인데요. 김난도 교수의 『아프니까 청춘이다』에 대해 진보적인 분들이 엄청 욕을 해요. 사회구조를 바꾸고 개혁을 해야 될 판에 젊은 사람들에게 힐링이나 해주고 있다고. 제가 볼 때 그 책이 3만 부 나갔으면 괜찮았을 겁니다. 의미가 있다고 봐요. 300만 부가 나간 게 문제예요. 그 자체로는 무슨 잘못이 있어요? 좋은 책이던데. 「나꼼수」는 저널리즘의 한 장을 차지할 정도로 훌륭한 작업이었죠. 그런데 그걸로 끝난 것이 아니라 그것이 야권에서 하나의 주류 문화가 됐잖아요. 그건 「나꼼수」한테 책임을 물을 수가 없죠. 김난도 교수한테 책임을 물을 수가 있나요? 받아들인 사람이 문제죠.

지 서울시장 보궐선거를 「나꼼수」 때문에 이겼다는 평가가 나왔고, 교수님은 그걸 승자의 저주라고 표현하셨습니다.

강 「나꼼수」 때문에 이겼다는 것은 검증이 되지 않았어요. 흔히 하는 말이니까 일단은 받아들였는데. (웃음)

지 어쨌든 그 선거 과정에서 선봉장의 느낌 같은 것이 있어서 사람들이 그렇게 생각하는 걸 텐데요.

강 선거는 사실 그래요. 선거 때는 사실 반 미쳐 돌아가는 것 같아요. 어느 나라건. (웃음) 어찌됐건 평소 실력도 좀 대등하게 가다가 미쳐 돌아가서 승부를 보고 그래야 되는데요. 늘 반토막 수준의 지지율을 가지고, 아무리 선거 때 야성이 살아난 유권자들이 비슷하게 만들어준다고 하더라도 결국은 늘 아슬아슬하게 진다니까요. 언제까지 거기다 기대고 갈 거냐는 거죠.

지 「나꼼수」도 그렇고, 김어준 씨가 「파파이스」를 하고 있는데, 거기서 여러 가지 이의 제기를 하고 특종이라 할 만한 보도를 했습니다. 사람들이 카카오톡에서 텔레그램으로 망명하는 계기가 된 보도도 거기서 나왔고요. 기존 언론들은 그것을 언론으로 인정하지 않고 있는데요.

강 「나꼼수」 자체는 되게 높게 평가하죠. 다른 것은 떠나서, 검증하기 어렵긴 하지만 국민 수명을 연장시켜 줬어요. 속을 시원하게 만들어 줬죠. 주변에 「나꼼수」 열혈 팬들, 교수들 중에도 팬들이 많았어요. 시원해하면서 행복해하는 모습을 보고, 이 양반 수명 좀 늘어나겠네, 하는 생각을 했어요. (웃음) 전체 합산해보십시오. 엄청난 기여를 했죠. 새로운 미디어로 과거에 우리가 말했던 대안 언론으로서의 기능, 그걸 보면서도 그런 생각이 들어요. 진보적 야권 성향의 유권자들이 일종의 편한 길로 도피를 한 것 같아요. 주류 진보 언론을 키울 생각은 않고, 상종을 안 해줘 버려요. 진보라고 하면서 신문 끊고 안 보는 사람 많아요. 때가 어느 때인데 종이 신문을 보느냐고. 종이 신문을 꼭 보라는 게 아니라 진보 언론의 중심점, 거길 일단 키워줘야 당신들이 그렇게 싫어한다는 조중동을 견제할 수 있다는 거죠. 제 주변에 있어요. 「한겨레」 안 보면서 팟캐스트만 찾아 듣는 사람들. 이게 과연 바람직하기만 한가, 그 공격을 해야겠어요. 밤낮 조중동 밉다고 하면서 「한겨레」 안 보는 인간들은 진보에 역행하는 반개혁주의자예요. 진보를 죽인다고 하면 너무 과격한 것 같은데요. 차라리 언론에 문제가 없다고 하던가요. 아니면 조중동하고 종편 때문에 이 나라 민주주의가 안 되고, 선거도 그것 때문에 안 되고, 여론 조작을 한다고 하면서 「한겨레」, 「경향신문」 아무것도 안 봐요. 얼마든지 키울 수 있어요. 그 정도의 열정이 있다면.

유권자가 소비자만 돼도 진보

"유권자가 소비자만 돼도 괜찮은데 소비자도 안 되고 있다. 소비자는 조그만 불이익에도 가만있지 않는다."

지   친노 진영은 과거 자신들의 행태에 대해서 반성하지 않는 부분이 문제가 되는 것 같고, 비노는 친노를 너무 두려워해서 뭔가 경쟁할 생각을 안 하고, 같이하게 되면 말려들 거라고 생각하는 부분이 있는 것 같거든요.

강   그렇죠. 비노 진영은 미리 겁먹고 안 될 거라 생각하는 것이 문제죠. 친노는 자기들의 방식으로 가려 하고요.

지 　친노와 비노 간 선의의 경쟁이 가능할까요?

강 　지금 네트워크 정당론이 나와서 봤더니 재밌더라고요. 논객 중에서는 후마니타스 출판사 박상훈 대표하고, 두문정치전략연구소 이철희 소장 두 분이 오픈 프라이머리에 대해서 비판적이에요. 저는 오픈 프라이머리 포함해서 네트워크 정당론 그 자체가 중요한 것이 아니므로 거기에 대해 찬반하는 것은 의미가 없다고 봐요. 전제 조건이 중요하다고 보죠. 예를 들어서 제가 자꾸 박성민 씨의 교회 모델을 이야기한 것은, 정말로 하방해서 달라지겠다는 운동이 제대로 일어날 때는 오픈 프라이머리가 가능하고 좋을 수도 있어요. 그런데 그거 없이 오픈 프라이머리, 그거 없이 네트워크 정당론, 그건 아니죠. 그 전제 조건이 이행되는 것을, 아니면 동시에 가는 것을 전제로 해서 좋을 수도 있고, 안 좋을 수도 있는 것인데 아무 변화 없이 그것만 가지고 하겠다? 그러면 저는 오픈 프라이머리가 위험하다고 보는 박상훈 대표, 이철희 소장 말씀에 동의합니다. 그건 어떻게 하느냐에 따라서 달라질 수 있다는 겁니다.

지 　우상호 의원이라든지 비슷한 주장을 하는 분들이 계시던데요.

강 　우상호 씨뿐만 아니라 정치인들이 말들을 멋있게 하잖아요. 어떤 분들의 발언에서건 한두 가지는 찾아낼 수 있어요. 미사여구예요. 그게 끝이에요. 예를 들어서 최민희 의원도 '박근혜 정부가 성공해야 우리 진보도 성공할 수 있다'고 했어요. 멋있어서 인용을 했어요. 자세가 달라지는 데 도움이 되겠구나 했어요. 제가 볼 때는 말이 멋있으니까 한 것 같아요. (웃음) 문재인 의원도 '싸가지 없는 진보'라는 말씀을 여러 번

하셨잖아요. 그런데 말씀하시는 것하고 조금 다른 것 같아요. 멋있는 말은 서로 다 하는 것이 아닌가 싶고, 말씀하신 대로 하는 것은 아닌 것 같아요.

지 한국형 교회에서 한국형 정당의 모델을 찾아야 한다는 정치 컨설턴트 박성민 씨의 주장에 동의하셨는데요.

강 그 취지가 이런 거예요. 지금 우리 정당에 대한 국민적 신뢰도가 한 자릿수예요. 기본적으로 한 자릿수 지지도를 가지고는 정치가 안 됩니다. 그러면 뭐가 제일 급한 거냐. 여태까지 굴러왔던 방식에 의해서 보면 하방을 해서 유권자들을 접촉한다는 것이 말이 안 되는 것 같지만, 지금 우리나라의 정치인들이 유권자들로부터 정치 혐오, 저주를 받을 만큼 형편 없는 인간들이냐. 저는 그렇게 안 본다는 거예요. 누구를 그 자리에 놔도 지금과 같은 상황에서는 욕먹게 되어 있습니다. 왜? 스킨십이 없고, 소통이 없고, 딴 나라 사람들인 거예요. 예전 한나라당보고 '딴나라당'이라고 했는데, 정치하는 사람들이 다 딴 나라 사람인 거예요. 그러지 말고 한번 접촉을 해보자. 선거 때 절하고 이런 것에서 강도를 좀 낮춰 평상시대로 가면서 문화, 법률 자문, 인문학 강연을 하자고 했는데요. 그랬더니 인상적인 댓글을 봤어요. '정당이 무슨 봉사 단체냐?' 증오 단체는 아니지 않습니까? 이건 비상한 상황에서의 접촉 모델인 거죠. 그렇게까지 욕먹을 사람들이 아니구나. 나름의 진정성이 있고, 해보려고 하는구나. 왜 정치가 욕먹고 어려운가를 맨투맨으로 이야기할 수 있는 것 아닙니까? 그러니까 그게 성공할지 안 할지는 몰라도 그런 정도의 근본적인 변화 없이는 기본 인프라가 없는 상태에서 뭐가 되겠느냐는 거예요. 한 자릿수의 신뢰도를 받고 있는 집단에서 무슨 일을 어떻게 해나갈 수 있겠느냐는 겁니다. 그래서 저는 교회 모델이 좋다고 보는 거죠. 박권일 씨가 SNS에서 코멘트한 것이 인상적이었어요. '아, 또 이렇게 생각하는 사람들이 많겠구나' 하는 생각이 들었는데요. 강준만의 치명적인 문제는 유권자들을 소비자로 보고 있다는 거예요. 정치의 주체로 보지 않고 소비자로 보고 있다. 그분이 나름 말을 정중하게 한 것 같지만 엄청난 비난이거든요. '저새끼는 유권자를 소비자 수준으로 보고 있나?'가 진짜죠. 진짜 제가 생각하는 진보의 문제가 그 비판속에 들어 있다고 봅니다. 수구꼴통이라도 그렇지 세상에 누가 유권자, 국민이 정치의 주체가 되어야 한다는 것을 부정하겠습니까? 제가 즐겨인용하는 솔 알린스키의 말처럼 있는 그대로의 세상과 우리가 원하는 세상을 놓고 볼 때 유권자가 정치의 주체가 되는 것이 우리가 원하는 세상인 거죠. 그렇게 되어야죠. 그런데 있는 그대로의 세상에서는 유권자가 소비자만 돼도 괜찮은데 소비자도 안 되고 있다는 거잖아요. 소비자는 대형마트에 가든, 재래시장에 가든 조그만 불이익에도 가만히 안 있습니다. 소비자만 돼도 엄청난 진보인 거죠.

지　기업이 소비자 눈치는 보니까요.

강　그런데 소비자로 보고 있다는 것을 욕이라고 하니, 이렇게 현실성 없는 이야기를 하실 수가 있나. 제발 소비자 수준만 되어줘도 엄청난 진보라는 거죠. 그러고 나서 주체로 진입해보자는 겁니다. 어떻게 갑자기 주체로 곧장 점프할 수 있겠습니까. 기업들이, 마트가 소비자들을 꼬시기 위해, 유혹하기 위해 온갖 상술과 전략 전술을 쓰듯이 정당은 왜 그렇게 못합니까? 비리를 저지르면서 하는 것도 아니고, 저희가 이렇게 해서 인문학 강좌를 할 테니까 와보십시오, 하면서 간단하게 정치 전반에 대해서, 당파적으로 너무 가지는 말고, 그런 것을 전국적으로 소소하게 해보라는 거죠. 자기들 바쁘면 변호사들 가운데 정치해보고 싶은 사람 얼마나 많아요. 변호사들한테 법률 자문 하게 하고, 특강도 하게 하고, 돈 안 들게끔 자기 식구들 꾸려서 유권자들과 얼마든지 접촉할 수 있죠. 정치에 대한 인식을 바꿀 수 있고요. 국민들에게, 유권자들에게 선거 때만 아첨하지 말고 유권자들에게도 요구를 해야죠. 당신들이 이렇게 미친 척하고 정당을 저주하듯이 거리를 두면 민주주의가 될 수 없다, 우리만 욕해서 될 문제냐. 얼마든지 이야기할 수 있잖아요.

지   주변에서 정치한다고 하면 도시락 싸들고 말리는 분위기잖아요. (웃음)

강   패가망신한다고 하죠. 물론 우리나라 정치인들, 똑똑해요. 그런데 더 중요하게 보는 것은 일단 상처받지 않는 심성, 무쇠 같은 심장, 그리고 뻔뻔해야 됩니다. 예전에 박원순 시장을 '뻔뻔'이라고 표현했더니 난리가 났어요. 저는 칭찬한 거예요. 박원순 시장은 대권 도전 자격을 가졌어요. 왜? 뻔뻔하거든. DJ도 뻔뻔하지. 정계 은퇴한다고 해놓고 다시 나오잖아요. 보통 사람 심정으로는 안돼요. 우리가 지금 필요하다고 생각하는 정치인의 자질과 정말로 국민 가까이 간 정치인은 다르죠. 아주 바람직한, 이상적인 모델이 달라지는 거예요. 이분들이 원하지 않을 수 있죠. 싫어할 수 있죠. 그런데 진심으로, 이 사람도 자기 애들을 키우고, 이왕이면 자기 직업이 대접받기를 원하는 몇몇은 있을 거잖아요. 그런데 이 사람들이 그 역량을 상대 정당에 대한 증오심을 발휘하는 데 쏟아붓고 있잖아요. 정말 해야 될 일이 그런 일인데요. 비례대표라고 뽑아놓은 분들 중에서 그런 분은 한 분도 안 계시고, 독설의 대가들만 모여 있다는 거죠. 답답해요. 근본을 좀 바꿔줘야 되는데.

안철수, 초심으로 돌아가야

"대통령을 목표로 두지 말고 자기의 뜻을 진정성 있게 밝히면서, 새 정치를 위해 초심을 잃지 않고 기여하는 큰 싸가지를 바란다."

지　『김대중 죽이기』, 『노무현과 국민 사기극』 두 권으로 두 명의 킹메이커라는 말도 들으셨고, 최소한 집권 이데올로기를 제공했다는 평을 받으셨는데요. 2007년에는 정치적 발언을 안 하셨고, 2012년에 다시 『안철수의 힘』을 내셨습니다.

강　정동영 때는 될 수가 없다고 봤고요. (웃음) 안철수 건은, 제가 재미있는 현상을 느낀 것이… 안철수 의원이 당 내부에서 내리막길로 가고 나서, 저하고 가깝고 우호적인 분들이 웃으면서 '아직도 안철수 씨에 대한 생각이 변함 없으세요?'라고 물어본단 말이에요. 안철수, 문재인 대결 구도 때 문재인을 지지했던 사람들이에요. '문재인 씨 지지했던 것을 후회한 적은 없으세요?'라고 제가 물어봐야 옳죠. 문재인은 졌잖아요. 나는 문재인으로 안 된다고 봤어요. 그렇다면 안철수, 문재인 대결 구도 때 일반 유권자 여론조사에서 안철수에게 힘을 실어줬다면 달라질 수 있었는데, 그 사람들은 문재인 편을 들었던 것 아니에요. 그러면 누가 물어봐야 돼요? 내가 물어봐야 되죠. 물어보는 저의가 뭐냐. 어떻게 그렇게 뒤바뀔 수 있느냐는 거죠. (웃음) 그때 당시에 문재인과 안철수 사이에서 문재인은 어렵다고 생각해서 안철수를 택한 사람들이 많았을 거예요. 어찌됐건 졌죠. 문재인을 택했던 분들한테 문재인으로 이길 수 있었다고 생각했느냐, 하고 물으니까 이긴 선거라고 해요. 부정선거 때문에 졌고, 여론 조작 얘기를 하고, 인정을 하지 않아요. 성찰도 없고.

지 책에서도 화합을 위해 그 부분에 대해서는 얘기하지 않겠다고 하셨잖습니까?

강 취지 자체가 타협과 화합으로 가자, 계파 간 갈등도 해결하자는 것이었는데요. 사실은 많이 고쳤고, 실명 비판을 안 하려고 무지무지하게 애를 썼죠. 너는 이렇게 싸가지 없는 짓을 했고, 또 너는 이렇게 싸가지 없는 짓을 했고, 이렇게 열거해버리면 '아니, 싸가지 있게 굴자고 하는 놈이?'라고 하시겠죠. 물론 그 책 정도도 싸가지 없다고 하시는 분들이 있지만, 훨씬 더 싸가지 없게 쓸 수 있었습니다. 그렇게 해서는 안 되니까, 하고 싶은 말이야 엄청 많지만, 그 이야기를 어떻게 다 합니까? 저는 친노, 비노, 반노 할 것 없이 껴안고 같이 갈 것을 주장하는 건데요. 가끔 그런 생각은 들죠. 정말 이건, 희망이 전무하구나. 그렇다고 한다면 내 수명 연장을 위해서라도 속 시원하게 싸가지 없는 행태를 실명으로 다 열거해가면서 해볼까? 그러나 일단 이번에 낸 책은 그런 취지가 아니니까요. 저는 정말 타협을 했으면 좋겠어요. 그렇잖아요. 그것이 나이브한 생각이건 이상적인 생각이건 이대로 가면 안 된다는 것을 누구든지 인정한다면, 어떻게 해서든지 조금씩 양보를 해가면서 타협을 하는 쪽으로 가야죠. 김대중 시절까지만 해도 모든 정치적 생각이 거의 다 100% 같았던 사람인데, 정치적 이야기를 서로 금기시할 정도로… 제가 살고 있는 전주에서도 온몸으로 느끼게 되니까요. 저들도 저를 비난할 테니까. '비난하고 미워해서 될 문제가 아닌 것 같다. 그렇다고 하면 우리가 화합으로 가야 하지만, 현실적인 여건으로 화합이 안 된다'고 하면 결국 힘은 누가 세겠어요. 전부가 실패하는 길로 가더라도 그 내부의 경쟁에서는 누가 힘이 세겠느냐는 겁니다. 그쪽에 가서 실패하더라도 이것이 우리가 겪어야 될, 걸어야 할 길이겠구나, 그러면 조금 속이 편하죠. 그렇게 생각하는 유권자들도 많지 않을까 싶어요. 그거야말로 일종의 사이클이죠. 김대중, 노무현 10년의 승리에 대한 저주가 되는 거죠. 생각이 갈라지는 지점이 거기 같아요. 저는 그 10년을, 우리 쪽이 지지하는 쪽에서 됐기 때문에 10년간 빚어졌던 문제에 대해서 우리도 성찰을 하고, 이를 통해 조금 달라져야 한다고 보는 것이고, 반대로 생각하는 분들은 그 10년 동안 성공할 수 있었고, 더 잘할 수도 있었는데, 저 수구 기득권 꼴통들 때문에 안 됐다고 적개심을 가지는 것이고요. 정반대의 길이 우리 안에서도 갈라진 것 아닌가요. 그게 토론한다고 달라질 수 있을 것 같지도 않고, 서로 미워하고 싸워서 될 문제도 아닌 것 같아요. 앞으로 좀 달라지기를 기도하는 심정이지만, 그게 안 된다고 하면 속 끓일 것 없이 그걸 역사의 불가피한 흐름으로 봐야 되는 것이 아닌가 싶어요. 개인적으로는 그렇게 정리하고 있습니다.

지 안철수 의원의 새 정치 실험이 실패했다고 말씀하셨는데요.

강 새 정치를 어떻게 하겠다는 것을 보여줬어야죠. 오히려 새 정치가 뭐냐고 사람들이 놀릴 때가 절호의 기회거든요. 그렇게 관심이 높은데. 뭐야 뭐야 하고 계보까지 만들어지는 상황에서 새 정치를 제시해놓으면 누구도 새롭지 않다고 얘기할 수가 없어요. 무게가 다른데, 상황이 다른데, '이것을 꼭 목표로 내세워서 내가 이렇게 이렇게 해보겠습니다' 왜 그걸 제시 안 하느냐는 거예요. 그런 게 좀 답답합니다. 어찌됐건 저는 이 양반이 갈 때까지 갔어야 됐다고 보는 쪽인데요. 어떻게 보면 야권의 구원투수로 본인이 원해서 올라왔을까요? 저는 유권자들이 불렀다고 봅니다. 그런데 마무리를 안 해준 거죠. 안타깝습니다.

지 선거 때로 복귀하자면 문재인 캠프 쪽에서 지나치게 압박을 가해서 상처를 받았을 거라는 추정도 있었습니다. 어쨌든 양보를 했으면 최선을 다하는 게 좋았을 텐데, 선거일 오전에 미국으로 출국을 해버리니까 사람들이 볼 때는 문재인에 대한 지지가 적극적이지 않다는 메시지를 줬다고 생각하기도 하고요. 문재인 지지자 입장에서는 화끈하게 도와주지 않았다는 빌미가 된 것 같습니다.

강 그러니까요. 문재인 지지자 입장에서는 그렇게 말할 수 있겠죠. 그런데 역지사지를 또 한 번 해봐야죠. 차라리 뭐가 아니었다고 그 상황을 안철수가 밝히든가. 그때 불만의 말들을 했잖아요. 그러면 역지사지로 그 사람이 그런 감정을 가지고 충격받고 했는데도, 그게 마음이 동하지 않는데 할 수 있느냐는 겁니다. 프로 정치인답지 않은, 전혀 정치인답지 않은 것으로 인기를 끌었던 사람인데요. 그 역량은 애초에 없는 거죠. 그걸 요구할 수 있느냐는 거예요. 그러면 저 사람이 흔쾌히 하게끔 정치의 경험이 훨씬 많고, 그런 면에서 뛰어난 이쪽 사람들이 그 사람 하나 컨트롤하지 못했던가. 그걸 탓해야지 왜 안철수한테 뭐라고 할까요. 반대쪽은 그렇게 생각 안 하겠느냐는 거예요. 좋다 이거죠. 그때까지는 그렇다 하더라도 선거 결과에 대해서 성찰을 해야 되는데, 계속 그 핑계를 대고 면책을 누리겠다는 것은 말이 되는 건지, 그래서 원 모어 타임을 하겠다는 건지, 전략을 똑같이 가지고 가서 될 것인지, 여러 가지로 생각해봐야겠죠.

지 안철수 의원이 당시 민주당에 들어간 것에 대해서는 어떻게 생각하세요?

강 왜 들어갔나 싶어요. 아니, 들어가도 어떻게 이겨요?

지 밖에서 어느 정도 새 정치라는 것을 보여주고 정치적 근육을 더 키웠어야 된다는 건가요?

강 아니, 물론 그런 것도 필요하지만, 들어가서 이길 수가 없어요.

안철수를 싫어하는 사람들의 심리 중에 제가 하나 공감하는 것이 있어요. 아무리 한국 정치가 개판이라도 정치 쪽에 전혀 몸담지 않았던 사람이 어느 날 갑자기 콘서트 좀 하며 돌아다니고, 교과서에 실릴 정도로 모든 사람들에게 좋은 말을 듣게 되면서 평판이라는 자산 하나만 가지고 어떻게 순식간에 대통령 후보 급으로 들어갈 수 있느냐, 이건 반정치다. 아무리 정치가 썩었더라도 정치의 정석과 과정을 소중히 하는 사람들은 그것만으로도 분노하는 거예요. 제가 볼 때 그분들은 한국 정치의 현실에 대해서 낙관주의자예요. 안철수라는 사람이 자기가 그렇게까지 부상될 수 있었던 과정, 그건 한국 정치가 바람에 의해서 움직이고, 그걸 우리가 멋있게 포장해서 시대정신이라고 그러는데요. 일순간의 바람과 쏠림에 의해서 정치가 이렇게도 가고 저렇게도 간단 말이에요. 그러면 문재인 카드로 힘들다고 보는 사람들은 안철수의 저 바람으로 한번 이긴다면, 그리고 박근혜에 대해서 엄청난 반감을 가지고 역사의 퇴보라고 생각했던 사람들이 문재인 지지자 쪽에 더 있었던 것 아닌가요? 그렇다면 바람과 분위기에 의해서 정권을 이쪽이 잡는 게 비교적 차선일 수 있다고 보는 것 아니었나요? 그 가치였죠. 그런데 그 사람이 조직 내부에, 조직 정치에 산전수전을 겪은 베테랑들이 다 모여 있는 데 들어가서 무슨 방식으로 싸워 이기느냐는 말이에요. 무기 자체가 없는데. 바깥에 있을 때의 그 힘은 들어가는 순간 사라지는 건데, 도대체가 어떻게 그 계산을 하느냐는 거죠. 들어가서 어떻게 해보겠다는 건가요? 우리나라 계파 정치를 모르는 건가?

☒ 안철수 현상이 계속 유효한 점이 있다고 보십니까? '앞으로 큰 싸가지를 보여줄 것이라고 기대한다' 이렇게 말씀하셨는데요.

☒ 박원순 씨한테 시장 양보했을 때로 돌아가라는 거죠. 새 정치를 해서 정치가 부담이 아니라 생산성을 제공해주는 하나의 근원이 되기를 원한 것과 대통령이 되기를 원한 것 중 어떤 게 더 컸느냐는 거죠. 나는 전자가 컸을 거라고 보죠. 우리나라 국민들이 묘해요. 예전에는 안철수를 여야 막론하고 좋아해줬잖아요. 그런데 대통령이 되려고 하니 경쟁자로 인식하는 쪽에서 공격을 퍼붓기 시작한 것 아닙니까? 엄청난 증오였죠. 대표적인 것이 윤창중 씨죠. 뭐 거의 분노에 차서, 왜냐하면 다 된 밥인 줄 알았는데 엉뚱한 것이 튀어나와서 위협하니 얼마나 미웠겠어요. 정말 새 정치로 바꾸려면 대통령이 되어서 하는 것이, 권력이 있으니까 유리하겠죠. 그런데 굳이 또 다른 대안을 모색하기 위해서 보자면 대통령이 말 한마디 잘못하면 부당한 개입이 되니까 정치에 대해서 말을 할 수가 없잖아요. 그렇다고 한다면 대통령이 됐으면 좋았겠지만, 그런 점을 놓고 본다면 새 정치라고 하는 것을 추진하는 데 대통령을 목표로 두지 않는다고 하면 자기의 뜻을 진정성 있게 밝히면서 새 정치를 위해 초심을 잃지 않고, 기여를 해보겠다고 하면 얼마든지 새롭게 할 수 있는 것 아닙니까? 저는 그게 더 큰 싸가지라는 거죠. 그 싸가지 보여줄 수 있지 않느냐는 거예요. 도대체 뭘 어떻게 실현하겠다는 어젠다를 확실하게 굳혀놓고 가야죠.

☒ 『안철수의 생각』도 그랬던 것처럼 사람들의 기대감이나 이런 것

은 있었는데, 콘텐츠가 약하지 않나 하는 평들이 있었습니다. 주변에 굉장히 똑똑한 사람들이 많았지만, 캠프에 참여해서 뭔가 보여준 사람이 없었던 것 같습니다.

강 언론을 통해서만 보니까 그 점은 잘 모르겠어요. 저도 가장 우려스럽게 생각하는 것이 가까이에 있는 중요한 분들이 다 떠난단 말이에요. 그 이유가 뭐냐, 이거예요. 그건 본인이 이야기해야 된다고 봐요. 정말 개인의 큰 결함 때문인지 자기가 총결산해서 중간 점검하고 내놓아야 되지 않겠어요? 본인 스스로. 본인에게도 자기 성찰이 필요한 거죠.

지 말씀하신 대로 선거 과정에서 최측근이라고 할 수 있는 금태섭 변호사가 떠났고, 같이 청춘 콘서트를 했던 박경철 씨도 그렇고요.

강 박경철 씨가 떠난 건가요? 박경철 씨는 애초부터 나름의 대등한 관계를 유지하고 밑으로는 안 가겠다는 거 아니었나요? 제 느낌은 그렇던데요. 자기만의 세계가 있는데 '내가 왜?' 그런 것 같더라고요.

지 친구로서 지지 발언을 할 수도 있는데 그런 것도 없었으니까요. 청춘 콘서트를 하면서 안철수 씨가 멘토가 되는 데 박경철 씨의 역할이 상당히 컸잖아요.

강 정말 심각한 문제가 있다고 하면 오히려 더 좋을 수도 있다고 생각합니다. 대통령이 되고 도지사가 되고 무슨 장이 된다고 하는 것의 핵심이 사람 장사잖아요. 사람 장사에 근본적인 문제가 있다, 그러면 오히려 더 좋다는 거죠. 새 정치 실현이라고 하는 것이, 과거 어떤 정치인이 집권을 목표로 안 하고 그런 일을 할 수 있었겠어요. 그것마저도 사람들에게 솔직하게 얘기하라는 겁니다. 옛날로 돌아가라고 하는 것은 입에 발린 소리가 아니라 진정한 진정성이죠. '이러이러한 것은 나한테 한계가 있는 것 같더라. 그런데 내가 원했던 꿈은 바뀌지 않았다'고 얘기해야죠. '우리 국민들이 그토록 갈망했던, 하나의 여러 대안 중에서 찾던 것 중에 내가 들어간 거지만, 나라고 하는 사람을 통해서 표출됐던, 우리 국민들의 정치는 이대로 안 된다고 하는 강한 열망을 풀어주고 싶다'고 하기에는 더 좋을 수가 있다는 거죠. 대통령 꿈을 딱 포기하고, 그것만을 위해서 갈 수 있다는 겁니다. 바깥에서 얼마든지 압박해서 들어갈 수 있고, 바꿔줄 수 있다는 거죠. 결국 법의 문제잖아요. 제가 볼 때는 네다섯 가지로 압축해 이야기할 수 있는데, 왜 그 이야기를 안 하느냐는 거예요.

지   자기를 드러내는 것이 쑥스러운 것 같기도 하고요. 엄친아 이미지가 좋을 수도 있지만, 거리감이 느껴질 수도 있는데요. 솔직하게 '내가 이런 부분이 부족해서 친구들도 떠났는데, 여전히 내 꿈이 있으니까 같이하고 싶은 사람은 들어와라. 내 약점을 보완해다오' 해야 한다는 거죠?

경   다시 한 번 판을 짤 수 있다는 거죠. 누구 편들고, 당파성이 있다고 해서 꺼려진 사람들도 그 진정성에 공감하고 동의한다고 하면 얼마든지 들어올 수 있죠. 정치라고 하는 것이 '개혁하자고 하는데, 저 사람이 자리를 노리고 하는 걸 거야' 이런 오해 때문에라도 사람이 일시적으로 더 몰릴지 몰라도 오래가지 않는 조직이 되는 것 아닙니까? 그러나 정말로 정치를 바꿔보자고 바깥에서 누군가 압박하지 않으면 이루어질 수가 없어요. 안철수는 아무리 과거에 잘나간 때로부터 조금 떨어졌다고 하지만, 그 사람한테는 여전히 구심점이 될 수 있는 네임 밸류가 있어요. 그렇게 자기를 까발리면서 애초에 초심이 뭐였던가, 그때로 돌아간다고 하면 얼마든지 더 큰 족적을 남길 수 있다고 봅니다.

지　예전처럼 청춘 콘서트 비슷한 행보가 필요하다는 건가요?

강　네. 그런데 그걸 밑도 끝도 없이 하면 대선 후보로 수명 연장한다고 볼 수 있으니까 과감하게 그간의 결산 보고서를 내는 거예요. 자기를 사랑했던 사람들에게, 자기를 믿고 지지해줬던 사람들에게 정치 입문으로부터 오늘까지를 자평해보마. 이걸 왜 못합니까? 과감하게 해야죠. 저는 그런 식으로 가면 더 멋있을 것 같은데요.

지　시련을 겪고 그걸 극복할 때 사람들이 더 좋아할 수 있으니까요.

강　애초 이 사람의 초심을 저는 믿거든요. 정치가 이래서는 안 된다고 하는 강한 문제의식, 그것만 가지고 가라는 거죠. '그것을 내가 대통령이 돼서 실현해보고 싶었다' 얘기하고, 그런데 그 과정에서 드러났던 문제들, 오히려 남들이 조심스러워서 독하게 말하지 못했던 것도 스스로 말해야 합니다. 왜 자기를 못 까발려요. 끝났다고 하는데, 그건 정치 게임의 논리죠. 우리가 왜 그 게임의 논리를 가지고 얘기해야 됩니까?

승자독식의 사회

> "다들 목숨 걸고 싸우고 증오한다. 승자독식이니까. 비무장지대를 넓히면 목숨 걸어야 될 이유가 조금 줄어든다."

지 '비무장지대를 넓혀가자. 승자독식의 이전투구가 벌어지는 영역을 줄여나가자. 특히 방송을 비무장 영역으로 돌려야 한다'고 하셨는데요.

강 안철수 씨가 내걸었으면 비무장지대를 넓혔을 텐데요… 절대 정권들이 그걸 안 하려 합니다. 대표적인 게 이거예요. 제가 노무현 정부 말기 때 방송 의회 만들자고 여러 번 주장했거든요. 노무현 정부도 탄핵 사태 다음에 총선에서 이겼을 때가 최전성기 아닙니까? 당시 열린우리당도 그때가 최전성기였고, 그 이후로 쭉 내리막길이었잖아요. 그런데 보아하니 타이밍이 절묘해요. 당시 한나라당 쪽에서는 자기들에게 다음 대선이 유리하다고 할망정 방송이 노무현 정부 손아귀에 들어 있는 것이 불안하다고 본 거죠. 그러니까 응하겠죠. 노무현 정부는 어차피 국정원도 그렇고, 검찰 등 권력기관 장악을 안 한다고 내걸었던 명분도 있고요. 그 정신에도 맞으니 방송을 중립지대로 만들자고 한 겁니다. 야당, 당시 한나라당이 적극 응할 것이 분명하니, 대통령이 사실상 사장을 임명하는 방식을 바꾸자, 가칭 방송 의회를 만들자. 그건 돈 안 들어가요. 무보수 명예직으로 하고, 로비가 안 통하게끔 수백 명, 수천 명을 임명하면 되는 거예요. 사장만 뽑아주면 돼요. 우리 시민사회의 역량을 믿어보자. 그러면 방송이 정략에 의한 정당 간 전쟁터가 안 됩니다. 물론 부작용도 있을 수 있죠. 어떤 사람이 될지 그 사람에 따라서는. 그러나 우리가 목격한 것보다는 한결 낫겠죠. 그리고 사장 마음대로 할 수 없게 약간의 견제도 하게 하는 거죠. 그런데 안 받아줬습니다. 안 받아준 정도가 아니라 노무현 정부 사람들은 비웃습디다. (웃음) 이명박 정부로 정권 바뀌었죠. 그때까지 방송 민주화, 공정성 입 딱 닫고 있던 진보적 지식인들이 그때부터 공정성 이야기를 하는 거예요. 여야 할 것 없이, 진보, 보수 할 것 없이 똑같다니까요. 지금 승자독식주의니까 우리 쪽에서도 정권을 잡아야 우리에게 이익 배분이 가능할 것 아닙니까? 그러니까 목숨 걸고 싸워야죠. 목숨 걸고 증오해야죠. 승자독식이니까. 정말로 순수한 자기가 믿고 있는 이념과 노선 때문에 그런다고요? 사기 치면 안 되죠. 아무리 진보라도 한자리 하고 싶은 욕망이 있는 거예요. 말은 멋있게 해요. 봉사하고 싶어서 그런다고. 내가 꿈꾸는 세상을 위해서. 좋아요. 하지만 그렇게 봉사하는 사람 치고 판공비 안 쓰고, 기사 딸린 자가용 거부하고 그랬다는 이야기를 들어본 적 없어요. 다 누리고 싶은 거예요. 똑같은 거예요. '너, 내가 누군지 알아?' 그러고 싶은 거예요. 인간의 욕망을 왜 부정해요? 진보, 보수 똑같아요. 그것까지 부정하지는 말자는 거죠. 그러면 비무장지대를 넓힌다는 것은 누가 정권을 잡느냐에 따라서 목숨을 걸어야 될 이유가 조금 줄어든다는 거예요. 그리고 정치권에 줄 설 필요도 줄어들어요. 중립의 영역이 넓어지니까. 기관장 공모제의 취지가 뭡니까? 애초에 공기업 공모제 한다고 했잖아요. 제대로 했나요? 노무현 정부 때 제대로 했습니까? 그런데 노무현 정부 때도 김대중 정부 때도 그거 안 해놓고 이명박, 박근혜가 더 개판으로 한다고 비판하면 설득력이 떨어진다니까요. 박근혜 정부를 싫어하는 사람들은 지금 낙하산 인사를 욕하는데요. 물론 공감하죠. 하지만 박근혜를 지지하는 쪽은 니네들은 안 그랬냐고 해요. 어차피 반대편에서 하는 것이 더 심하게 보이는 법이에요. 비무장지대를 넓혀가자는 것은 그렇게 정권의 입김에 의해서 할 수 있는 영역을 줄이자는 겁니다. 방송사 사장 그렇게 하고, 공기업 사장 공모제를 진짜 제대로 해보자는 거예요. 그러면 우리 사회가 극단적인 당파 싸움의 소용돌이에서 점점 벗어날 수 있을 거라는 거죠. 방송사 사장, 이사, 방통위 위원… 방송 심의 위원, 언론 유관 기관이 무지하게 많아요. 많은 신방과 교수들의 꿈이자, 로망이에요. 지금 줄을 안 서면 할 수가 없어요. 줄을 서야 해요. 줄을 서야 하다 보니까 신방과 교수들도 한국 언론 문제를 보는 시각이 양극으로 갈려요. 왜? 나는 이쪽에 줄 섰으니까. 교수들의 글이 갈등을 해소하는 것이 아니라 부추겨요. 완전히 운동가들이에요. 승자독식이니까. 만약에 방송, 언론 유관 기관 포함해서 과거 권력에 의해 임명되던 자리들을 비무장지대로 해버리면 오히려 줄을 안 서는 게 도움이 되겠죠?

지 　당파적으로 보이면 배제될 수 있으니까요. 오히려 정치권과 안 친하다고 주장하겠네요.

강 　만약에 지금 MBC, KBS가, 거기도 인간 집단이니까, 권력에 의해서 임명되지 않고 정말로 중립이 되려고 애쓰는 집단이 되어 있다고 가정해봅시다. 지금 이렇게까지 됐을까요? 비무장지대를 넓혀가는 것,

저는 안철수 씨가 그걸 하길 바랐어요. 저도 제 자신을 탓했어요. 달랑 책 한 권 쓰고 거기에서 끝나지 말고 캠프에 들어가든 어떤 식으로든 이야기를 해야 된다. 그런데 그건 제 원칙에 어긋나고, 답답하더라고요. 저 양반은 왜 이런 중요한 이야기, 어젠다를 제시 안 하지, 왜 민주당에 들어가지, 하는 생각이 드니까 '아, 이래서 정치판에 교수들이 뛰어드는 건가' 하는 생각이 들었는데요. 개인적으로는 무지하게 답답했죠. 그런 생각을 일순간 했다는 것이고, 역시 내가 옳았구나 하는 생각이 들었죠. 가장 측근 중의 측근까지 떨어져나가는데 제가 말한다고 듣겠어요? 안 듣겠죠. 답답했었단 말이죠. 왜 그런 것을 제시하지 않을까, 하고. 본인이 그걸 못하더라도 국민의 강력한 호응을 받은 어젠다들을 강력하게 각인시켜 주면 그게 의제가 되잖아요. 필요하고 좋은 건데. 지금 아시다시피 중앙정부만이 아니라 지방정부까지 선거 한 번 치르고 나면 논공행상 때문에 밥그릇 문제가 심각합니다. 박근혜 대통령도 보세요. 관피아 어쩌고저쩌고하더니 정피아가 더 문제잖아요. 그러면 정직하지 않다는 거예요. 정피아 없이 정치를 할 수가 없다? 사실 정피아 없이 정치를 할 수가 없어요. 논공행상하지 않는데, 누가 캠프에 뛰어듭니까? 그것도 의제에 올려줘야죠. 진보, 보수를 막론하고 대통령 선거를 위해서 애쓴 사람들 논공행상 안 하고 어떻게 대통령 선거 팀을 꾸려갑니까? 선거 캠프 운영이 안 된다고 얘기를 하라는 거예요. 그런데 관피아 척결 외치면서 정피아는 더 챙기고, 겉 다르고 속 다르고, 앞뒤가 안 맞는 짓거리를 여야 번갈아 가면서 해야 되는 건가요? 그런 것을 의제로 만드는 것이 저는 새 정치라고 본다는 거죠. 비무장지대를 넓혀가자는 것이 안 받아들여지는 이유는, 자기들이 집권한다고 믿고 있으니까 왜 우리 떡을 미리 나눠주느냐는 거죠. 우리가 먹어야 하는데. 그렇지 않더라도 좋은 뜻으로 해석하자면 우리가 다 장악을 해야 개혁, 진보적인 걸 한다는 거예요. 보수 쪽에서도 그렇게 생각한단 말이에요. 시민사회의 역량을 믿고 해야 되는데, 떡 나눠 먹는 문제가 겹치니까 정치권에서는 죽어도 안 내놓으려고 하는 거죠. 공기업 감사 내려보내는 것이 자기들 정치자원, 텃밭이고, 거기서 모든 정치적 영향력이 나오는 건데, 그걸 내놓으려고 하겠습니까? 양쪽이 악순환이죠. 승자독식해서 해보겠다는 것 하나 때문에 지금 그렇게 되는 건데요. 나는 그래서 신방과 교수들부터 당파성을 벗어나서 언론에 대해서 얘기를 해야 된다고 생각합니다. 그런데 지금 다들 정치화가 되어버렸어요. 하다못해 참여해서 일 좀 해보려고 해도 정치적인 당파성에 의해서 결정이 되어버리니까 당파성이 없던 사람들까지 당파성을 갖게 되는 거예요. 왜냐하면 정치권에서는 누가 우리한테 충성할 놈인가를 기준으로 사람을 뽑으니까 멀쩡하던 사람들까지 당파성의 전사가 되어버려요. 싸가지 문제를 지적하는 것도 저 같은 경우에는 뭐 하나 해달라고 그러면 안 한다고 도망갈 스타일이기 때문에 이런 말도 하는 것이지, 뭔가 공익 근무 해보고 싶은 사람들은 이런 말도 못하죠.

지 한국 사회의 가장 큰 문제 중 하나로 초강력 일극주의, 서울 공화국 문제를 드셨는데요.

강 그걸로 다음에 책을 한 권 쓰려고 해요. 지방분권은 둘째 치고,

균형 발전 이것도 되기가 어려운 것이 이건 경계의 문제라기보다는 계급의 문제예요. 물론 계급만 봐서도 안 되고, 두 가지 다 봐야 된다고 보는데요. 지방 얘기가 나오면 계급 문제를 빼놓고 보는 시각이 있으니까요. 무슨 말이냐 하면 지방의 상층부는 계급적으로 언제든지 서울로 갈 수 있는 사람들이에요. 자식도 대부분 서울에 유학을 보내고, 집이 있거나 없어도 집을 살 수 있는 능력이 있고요. 그러니까 이 사람들이 올인 안 해요. 이건 문화적인 유산이고, 낡은 구시대적인 발상인데요. 전국의 지방이 그럴 거예요. 예컨대 전라북도 전주만 해도 고향의 기준을 피로 나눕니다. 예를 들어서 전북 도민이 누구냐고 물었을 때 여기서 30년을 살았고 평생 살 사람이 고향이 여기가 아니면 전북 도민이 아닌 게 됩니다. 반면 여기서 태어나지 않았다고 하더라도 아버지가 전북 사람이면 이 사람은 전북 도민이에요. 서울에서 높은 자리에 앉게 되면 지역신문에서 크게 써요. 전북 출신 누구누구가 어떤 자리에 올랐다고. 다른 지역도 그렇지만 서울에 학숙 지어서 공부 잘하는 애들 보내고, 그게 지역발전 전략이에요. 그게 왜 안 없어지나. 결정하는 사람들이 이 지역 엘리트들이에요. 애들도 공부 잘하고 하니까 서울로 보낼 수 있단 말이죠. 이 지역에 못사는 사람들은 왜 가만히 있나. 우리나라 국민들은 아무리 서민층이라도 내 새끼만큼은 서울대 보낼 수 있고, 보내야 한다고 생각하는 거예요. 교육 문제에 관한 한 상류층, 하류층 구분이 없어요. 똑같이 경쟁할 수 있다고 믿는 거예요. 엄청난 착각들을 하고 있는 거죠. 지방 촌놈 출신들이 서울에 가서 더 지방을 죽여요. 전국적으로 지방이 가지고 있는 태도, 자세가 잘못된 것인데도 말이죠. 그러니까 계급으로 봐야 한다는 거예요. 그러니까 제일 서운한 사람은 누구냐. 먹고 살 길 없어 서울이나 수도권으로 가는 사람들, 수도권 하층민들 고향이 어딘지 보자는 거예요. 그 사람들이 수도권 산다고, 서울 산다고 기득권 집단이고 수혜 집단이라고 얘기할 수 있나요? 가장 박탈당하고 가장 억울한 사람들은 사실 지방의 하류층이라기보다는 수도권의 하류층이에요. 이 지역에서 먹고 살기 힘들어서 뿌리 뽑힌 채 쫓겨난 거 아닙니까? 수도권 대 지방이라는 구도가 허구적이라는 거죠. 계급 중심으로 봐야 합니다.

지 호남 차별(혐오) 정서와 오랜 싸움을 하셨습니다. 최근 더 노골화된 것 같은데요.

강 저는 지금 호남에 대해서 말할 수 없는 무능의 상태에 처해 있다고 할까요? 제 생각인데요. 저는 과거 민주당 분당 때 배신을 당했다고 생각하는 편입니다. 호남 유권자분들도 그렇고요. 저는 호남의 이익이 아니라고 봤는데, 자기들이 이익이라 생각하고 옳다고 봤습니다. 그게 나쁘다는 게 아니라 저한테는 엄청난 정체성 혼란이 일었어요. 내가 호남 다수의 이익을 대변하는 쪽이 아니구나, 하는 생각을 했죠. 저는 대변한다고 생각했는데. 어차피 제가 화합을 지향한다고 했으니까 실명 거론은 않겠지만, 반호남주의에다가 호남의 이익에 반하는 위험한 주장을 한 사람들인데도 호남 사람들이 열광적으로 지지를 해요. 저는 말을 할 수가 없어요. 왜냐하면 그 판에 대고 말을 하면 이상한 놈이 되어버리는 거예요. 그러니까 호남의 이익이 뭐고, 호남의 정체성이 뭐냐고 하는 것이, 장기적으로 보면 호남의 분열이 바람직한 현상이죠. 왜냐하면 하나로 똘똘 뭉쳐 있는 것은 좋은 것이 아니에요. 하지만 야권의 분열을 가져와서 야권 집권의 엄청난 걸림돌이 된 거죠. 장기적 낙관, 단기적 비관이죠. 특히 수도권에 사는 호남 유권자들도 다 분열되어 있고. 재밌는 현상이, 수도권 호남인들과 여기 사는 호남인들 사이에 괴리가 생겼어요. 여기 지역의 젊은 사람들은 호남 차별이 뭔지 몰라요. 어떤 주장이 겉보기에 그럴듯해 보이지만, 왜 그 주장의 바탕에 호남 차별이 깔려 있는가. 복잡한 사회과학이 되어버려요. 그걸 잘 이해를 못해. 굳이 이해시켜 줄 필요도 없고. 그게 호남의 현실이 아닌가, 장기적인 낙관으로 가버리자, 해서 저는 일베 같은 경우만 뭐라 하고 호남 이야기는 할 수 없어요. 모양새가 이상하잖아요. 저는 호남의 이익이 이거라고 보는데, 호남의 다수가 동의를 안 해요. 그러면 그 이야기를 제가 뭐하러 해요. 엄밀히 따지자면 제가 호남 출신도 아닌데요.

지 열린우리당 창당의 주역들이 호남분들이었잖아요. 천정배, 신기남, 정동영, 소위 천신정이었는데요.

강 그건 민주당 내부의 패권 경쟁의 문제였던 거예요. 김대중 시절에 동교동이 장악했던 것에 대한 도전 세력들이었는데, 대부분 전북 출신들이 많았어요. 그래서 전북 도민들은 좀 열광했죠. 전남, 광주 헤게모니에서 탈피한 거니까. 내부에서 세대, 계파 투쟁으로 갔다고 보고요. 빼도 박도 못한 증거가, 결국 이 사람들이 다 이탈했잖아요. 그래서 정통 친노로부터도 욕을 먹었고. 그래서 저는 전형적으로 기회주의적인 권력 다툼의 노선이었다고 보죠.

지 열린우리당 창당 때의 배신감을 아직도 간직하고 글쓰기를 하는 것은 아닌가, 하는 시각에 대해서는 어떻게 생각하시나요?

강 전형적인 적반하장, 후안무치죠. 당시에 그 어느 쪽 편도 안 들었거나 거리 두기를 했던 사람이 그러면 제가 한 번 곱씹어보겠어요. 그런데 그때 열린우리당 창당과 민주당 분당에 찬성했던 사람이 그 말을 하면 적반하장이고 후안무치인 것이, 지나 나나 똑같은 거 아닌가요? 그쪽은 그때 이겼으니까 승리에 도취되어 한국 정치를 보고 있는 건가요? 마찬가지로 그때의 선택을 옹호하는 쪽에 서게 된 사람들의 편견이 있겠죠. 저는 그때 선택이 잘못됐다고 보는 쪽에서 보겠죠. 그러면 피장파장이죠. 그런데 그때 분당을 환영했던 사람들이 그런 말들을 하더라고요. 저는 저 인간들 안면에 철판을 깔았다고 생각하는 거죠. 어떻게 보면 갑을 관계예요. 그쪽이 주류였기 때문에 당시 갑의 위치에서 '을, 너 콤플렉스 있지? 그때 받은 상처와 배신감이 있는 거야' 그러면 을은 갑한테 뭐라고 해야 하나요? '너는 탐욕에 찌든 패권주의였다고 보는 거니?' 마찬가지 아니냐는 거죠. 내가 그렇게 좀 집념이 강했으면 싶어요. 그랬으면 계속 투쟁을 해왔겠죠. 계속 실명을 거론하면서 이놈들이 야권을 망쳤다, 앞으로 20년 집권 못한다, 니들이 책임자들이다, 하겠지만 제가 지금 화합을 주장하잖아요. 이렇게 거룩한 자세를 취하면 마음에서 우러나는 존경심을 표해야 되는 것 아닌가요? (웃음) 그런데 그때의 상처, 배신감 어쩌고 하니까 안면에 철판을 깔았는지….

강준만의 글쓰기

> "나는 왜 쓰는가? 중독인 것 같다. 담배를 못 끊는 것을 봐도 나는 중독에 약한 인간이다. 글쓰기에 중독되어 있다."

지 책 중에서 가장 아끼는 책은 없다고 하실 것 같습니다. 그래도 꼽자면 어떤 게 있을까요? 무인도에 가져갈 책은 두꺼운 책이라고 하셨는데요.

강 왜 그럴까, 하고 저도 자신에 대해서 생각해봤는데요. 책을 보는 시각이 기본적으로 다른 것 같더라고요. 어떤 분들은 작품으로 생각하는데, 저는 작품 개념이 없어요. 저는 그때그때 불후의 명작을 남기는 작품의 개념이 아니라 좋게 말해서 실용적인 소모품, 그 시대에 필요해서 제가 하고 싶은 말이 있으니까 쓴 것이고, 두고두고 남겨서 뭘 한다는 의식이 없다 보니까 독서를 할 때도 책을 대하는 자세가 그렇습니다. 제가 어렵게 생각하는 질문 중 하나가 어떤 책을 보고 감명을 받았느냐 하는 것이에요. 조금씩 얻은 게 있거든요. 그렇게 깊이 감명받은 책도 없고, 딱 한 권이라고 작품화시키는 게 저한테 너무 어색하고요. 가장 마음에 드는 책, 그것도… 제가 조금 이상한 것 같아요.

지 쓰신 책 중에 이건 사람들이 더 많이 읽고, 논란이 되길 바랐는데, 아쉬웠던 책이 있나요?

강 그렇게 따지면 모든 책이 다 그렇죠. 하여튼 인간은 탐욕이 이렇

게 많다니까요. (웃음)

지 글을 쓰기 위해서 어마어마하게 책을 읽고, 갖고 계신 자료도 많은데요. 그 자료들을 찾는 비법이 있나요?

강 저는 책을 읽을 때 책에다 찍찍 줄을 긋고, 거기다가 제 느낌을 써놓고, 키워드를 찾아 책 뒷장에다 써놔요. 그때그때 늘 입력을 했죠. 많이 찾는 책은 키워드가 수십 개 나오고, 없는 것은 달랑 한 개, 아예 제가 밑줄 그은 것이 없는 책도 있을 수 있고요. 큰 주제로 나누고, 키워드를 가나다순으로 전부 표시해놓죠. 시간 있으면 입력까지 해놓고요. 입력할 정도가 안 되면 주제별로 어디어디에 뭐가 있다는 것을 알아두죠. 그러면 어떤 주제로 책을 써봐야겠다고 하면 그동안 입력되어 있는 것이 쭉 나오죠. 어떤 주제건, 제가 관심을 가지고 있는 주제라고 하면요. 보통 책 쓸 때 자료 찾고 챙기고 하는 데 시간이 많이 걸리는데, 준비가 되어 있으니 마음먹은 대로 한 달이면 책을 한 권 쓸 수 있는 거죠. 그런데 인터넷에 지레 겁먹고 자료를 없애버린 바람에… 전에 분류해서 파일 만든 것을 없애버렸거든요. 지나고 봤더니 성급했구나, 하는 생각이 들더라고요. 사실 물리적인 이유도 있었어요. 자료는 늘어나고 둘 데는 없고, 사무실을 계속 넓힐 수가 없었어요.

지 그동안 안 다루신 분야가 없습니다. 특별히 더 다루고 싶은 주제가 있나요?

강 제가 할 수 있는 관심 분야는 거의 다룬 것 같은데요. (웃음) 정년

퇴직하면 꼭 하고 싶은 것이 교양영어사전식의 교양한국어사전 같은 것이에요. 가령 우리 한국말 같은 경우, 미더덕이 왜 미더덕이냐. 미가 옛날 말로 물 수 자더라고요. 그러니까 물에서 나는 더덕이라고 해서 미더덕인 거예요. 그런 책들 많이 나와 있잖아요. 그걸 스토리텔링과 결합해보고 싶어요.

지 지금 집필하고 있는 책의 주제는 세계적인 미디어업계의 거물들에 관한 인물론이라는 인터뷰를 봤는데요. 그건 언제 나오나요?

강 1년 됐나요… 아, 그게 우리 전북대 출판부에서 나왔어요. 책이 워낙 좋으면 출판부 쪽도 도움을 줄 수 있지만, 그렇지 못한 책이다 보니 알리는 데 한계가 있더라고요. 구글, 마이크로소프트, 애플, 페이스북 등 대여섯 개 IT업계의 거물들을 다룬 거죠.

지 굉장히 흥미로운 주제인데요. IT업계에서는 구루 같은 인물들이라 관심이 많을 것 같은데요.

강 IT에 무지하게 밝은 사람들은 IT업계의 거물들에게 가치판단을 내리면서 접근하지 않잖아요. 그야말로 위인전식으로 접근하지. 그런데 하나씩 뜯어보면 사회학적인 분석이 가능한 사람들이죠. 마이크로소프트의 빌게이츠는 미국 자본주의의 가장 전형적인 인물로 탐욕을 예찬하는 사람 아닙니까? 하지만 동시에 자기 탐욕을 만족시키는 에고 만족의 끝까지 가고, 자기가 번 돈은 사회에 환원한다는 거예요. 워런 버핏도 그렇고. 이 사람들이 박애 자본주의를 부르짖는데요. 어떻게 보면 기부 안 하는 자본가보다는 한결 멋있지만, 미국의 기존 시스템을 그대로 유지해가려는 가장 강력한 방파제인 거죠. 기부 받아서 박애로 문제를 해결하기보다는 애초에 시스템 자체를 평등한 사회로 만들어가야지, 극단적인 승자독식으로 약자를 잡아먹게 해놓고 기부한다? 저는 그 시스템이, 박애 자본주의가 별로 마음에 안 들어요. 우리나라가 그 모델을 받아들인 것을 별로라고 생각합니다. '맘대로 승자독식해서 강자가 다 싹쓸이하고, 걔네들이 사회 환원하는 것으로 복지를 해가자' 그건 아닌 것 같은데요. 페이스북의 마크 주커버그 같은 경우에는 이 친구가 도대체 무슨 생각을 하고 있나, 미국 아이비리그의 젊은이들이 가지고 있을 법한 이상주의적인 투명성에 대한 집착, 환상이 있는데요. 이게 난센스거든요. 그렇게 되지가 않잖아요. 미국의 전형적인 중상층에 속하는 전문가 직업을 가진 엘리트 계급이 가지고 있는 세상에 대한 생각, 어떻게 보면 그 사람의 철학이 페이스북이라든가 SNS, 트위터도 마찬가지고, 그 이면에 이데올로기가 있다는 거죠. 애초에 그 사람들이 구상했던 세계관을 가지고, 그 미디어, 그 포맷으로 선택 설계를 해서 만들어냈다는 것이 어떤 사회학적 분석이죠. IT 쪽의 기술적 전문가들이 안 건드려주는 건데요. 그런 것이 재미가 있지 않을까 싶었습니다. 스티브 잡스도 분석의 대상이고요.

지　왜 우리나라에는 스티브 잡스가 없느냐고 하는데, 그런 사람들이 살아남을 수 있는 풍토가 아니잖아요. 주커버그 말씀도 하셨지만, 어떤 면에서는 괴짜잖아요. 약간은 모난 천재들에게 기회를 주고, 그 사람들이 시스템을 바꿀 수 있는 기회가 주어진다는 점 때문에 미국이 어느 정도 힘이 있는 것일 텐데요.

강 실리콘밸리의 성공담을 보면요. 제일 놀라운 것이 정말로 대학을 갓 졸업하거나 중퇴한 애들이 뭘 만들어내면 거대 기업들이 제값을 쳐줘요. 우리나라 재벌들 하는 행태를 보십시오. 이렇게 빼먹고 저렇게 빼먹고, 망가뜨려버리고, 알짜만 빼먹고 보상을 안 해줘요. 풍토 자체가 달라요.

지 수십 년째 고3처럼 읽고, 쓰고, 공부하는 힘은 어디서 나오는 건가요? 미국 유학 5년 동안 공부하는 것이 너무 재밌어서 한국에도 안 나오셨다고 하던데요.

강 이럴 때는 거리 두기를 해서 심리학적으로 저를 해부해보고 싶은데요. 대부분 한 우물을 깊게 파고, 일관되게 행태적으로 유지해가는 사람들을 보면 다른 뭐가 없어요. 반면에 주변에서 보세요. 정말 팔방미인이고 재능이 다양한데 뭐 하나를 뚜렷하게 못해요. 다 그런 건 아니지만, 그런 사람이 있어요. 저 같은 경우에도 지칠 때가 됐는데, 다른 걸 잘하는 게 없는 거예요.

지 너무 겸손하신데요.

강 정말 그래요. 만화가가 제일 부러워요. 만화를 통해서 글과 만화가 섞인 것, 중학생한테도 접근할 수 있는 것들을 하고 싶어요.

지 고종석 씨같이 당대의 문장가라고 평가받는 분들도 교수님의 글을 높이 평가하고, 교수님에게서 많이 배웠다고 하지 않습니까? 저 같은 경우에도 아무것도 하기 싫을 때 교수님 책을 읽는 경우가 많습니다. 일단 쉽게 읽히고, 읽고 나면 글을 쓰게 되거든요. 아이디어를 얻어서 뭘 쓰고 있는 저를 보면 거기에 어마어마한 에너지가 있는 것 같습니다.

강 극소수에게나마 그런 평가가 있는 것 같네요. (웃음)

지 교수님에게는 마지막 질문으로 이 질문이 가장 적절한 것 같습니다. '나는 왜 쓰는가?' 여기에 뭐라고 답하시겠습니까?

강 제가 멋있게 그걸 표현할 수도 없고, 거기에 큰 의미를 부여하고 싶지도 않아요. 저한테 맞는 다른 뭔가가 있었다면 그걸 했을 거예요. 사람마다 중독 체질이 있는데, 담배 못 끊는 것을 봐도 아직까지 중독에 약한 것 같아요. 사랑도 우리 와이프 한 번 딱 좋아하니까 지금도 우리 와이프가 20대처럼 예뻐 보이고요. 그런 중독형 인간이 아닌가 싶어요. 그런 사람들이 대부분 아닌가요?

지 그렇지는 않은 것 같은데요.

강 대부분까지는 아니어도 반반 정도는 되지 않나요? 저도 어떤 경우에는 대단하다 싶은 것이 변신을 하는 사람이에요. 직장을 옮기든, 어떤 식으로 변화를 시도하는 분들을 보면 그런 모험을 해본다는 것에 대해서 긍정적으로 평가합니다. 동시에 여태까지 해온 일이 재미가 없는 건지, 애초에 가진 마음은 어디로 간 건지, 그런 생각이 들어요. 그런 사람보다는 대부분, 물론 의미는 나중에 부여할 수 있겠지만, 어떤 장인이 한 가지 일에 몰두하고, 인생 말년에 의미를 부여할 수 있잖아요. 인간이 보통 그러거든요. 사실 우리 젊었을 때를 놓고 보면 이 일을 택하게 된 계기가 우연일 수도 있고, 사명감이나 무슨 목표를 가지고 그랬던 것은 아니란 말이죠. 그러면 사람이 어떤 길을 가는지는 그 사람의 체질에 따라서 약간 변화하는 계기가 필요하다거나, 다른 길로 가는 것에 대한 저항, 거부감이 있다거나, 사람의 스타일이 있다는 거죠. 그게 뭐하고 통하느냐 하면, 제가 요즘 감정 이야기를 하다 보니까, 우리 인문·사회과학 하는 사람들은 늘 사회적 차원에서만 이야기하려고 하지, 생물학적 차원은 거부해요. 인간이 갖고 있는 특수성을 무시합니다. 그게 또 진보 아닙니까? 그것이 정치적 올바름일 수는 있어도 우리가 당위로서가 아니라 세상을 이해하고 분석하는 데 있어서 그것만 가지고는 안 돼요. 리더십을 연구할 때도 그렇잖아요. 미국에서 하는 리더십 연구를 보면 퍼스낼리티를 분석해요. 진보적 입장에서의 리더십 연구에서는 퍼스낼리티 분석 같은 것 안 하고, 메마르게 인간적인 것 빼고서 늘 추상화된 개념으로만 분석한단 말이죠. 그걸로 설명이 다 되느냐는 거예요. 양쪽이 다 결합돼야죠. 사람마다 독특한 점들이 있잖아요. 정치 지도자 급 되는 분들을 가만히 보면, 퍼스낼리티, 특히 그 사람의 행동이 가지고 있는 인간적 무게가 있잖아요. 박근혜 대통령을 보면 그런 게 있잖아요. 박원순 시장, 문재인 의원, 안철수 의원 등 지도자 급 되는 분들을 보면 퍼스낼리티가 그 사람의 정치적인 것을 결정하는 데 큰 영향을 미친다는 거죠. 무시할 수가 없는 것 같아요. 동시에 같이 바라봐야 될 문제가 아닌가 싶어요.

지 혹시 글을 쓰는 것이 싫어질 때도 있었나요?

강 싫어진다기보다… 그때그때 일하는 것을 얼마든지 조정할 수가 있잖아요. 쓰는 것이 싫으면 읽으면 되고, 읽는 것도 싫으면 텔레비전을 보면 되고. 상황에 따라 얼마든지 제가 하는 비슷한 일 가운데 다른 것을 하는 게 가능하죠.

지 「인물과 사상」이 200호를 맞이했는데 독자분들한테 해줄 말씀은요?

강 미안하죠. 초기부터 지지와 신뢰를 보내준 분들에게. 얼마 전 우연한 기회에 창간사를 한 번 읽어봤어요. 정말 미안하더라고요. 빵빵 쳤던 큰소리가 어디로 갔나, 제 개인적으로는 할 말이 참 많죠. 어떻게 이럴 수가 있나, 억울한 점이 있지만요. 어찌됐건 과정은 빼고 결과로 얘기해야 되니까 그런 의미가 아닌가 싶어요. 바꿔봅시다, 엎어봅시다, 그건 이제 끝난 것 같아요. 다만 애초의 취지에 충실하여 잔잔하게, 화려하게, 중심에 있지는 않더라도 삶의 곁가지로 가는 그런 의미로서의 작업, 그런 점에서는 예전에 비해서 꿈과 목표가 확 낮아졌기 때문에 미안하게 느끼는 게 있습니다.

'재미의 순정'
강풀

"스토리만이 내가 살아남는 법이다."

지승호,
THE INTERVIEW

강풀

본명 강도영. 웹툰 1세대인 강풀은 2002년 개인 홈페이지 강풀닷컴에 작품을 발표하며 작가로 데뷔했다. 그림 공부를 하거나 누구를 사사한 적이 없는 그는 대학 시절 박재동 화백의 만평을 보고 대자보, 회지 등에 그림을 그리기 시작하면서 만화가의 꿈을 키웠다. 일상적인 경험부터 사회적인 쟁점까지 다양한 소재와 주제를 만화에 담아 대중들의 사랑을 받고 있다. 또한 그의 작품은 연극, 영화 등으로 만들어져 큰 성공을 거두었다. 대표작으로 『마녀』, 『아파트』, 『그대를 사랑합니다』, 『26년』 등이 있고, 그림책 『안녕, 친구야』 등이 있다.

INtro

　　『마녀』이후 1년여 만에「무빙」으로 돌아온 강풀 작가를 2월 16일 인터뷰했습니다. 이날은 마침「무빙」첫 화가 올라간 날이었습니다. 강풀 작가는 작품이 연재되는 기간에는 인터뷰를 하지 않기로 유명합니다. 그래서 늘 인터뷰를 요청했다가 '연재 기간에는 인터뷰를 하지 않습니다. 죄송합니다'라는 얘기를 들었고, 연재 기간이 아닐 때는 제가 인터뷰를 게재할 수 있는 매체가 없어 연락하지 못했습니다. 연재에 들어가기 때문에 거절할 것이라 생각하면서도 혹시 몰라 연락을 취해보았는데, 다행히 인터뷰를 수락해주었습니다. 직접 만나본 강풀 작가는 착한 남자였고, 가정적이었고, 자기 작품에 대해서는 철저한, 그런 남자였습니다.

강풀이 살아남는 방법

> "단 한 화를 보더라도 독자들이 뭐 하나 본 느낌이 들게 하고 싶다. 연재라고 중간에 끊고 '계속' 이런 것이 싫다."

지 오늘 「무빙」 첫 화가 공개되었습니다. 오랜만에 연재를 시작했는데, 기분이 어떠세요?

강풀(이하 강) 『마녀』가 재작년 10월에 끝났어요. 1년 동안 연재를 안 한 것이 이번이 처음입니다. 『마녀』 이후로 13개월 만인 것 같은데요.

지 그래서 연재를 시작하는 기분이 남다를 것 같습니다. 그동안 속도감 있게 작업해오셨잖아요. 텀을 한 번 길게 두고 난 후여서 일하기가 좀 더 힘들 수 있을 것 같습니다.

강 지금이 굉장히 힘든 시기인 것 같아요. 연재 초반이라 몸의 사이클을 맞춰야 하거든요. 연재할 때 저는 새벽 4시에 출근합니다. 퇴근은, 연재 10년 동안 항상 밤 11시에 퇴근했는데 이번에는 조금 당기려고요.

잠이 모자라니까 너무 힘들더라고요. 경험상 보통 5화가 넘어가면 몸이 돌아옵니다. 지금이 가장 처지는 시기예요. 사실 이전에는 만화를 『순정만화』, 『바보』 외에는 30화로 끊었어요. 30화라고 하면 4개월, 5개월인데, 4개월을 견디기가 너무 힘들어서 빨리 힘들고 말아야겠다는 생각에 이야기를 어떻게든 30화로 맞췄지요. 그런데 이번 이야기는 30화에 안 들어가더라고요. 이번에는 45화예요. 이야기가 조금 깁니다. 긴장을 좀 하고 있지요.

지 　스토리를 30화로 잘라도 얘기할 분량이 늘어나고 공을 많이 들이느라 때로 힘겨워하셨지요. 45화면 훨씬 더 힘들 것 같습니다.

강 　도저히 이야기를 30화로 나눌 수가 없더라고요. 사실 30화가 웹툰으로서는 짧은 분량입니다. 저는 한 화를 길게 그리기 때문에 사람들은 제 만화가 길다고 생각하지만요. 이번에는 45화가 맞더라고요. 하다 보면 되게 짧은 부분도 있고 많이 긴 부분도 있는데, 이 화에서 얘기해야 될 내용은 어떡해서든 다 합니다. 아무리 길어도 무조건 다 해요. 중간에 잘라내지 않습니다. 연재라고 해서 중간에 딱 끊고 '계속' 이런 걸 싫어하거든요. 하다 보니까 45화가 맞더라고요.

지 　일반적으로 생각하기에 한 화 분량이 길면 나누어도 될 것 같은데요.

강 　그런 얘기를 많이들 하시죠. (웃음)

지 그런데 강풀 작가님은 말씀하신 대로 그 화에서 얘기되어야 할 내용이 있으면 만화가 길어지더라도 다 맞춰서 그리셨지요.

강 제 만화가 보통 웹툰의 대여섯 배 길이예요. 중간에 잘라 올리면 어차피 회당 고료가 나오기 때문에 작가 입장에서는 이득일 수 있어요. 하지만 그보다 독자들이 뭐 하나라도 얻어 가면 좋겠어요. 그게 재밌는 거라고 생각해요. 여기서부터 여기까지 다 얘기해야 다음으로 넘어갈 수 있는 이야기들이 있어요. 그게 매 화에 있거든요. 뭐라고 해야 하나, 독자가 포만감 같은 것을 느끼면 좋겠어요. 딱 하나, 예를 들어 17화 딱 한 화를 봤는데 그걸 보고 얻는 게 뭐라도 있으면 좋겠어요. 재미건 슬픔이건 감동이건 개그건 하나라도 얻고 가면 좋겠는데, 중간에 딱 끊겼다가 이어지고 하는 것이 반복되면 '미뤄뒀다 한꺼번에 보자' 할 것 같아요. 사실 주변 동료 만화가들한테 질타도 많이 받아요. 너무 길게 한다고. 공익위원회에 제소한다는 친구들도 있고. (웃음)

지 대표 작가가 그렇게 해버리면 다른 사람들도 그렇게 해야 할 테니 항의가 있을 수 있겠네요. (웃음)

강 처음에는 약간 그런 압박을 받았는데, 이제는 상관없어요. 짧아도 충분히 재미는 있는데, 제가 이야기 서술하는 것을 좋아해서 주인공 한 명 한 명을 다 소개하거든요. 그러다 보니 길어지고. 다음(Daum) 만화속세상 편집장도 그렇게 얘기해요. '작가님, 이렇게 길게 할 거면 차라리 잘라서 올리세요.' 보통 만화 파일 서너 개면 사이즈가 꽤 큰 편인데, 마감 전날 전화로 18개 하고 있다 하면 잘라서 내면 좋지 않느냐고 해요. 그럼 저는 차라리 '빵꾸'를 내요. 그 화를 어떻게든 세트로 보내고 싶어서. 한꺼번에 보여드리고 싶어서 빵꾸 낸 적이 많아요.

지 한 화를 전체 작품으로 생각하신다는 건데, 그게 고집이잖아요.

강 그 고집이 제가 이 바닥에서 살아남을 수 있는 방법인 것 같아요.

지 말씀하셨듯이 '나중에 완결되면 한꺼번에 보자' 그럴 수도 있는데, 독자들이 그때그때 업데이트를 기다리도록 만드는 전략이 되겠어요.

강 제가 독자라면, 기껏 기다려서 봤으니 뭘 제대로 본 기분이 나면 좋을 것 같아요. 오늘 나간 「무빙」 1화는 제 만화 중에서는 상당히 짧아요. 파일이 세 개 반 나왔거든요. 얘기가 여기까지만 나가도 된다고 생각하면 짧게 나가기도 해요. 그 화에서 해야 될 이야기가 거기까지면 짧아도 거기서 끝내버리고, 해야 될 이야기가 많으면 아무리 길어도 무조건 끝까지 밀고 나가는 거죠.

지 「무빙」에는 강풀액션만화라는 타이틀이 붙어 있어요.

강 미쳤나 봐요. 어떻게 해. 하하하하하.

지 기존의 '순정만화', '미스터리 심령 썰렁물'과는 또 다른 이름입니다. 작품에 변화를 주겠다는 뜻인가요?

강 제가 미스터리 심령 썰렁물 시리즈를 시즌 5까지 했고, 순정만화를 시즌 5까지 했습니다. 지난번에 『마녀』가 순정만화였으니까 이번에는 미스터리물이 들어가야 하는데, 만화가 생활도 십 몇 년이 됐고 타이틀도 『26년』까지 열한 개가 됐고, 이런저런 생각을 하면서 이번 만화 글을 다 쓰고 나니까 이건 순정만화도 아니고 미스터리물도 아니더라고요. 그런데 '이게 무슨 액션 만화야' 그럴 것 같아서 겁나요. (웃음) 액션이 거의 후반부에 나오거든요. 저는 집중선, 속도선 이런 것을 거의 안 쓰기 때문에 제 만화에는 때리고 싸우고 이런 게 별로 없어요. 그런데 이 만화에는 후반부에 액션이 나오고, 앞에 강풀이라는 브랜드는 꼭 붙이고 싶고, 그러다 보니까 '강풀액션만화라고 하자' 전날 결정했어요. 예고편 내보내기 전날 확 써버렸는데, 독자들이 댓글로 '강풀이 액션을?' 그러더라고요. (웃음) 『아파트』라는 호러 만화 그릴 때도 '네 그림으로 무슨 호러야?' 이런 말 많이 들었어요. 한참 똥 만화 그리다가 순정만화, 장편 만화 했을 때도 '무슨 순정만화야?' 이런 얘기 많이 들었고요. 우겨야죠. (웃음) '이게 무슨 액션이야' 하는 얘기는 후반부까지 계속 나올 것 같아요.

지 '남들이 모르는 비밀을 간직하고 있는 고등학생. 그리고 그 부모들의 이야기. 소년·소녀들의 성장기'라는 요약 정보가 있던데, 예전에 그런 말씀을 하셨죠? 한마디로 요약하지 못하면 작가가 그 스토리를 모르는 것이라고. 소년·소녀의 성장기를 본격적으로 다루기는 처음 아닌가요?

강 처음이죠. 첫 장편인 『순정만화』의 주인공이 여고생이긴 했지만, 그건 고등학생 얘기가 전혀 아니었으니까. 1화가 개학식이었고, 아마 마지막 화가 졸업식이 될 거예요. 그동안의 이야기를 할 것 같아요. 제가 이제 마흔둘이에요. 고등학교 졸업하고 20년이 훨씬 지났죠. 그래서 고등학생들에 대해 그냥 예측할 수밖에 없어서 고등학생들을 꽤 많이 만나봤어요. 작품 주인공이 체대 입시 준비하는 사람이니까 체대 입시생들도 많이 만나고, 고등학교 찾아가서 선생님들도 만나고 그랬어요. 그런데 고민이나 이런저런 부분들은 그대로 전승되나 봐요. 저는 우리 때와 굉장히 많이 다를 거라고 생각했는데, 많은 부분에서 '아, 똑같구나' 하는 생각이 들었어요. 그래서 취재하고 애들하고 얘기하는 과정이 재미있었어요. 아이들이 제가 생각하는 것이랑 전혀 다른 얘기를 할까 봐 걱정했는데, 학교 문제, 급우 문제, 이성 고민… 옛날에 내가 했던 고민을 지금도 똑같이 하고 있더라고요.

잊을 수 없는 희열

"내가 그린 이야기를 사람들이 봐주고, 움직이는 구나 하는 것이 너무 재미있었다. 그때 만화 하는 재미를 알게 됐다."

지 94학번이시죠? 총학생회 홍보부 대자보에 만화를 그렸다고 들었습니다. 마지막 운동권 세대인 거죠?

강 엄청 끝물이었죠. 저는 그게 운동권인지도 모르고 학생회 활동이 하고 싶어서 거기 들어갔어요. 과 학생회에서 활동하다 보면 1학기

말 단대 선거랑 총학 선거를 준비하게 돼요. 단대 선거에서 제가 홍보를 맡았는데, 잘했어요. 그림 그려서 되게 웃기게 했거든요. 이후 총학 선거까지 맡으면서 1학년 2학기쯤 총학생회에 홍보부원으로 들어갔어요. 학내 상황을 만화로 그렸죠. 김문기 씨가 이사장으로 있었던 곳이거든요.

지   상지대?

강   워낙 데모할 이유가 많았죠. 데모라는 말이 나쁜 말이 아닌데. 하여튼 그러면서 계속하다 보니까 총학생회에서 저보고 총학생회 홍보부가 아니라 선전부라고 했어요. 따로 알아서 그림으로 선전하는 부서를 만들었어요. 저는 국문학과였는데, 생활미술과, 미대 사람들하고 같이, 제가 임시 회장을 맡아서 만화를 그리기 시작했어요. 졸업할 때까지 계속 만화를 그렸죠.

지   언제 만화가가 되겠다는 결심을 하셨나요?

강   졸업할 때쯤 그런 생각을 했던 것 같아요. 어떤 방대한 계획이나 초조감을 별로 갖지 않는 성격이거든요. 되는 대로 살지, 이런 스타일이에요. 그런데 졸업할 때 되니까 만화가 너무 좋아진 거예요. 학교에서 내내 만화만 그렸고, 나중에 없어졌지만 민중만화동아리도 만들었고, 솔직히 공부를 잘하는 것도 아니고, 할 줄 아는 것도 없었고요. 만화가 너무 좋아져서 사회에 나가 만화를 그려야겠다고 마음먹은 게 거의 졸업할 즈음이었어요. 나는 졸업하고 만화가가 돼야지, 하는 생각이 들어서 무조건 시작했던 것 같아요. '같아요'가 아니라 그랬어요. (웃음)

지　국문학과에 들어간 건 글을 쓰거나 하기 위한 게 아니었던가요?

강　전혀요. (웃음) 제가 이야기를 되게 좋아했어요. 소설책 되게 좋아했거든요. 고등학교 시절에 소설책을 파고 들어갈 정도로 좋아했기 때문에 국문학과에 가면 소설을 많이 볼 줄 알았어요. (웃음) 다들 그렇게 생각하잖아요. 그런데 주로 문법, 음운론, 방언학 이런 것을 배우더라고요. 잘 알았으면 오히려 문예창작과에 갔을 텐데요. 막연히 국어 잘해서, 국어 좋아해서 국문학과에 간 케이스입니다.

지　소설은 어떤 것을 좋아했나요?

강　도서관에 많이 다녔는데, 공부하러 다닌 게 아니라 책을 보러 다녔어요. 정말 안 가리고 다 봤어요. 소설 분야에서 한 권 한 권 쭉 읽어내려오는 식이었죠. 중·고등학교 때 조정래 선생님, 황석영 선생님 책을 좋아했고, 이원호 씨라든가 김성동 씨의 추리물, 그러니까 야한 장면 많이 나오는 소설들도 좋아했고, (웃음) 중국 역사책도 되게 좋아했어요. 작가를 군이 꼽자면 조정래, 황석영, 김용이에요. 김용 작품은 『영웅문』부터 100권 가까이 되는데, 그걸 읽고 또 읽는 병이 있었어요. 『영웅문』은 너무 좋아서 나중에 책을 샀어요. 그런데 도서관에서 대출해 보던 고려원 것이 아니더라고요. 그래서 중고시장에서 일부러 옛날 버전을 구했어요. 옛날에는 주인공 이름이 한국 발음으로 곽정, 황용 이랬거든요. 최근 나온 것에는 중국어 발음으로 해놓은 것이 있는데 약간 낯설더라고요. 인터넷에서는 오히려 신간보다 예전 구간들이 더 비싸요.

지 예전 한겨레 특강 때 『신조협려』의 한 페이지가 너무너무 감동적이었다는 말씀도 하셨죠. 무협지도 많이 보셨죠?

강 무협지 많이 봤죠. 안 가리고 봤던 것 같아요. 그때는 지금이랑 워낙 다르게 작가에 대한 사전 정보를 구할 수 없었잖아요. 지금은 인터넷 검색하면 알지만. 사전 정보 없이 그냥 골라잡아 봤어요. 또 한 번 잡으면 끝까지 읽고. 그런데 무협지를 보다 보면 정말 야한 장면들이 있어요. 아시죠? (웃음)

지 무협지를 잘 보지 않아서요. (웃음)

강 그런 장면이 자꾸 나오니까 멀리하게 되더라고요. 나중에는 고룡, 와룡생, 김용, 양우생 이런 작가들의 책을 읽었어요. 결국 재밌는 것들이죠. 너무 재밌더라고요. 책 읽고, 이야기를 읽는 것이. 이야기가 빨리 끝나는 게 아쉬워서 점점 한두 권짜리는 안 보게 되고, 적어도 다섯 권 이상 돼야 보게 됐어요. 이야기에 대한 편차는 없었던 것 같아요. 다 읽고 나서 이건 좀 지루했다, 이런 게 없었어요. 다 재미있었어요.

지 어떻게 보면 책을 다양하게 읽은 경험이 이야기를 만들어내는 데 도움이 된 것이네요. 책을 많이 읽는다고 이야기를 잘 짜내는 것은 아니겠지만요.

강 영향이 있는 것 같아요. 맛있는 음식을 좋아하는 사람들은 나중에 요리도 해보고 싶어 하잖아요. 같은 것 아닐까요? 저도 이야기, 소설 책 읽다가 영화도 보고, 만화도 보고 그러다 내 이야기를 써보고 싶다는 욕심을 갖게 됐어요. 그런데 책, 영화, 만화 중에서는 만화를 제일 적게 봤네요. 아무튼 창작자들은 다 그 순서인 것 같아요. 많이 접하다 보면 나도 한 번 해보고 싶다는 생각이 드는 거죠. 제가 처음 제대로 접한 이야기는 『삼국지』예요. 이문열 『삼국지』가 몇 년 전 서울대 필독서에 뽑혔는데, 그것 말고 정비석 『삼국지』가 있어요. 고려원에서 나왔나 그럴 텐데, 그게 너무 좋더라고요.

지　이야기를 만들어봐야겠다고 생각한 계기가 있었나요?

강　학교 때 대자보를 그리고 그게 인기를 얻으니까 제가 잘하는 줄 알았어요. (웃음) 그때는 대자보가 하루에 몇 번씩 갈릴 정도로 엄청나게 많이 붙었는데, 제가 만화로 학내 사안을 알리고 난 다음에는 집회에 사람들이 굉장히 많이 나왔어요. 보통 어떤 집회가 있다고 하면 사안을 잘 모르니까 학생들이 별로 안 나오거든요. 그러고 나니까 총학생회나 교직원 노조에서 제 게시판을 따로 만들어줬어요. 일주일 동안 대자보 열 몇 장짜리를 그려 거기다 붙여놓으면 사람들이 그걸 보려고 거기 바글바글했죠. 심심하잖아요. 거기서 굉장한 희열이 느껴졌죠. 내가 그린 이야기를 사람들이 봐주고, 움직이는구나 하는 것이 너무 재미있었어요. 만화 하는 재미를 알게 된 거죠. 학보나 총학생회 회지에도 만화를 그리게 되면서 직업으로 해보자는 생각을 하게 되었죠.

그림 못 그리는 만화가

"이야기에서마저 지면 난 아무것도 아니라는 것을 알기 때문에 모든 만화를 1화부터 마지막 화까지 무조건 다 써놓고 간다. 완벽하게."

지 약간 다른 얘기일 수 있는데, 본인 그림체에 대해 '그림을 못 그리는 편이다'라고, 약간 위악적으로 느껴질 수 있는 발언을 하셨어요. 상대적으로 이야기가 강한 작가가 있고, 그림이 강한 작가가 있다면 작가님은 이야기가 강한 쪽이라고 스스로 생각해온 것 같습니다.

강 사실 만화가가 그림 못 그린다는 것은 자랑이 아니죠. 저도 어디 가서 그림 못 그린다는 말은 별로 하고 싶지 않아요. 그런데 물어보니까 어쩔 수가 없어요. (웃음) '당신이 그림을 잘 그린다고 생각하십니까?'라는 질문에 대해서는 냉정하게 얘기해 그렇지 않거든요. 대학 다닐 때는 거기에 대해 아무 의견이 없었는데, 진짜 그림 고수들이 판치는 만화 판에 들어오니까 나는 진짜 웃기는 놈이었구나, 하는 생각이 들더라고요. 그래서 좌절을 많이 했어요. 그리고 해보니까 선천적인 부분이 분명 있더라고요. 운동선수가 근육이나 체력을 타고 나는 것처럼 그림도 다를 게 없어요. 그래서 내가 그림에서 밀린다고 하면 남은 게 뭐가 있나 생각하니까 이야기더라고요. 노력해도 잘 안 되는 것은 어쩔 수 없지만, 노력해서 잘될 수 있는 것은 놓치지 말아야 하잖아요. 다음 만화속세상이 생기기 1년 전에 다음 영화 섹션에서 만화를 그리고 있었어요. 그러다 만화속세상에 오픈 멤버로 들어오라는 제안을 받았어요. 『일쌍다반사』 같은 것을 한 번 더 정식 연재해보자는 내용이었어요. 그런데 이야기를 다 써놓고 들어가야겠다는 생각이 들어서 『순정만화』를 택했죠. 이야기에서마저 지면 난 아무것도 아니라는 것을 알기 때문에 모든 만화를 1화부터 마지막 화까지 무조건 다 써놓고 가요. 완벽하게. 그리고 해보니까 그림 잘 그리는 거랑 만화 잘 그리는 건 또 다르더라고요.

지 　아무래도 스타일이라는 것이 있겠죠. 작가마다, 독자마다 선호하는 그림체가 있을 테고요. 결국 본인 스토리에 맞는 그림이어야 한다는 생각이 듭니다. 잘 그린다고 생각하는 동료 작가는 누구인가요?

강 　다 잘 그리는 것 같아요. 진짜로. 일단 데뷔한 작가들은 다 잘 그려요. 그런데 부러운 그림체는 없어요. 저는 제 그림체가 마음에 들거든요. 제 그림은 무식한 그림이에요. 요즘 웹툰을 보면 대갈치기라고, 박스 쳐서 배경 안 그리고 사람 하나만 놓기도 하는데, 저는 무조건 배경을 꽉꽉 다 채워요. 모든 장면마다. 만화를 많이 본 사람들이라면 차이를 느낄 수 있을 거예요.

지 　『일쌍다반사』로 일정한 팬들을 확보한 상태에서 『순정만화』로 다시 모험을 시작하셨어요. 그때 어떤 생각을 하셨나요?

강 　제 별명이 웹툰계의 조상님, 웹툰계의 암모나이트잖아요. (웃음) 웹툰이 처음에는 철저히 비주류였다가 불과 1~2년 만에 저 같은 애들이 그림 좀 그리고 글도 좀 써 올리면 웹툰 작가가 되는 시기가 열렸어요. 그러자 너도나도 웹툰을 하겠다고 나섰죠. 데뷔가 쉬우니까요. 그림 그래서 올리고 '나 만화 그려' 그러면 되잖아요. 그러다 보니까 일상적인 이야기, 맨날 경험하는 내용이 범람했죠. 저도 『일쌍다반사』를 3년 하니까 솔직히 소재도 떨어지고, 계속 여기 있다가는 범람하는 웹툰 속에 휩쓸리겠다는 생각이 들더라고요. 그래서 '안되겠다. 나는 웹에서 장편 만화라는 것을 한번 해보자' 그랬죠. 그전에는 장편 만화가 없었던 것으로 알고 있어요. 확실하지는 않아요. 최초의 웹 장편 만화라고 하니까 저도 그런가 보다 해요. 아무튼 서사 중심의 얘기를 해보자는 생각이 들었고, 그래서 장편 만화를 그렸어요. 계속 만화를 그리고 싶다는 데서 나온 자구책이었던 거죠. 사람들이 일상툰, 다이어리툰이라고 폄하하는 만화들, 사실 그 만화가 진짜 어려워요. 저는 『일쌍다반사』를 몇 년 하고, 홈페이지에 일상 만화를 계속 올리기도 했기 때문에 더 이상 할 여력이 없었어요. 그런 의미에서 조석은 천재인 것 같아요. 4~5년 전 『마음의 소리』 연재할 때 만나서 '형이 해봐서 아는데, 어느 정도 한계가 올 때가 있어'라고 말했거든요. 그런데 계속 재미있어요. 대단하죠.

지 31세에 음주를 시작하고, 33세에 흡연을 시작했다고 들었습니다. 그런 모범생이 『일쌍다반사』의 엽기적인 소재는 어떻게 얻었나요? (웃음)

강 제 안에 억눌려 있던, 내재돼 있던 더러움 같은 것들이 표출된 거죠. (웃음) 『일쌍다반사』 같은 경우, 독자들이 소재를 많이 줬어요. 『일쌍다반사』 내용 100% 다 실화는 아니지만, 95%는 실화예요. 당시 되게 재밌었어요. 독자들이 소재를 제공하는 메일을 보내줬는데, 거기서 재밌는 소재를 발탁하면 그분 소재로 만화를 그리고, 매달 그분들한테 제가 좋아하는 음악 CD 하나와 책 두 권을 선물로 보냈어요.

　지　어쨌든 생각해보면 『일쌍다반사』가 만화를 계속 그릴 수 있게 된 계기가 된 거죠? 『일쌍다반사』가 어떤 의미가 있다고 생각하세요?

　강　만화라는 것은 직업이잖아요. 직업이 되려면 그 일로 돈벌이가 돼야 하는데, 『일쌍다반사』가 첫 정식 수입이었어요. 그 전에도 수입이 없는 것은 아니었지만, 월 10만 원을 벌지 못할 때가 많이 있었어요. 『일쌍다반사』는 스포츠신문에 연재를 했는데, 스포츠신문은 고료를 많이 줬어요. 지금의 포털 같은 개념이 당시의 스포츠신문이었고, 당시 만화 판의 메이저는 스포츠신문이었으니까요. 거기에 진입하여 만화가를 직업으로 삼을 수 있게 해준 작품이라는 데서 저한테는 의미가 있죠. 그래서 애착이 커요. 다시 하라면 절대 안 하겠지만. (웃음)

　지　반면 『순정만화』는 지금의 강풀이 있게 해준 작품이죠.

　강　그렇죠. 지금의 제 모습을 만들어준 거죠. 그런데 웹에서, 온라인에서 몇 십 화짜리 이야기를 한다는 것이 정말 모험이었어요. 당시 다음 담당자도 고개를 갸우뚱했어요. 웹에서는 워낙 많이 쏟아져 나오고 바로 흘러 지나가 버리니까요. 그런데 독자를 계속 붙들어보고 싶었어요. 『순정만화』가 43화였어요. 원래 주 1회로 시작했는데 독자들 반응이 좋아서 10화쯤 갔을 때 주 2회로 바꾸고, 지금까지도 매번 주 2회로 하고 있어요.

『미생』을 반대하다니 미쳤지, 내가.

"『미생』이 이런 이야기인 줄 알았으면 안 말렸다. 태호 형이 '바둑 만화야' 그러기에 '뭐? 하지 마' 그랬다. (웃음)"

지 어떻게 보면 가족, 사랑 이런 이야기는 대단히 진부하게 느껴질 수 있어요. 저도 기자 생활 잠깐 했을 때 '이건 너무 진부한 소재야'라는 말을 늘 들었어요. 그 얘기를 어떻게 끌고 가는지가 더 중요할 수 있는데, 무조건 소재만 듣고 '옛날에 나왔던 거 아냐?'라고 해서 답답한 경우가 많았죠. 윤태호 작가님도 『미생』을 강풀 작가님한테 상의했더니 작가님이 '『이끼』같이 센 얘기 하시다가 왜 이런 거 하시느냐'며 반대했다고 들었어요. (웃음)

강 미쳤지, 내가. (웃음)

지 그런 데 대한 작가만의 고민과 감이 있을 것 같습니다.

강 『미생』이 사회 초년생이 대기업 들어간 얘기잖아요. 그런데 태호 형은 그냥 바둑 만화라고 했어요. 누가 요즘 바둑을 알겠느냐며 진짜 계속 말렸어요. 나중에 보니까 그게 아니었죠. 이런 이야기인 줄 알았으면 진짜 안 말렸어요. 그때는 형이 '바둑 만화야' 그러기에 '뭐? 하지 마, 하지 마' 그랬던 거죠. (웃음) 형이 스트레스 받을 정도로 만날 때마다 얘기했어요. 그게 만화 역사의 빛나는 금자탑을 쌓을 줄이야.

지 　그런 에피소드들이 많잖아요. 영화 쪽에서도 봉준호 감독님이 「살인의 추억」을 만들 때 박찬욱 감독님을 비롯한 주위 분들이 범인 안 잡히는 스릴러가 어디 있느냐며 다들 말렸다고 하거든요. 그런데 그분이 그 영화 안 만들었으면 지금의 봉준호 감독이 없을 수도 있는 거잖아요. 그래서 음모론이 나오기도 하고요. 느낌적 느낌으로 견제한 게 아니냐고. (웃음) 강풀 작가님도 작품 할 때 주위에서 그런 얘기 많이 들으셨을 것 같아요. 시놉시스만 보면 또 가족 얘기, 사랑 얘기일 테니 진부하지 않느냐고 했을 것 같습니다. '나는 좀 다르게 만들겠다'는 작가님의 고집이 있었을 것 같은데, 어떤 차별화 전략이 있는 건가요? 막상 작품을 보면 '뻔한 소재 같은데 감동적이네' 하게 되잖아요.

강 　결국 세상에 새로운 얘기는 없다고 생각합니다. 그래서 작가가 자기 스타일대로 어떻게 풀어나가는가, 거기서 성패가 갈린다고들 하는데, 더 중요한 것은 주인공을 얼마나 친근감 있게 느끼는가, 그 부분인 것 같아요. 아주 평범한 이야기도 내가 아는 사람이 겪은 일이라고 하면 관심을 갖게 되잖아요. 저는 만화에서 거의 1/3을 주인공의 과거 소개하는 데 할애합니다. 「무빙」도 마찬가지예요. 1화는 현재로 나갔지만, 다시 과거로 넘어가요. 사람들을 다 세세하게 보여주고 나면 같은 이야기, 그다지 새로울 게 없는 이야기라 해도 독자들이 걔에 대해서 잘 알게 되잖아요. 그러면 느낌이 달라진다고 생각해요. 『타이밍』 때 많이 들은 말이 도대체 사건은 언제 진행되느냐는 것이었어요. 그런데 저는 사건의 진행도 중요하지만, 독자들을 주인공에게 과연 얼마나 밀착시킬 수 있느냐에 이야기의 성패가 달려 있다고 생각해요. 애를 응원하고, 애를 잘 아는 것이 중요한 거죠. 제 모든 만화의 원칙이에요. 그래서 주인공의 과거를 오랫동안 보여줌으로써 독자들이 원래 알고 있던 내용으로 만들어요. 저 역시 애를 완전히 이해할 때까지 생각을 거듭해야 하기 때문에 글 쓰는 데 시간이 오래 걸리죠. 이번 만화도 마찬가지예요. 과거 얘기가 굉장히 많이 나올 거예요. 맨 처음에, 초능력 소년이 있고 그들의 부모 이야기가 있다고 설명했잖아요. 부모 이야기도 많이 나와요.

지 만화와 영화의 차이일 수 있을 텐데, 영화는 주인공한테 스토리가 집중되어야 하는 부분이 있는 반면 작가님 작품에서는 모든 등장인물이 허투루 다뤄지지 않아요. 다루어지는 분량이 적은 사람도 나중에 보면 매우 중요한 역할을 하더라고요.

강 만화의 장점인 것 같아요. 영화에는 러닝타임이 있지만, 만화는 제가 사이즈를 조절할 수 있잖아요. 드라마와 영화의 중간 사이즈가 가능하다 보니 충분히 이야기를 풀어낼 수 있다는 장점이 있죠.

지 영화 얘기가 나왔으니까 하는 말인데, 지금 『순정만화』, 『바보』, 『아파트』, 『그대를 사랑합니다』, 『통증』, 『이웃 사람』, 『26년』이 영화화 됐고, 『조명가게』가 촬영중이죠?

강 『통증』은 원안만 쓴 거고, 그것까지 해서 일곱 편이 나왔죠.

지 예전 「딴지일보」 인터뷰를 보니까 『아파트』가 가장 먼저 영화화 됐는데 작품을 보고 매우 실망했다고 하셨어요.

강 제가 그런 얘기를 했어요? (웃음) 솔직히 실망은 했죠.

지 강풀 작가님답지 않게 신랄하게 표현하셨더라고요. 안병기 감독님이 상처를 많이 받으셨겠어요. (웃음)

강 처음에 감독님이 '원작과 굉장히 많이 다를 거야. 50% 이상 다를 거야'라고 하셨어요. 그런데 90%가 다르더라고요. (웃음) 다르고 안 다르고, 거기에 대해서는 지금도 상관 안 하는데, 재미가 있어야죠. 그런데 뭐랄까 재미에 대한 부분이 제 이야기와 많이 다르더라고요. 제 원작으로 처음 영화를 해본 거라서 그때는 욕심도 있었나 봐요. 그 이후로는 생각이 많이 바뀌었어요. '영화는 감독의 작품이니까 내가 상관할 바 아니다. 만화가는 만화를 다 그렸으니 됐다' 이렇게 생각합니다.

지 영화라는 게 시나리오가 나와도 고치고 또 고치고, 변수가 많을 테니까요. 원작자로서 가장 마음에 들었던 작품은 어떤 것인가요?

강 『그대를 사랑합니다』.

지 이순재 선생님이 워낙 연기를 잘하셨죠. 그래도 원작보다 영화가 못하다는 평들이 많은데, 그 이유가 뭐라고 생각하세요? 영화 하는 분들이 좋아할 작품이기는 한데 영화로 구현하기가 쉽지 않다는 뜻일까요?

강 이런 질문을 받을 때마다 '이걸 왜 나한테 물어보지?' 하는 생각이 들어요. (웃음) 하여튼 제 만화는 항상 처음에 판권 경쟁이 꽤 치열해요. 그러다 어디랑 하기로 결정이 되면 거기서 두 달 후에 100% 전화가 와요. '야, 이거 이상해' 하고. (웃음) 아까 말했듯이 저는 주인공들을 세세하게 풀어놓고, 모든 걸 얽어놓기 때문에 시나리오 각색 과정에서 어느 한 군데가 빠지면 무너지는 부분이 드러난다 하더라고요. 영화사에서 제 만화를 가져가 제일 처음 하는 일이 그대로 영화 시나리오처럼 옮겨 적는 거예요. 제 만화 시나리오를 영화로 풀면 보통 네 시간이 나와요. 영화는 두 시간이잖아요. 그러면 두 가지 중 하나예요. 축약을 하느냐, 변형을 하느냐. 축약을 한 적도 있고 변형을 한 적도 있는데, 흥행 성적으로 봤을 때는 축약 쪽이 맞았어요. 변형한 영화들이 사실 결과가 별로 안 좋았어요. 그런데 축약과 변형의 문제가 아니라 정서의 문제인 것 같아요. 뜬구름 잡는 얘기 같을 수도 있는데, 만화에서 원했던 정서를 잘 가져가느냐, 안 가져가느냐의 문제예요. 그걸 그대로 푼 것이 『그대를 사랑합니다』고요. 결국 제가 고민할 문제는 아닌 것 같아요.

지　영화화를 결정할 때 제일 중요시하는 두 가지 중 하나가 정말 영화로 만들 의지가 있느냐, 하는 것이라고 하셨어요. 영화를 만들 의지가 있어도 실제로 만들기까지는 굉장한 난관이 있잖아요.

강　의지가 없는 사람들도 있어요. 판권만 우선 확보해두려는 사람들이요.

지　그다음, '역시 영화는 감독의 작품이더라. 감독이 중요한 것 같다'고 하셨습니다. 친한 감독님들 많으시죠? 영화 잘 만드시는 분들 중에서도.

강 정말 솔직하고 냉정하게 생각해보면 친분이 작용했던 것 같아요. (웃음) 제가 지인 찬스에 정말 약합니다. 지인 부탁을 거절하지 못하는 병이 있어요. 모든 영화사들의 제안을 물리치고 친한 사람에게 넘겼다가 망한 게 한두 번이 아니에요. (웃음) 진짜 영화 잘 만드는 대형 영화사들이 하게 해달라고 하는데도 결국 친한 사람들과 했어요. 같이 술을 먹으면 안 돼. 거절을 잘 못해요. 모르는 사람 부탁은 정말 똑 부러지게 거절하는데 아는 사람, 친한 사람이 부탁하면 거절 못하는 경우가 많아요.

지 그러면 영화 판권에 대한 문제나 비슷한 부분에 대해서는 매니저를 두는 것이 훨씬 낫지 않을까요?

강 제가 하는 게 나아요. 언젠가는 잘하는 날이 오겠죠. 사람 일이라는 것이 잘되고도 싸우는 것보다 망해도 같이 기분 좋게 망하는 게 더 나아요. 100년 살 것도 아니고.

무거울수록 재미있게

"(일단) 재미있게 읽히고 난 다음에 '아, 의미 있구나' 하고 생각하게 되는 것이 대중 작가로서 맞다고 생각한다."

지 작가님 작품에서는 등장인물들이 어떻게든 엮여요. 흔히 말하듯

'세상 좁다. 나쁜 짓 하지 말고 살자. 언제 어떻게 엮일지 모른다'는 것이 주제인 것도 같고요. (웃음) 작가님의 세계관이나 인생관이 그렇다 보니 그게 만화에 투영되나 봅니다.

강 아, 적을 안 만드는 거요? 그렇지도 않아요. 굳이 적을 만들 이유도 없지만, 마음에 안 들면 안 봐요. 안 보면 그만이죠. 그렇다고 '너 재수 없어. 개새끼야' 하고 안 보는 것이 아니라 '쟤는 나랑 안 맞네' 하면서 그냥 안 봐요. 그게 나아요. 그게 어떻게 보면 적을 안 만드는 것이겠네요. 저는 조금 도덕적인 것 같아요. 가정환경 때문인지는 몰라도 올바르게 살려고 노력해요. 목사 아들로 살았으니까 그런 게 있는 것 같아요. 틀린 일은 하지 않으려 하고.

지 만화가 중 어떤 이는 특히 착한 만화에 대해 혐오감을 표하기도 합니다. 파격적인 소재를 선호하는 경우가 많지요. 작가님의 작품은 소위 '착한 만화'에 속할 것 같습니다.

강 사람마다 다 다르니까요. 저는 위악 떠는 것이 더 나쁘다고 생각해요. 착한 척하는 게 차라리 낫지, 나쁜 척하는 건 더 웃겨요. 왜 '나는 나쁜 사람이야' 이러고 살아요? (웃음)

지 페이스북을 통해 아내와 딸 자랑을 굉장히 많이 하시던데, 결혼 생활이 작품에 미치는 영향이 있나요?

강 큰 영향은 없습니다. 결혼하고 나서도 연애할 때와 거의 비슷해요. 그런데 결혼해서 가족이 생기니까 의지할 사람이 생기고, 아이가 태어나니까 책임감이 커졌어요. 애가 생기고 나니까 나만 잘살면 되는 것이 아니라 우리 애도 잘살게 해주고 싶다는 생각이 들고요. 돈이나 이런 문제가 아니라 환경적인 문제 있잖아요. 그리고 아이가 생기고 나서는 작업 스타일이 바뀌었어요. 예전에는 밤 11시에 퇴근해도 괜찮았는데 이제는 애가 자기 전에 들어가야 하잖아요. 맨날 새벽에 나오느라 아침에 애를 못 보고 나오니까. 그래서 9시 반 아이 취침 시간에 맞춰 저는 8시에 퇴근해요. 그 시간이 저한테는 굉장히 이른 시간이에요.

지　세대 차이인 건지, 아니면 직업적인 부분인 건지 모르겠는데 주호민 작가님도 육아에 굉장히 신경을 많이 쓰는 것 같고, 이런 쪽 일을 하는 사람들은 일이 우선인 경우가 많아서 밤샘도 많이 하고, 자연히 육아나 가정 일은 소홀히 하지 않나요?

강　세대 차이는 아닌 것 같고… 만화라는 직업의 특수성이 아닐까요? 집에 있을 수 있는 시간을 자기가 선택할 수 있으니까요. 해보니까 육아가 얼마나 힘든지 알게 된 거죠. 제일 웃긴 말이 '집에서 애나 키워'예요. '니가 키워봐' 그러고 싶어요. (웃음) 제가 마감을 빡세게 하는데, 거기에 대해서 일 진짜 많이 한다, 힘들게 일한다고 자부하는 편이에요. 그런데도 그 어떤 마감보다 애 키우는 일이 더 힘들어요. 진짜로. 말도 안 통하는 꼬맹이에게 맞춰야 하는데, 일반적인 다른 가장들은 출근하느라 그걸 눈으로 목격하지 못하잖아요. 그리고 저녁에 들어오면 자기도 피곤하고. 주호민 작가도 그렇고, 저도 그렇고 집에 있는 시간이 많다 보니까 애 키우는 것이 정말 장난이 아니구나, 하는 걸 알게 된 거죠. 애가 조금만 아프면 모든 것이 올스톱, 당연히 엄마는 쉬지도 못하고 밥도 못 먹고. 다른 사람들도 체감해보면 그렇게 될 거예요. 가끔 잘 모르는 아빠들이 '내가 얼마나 힘든 줄 알아?' 그러는데, 그럴 때 회사나 나라에서 3일간 집에서 애 키우도록 지정해두면 다시는 그런 소리 안 할 거예요. 엄마가 하는 것처럼 3일만 혼자서 애 키우라고 하면 아마 미칠걸. 마감보다 훨씬 힘들어요. (웃음)

지   방송작가 지현주 님의 질문입니다. '아버님이 목사님인데 귀신 얘기만 그려 죄송하다고 하신 말씀을 들은 적 있어요. 본인도 크리스천인데 신앙과 만화가 부딪히는 부분은 없나요?'

강   아버지가 지금은 은퇴하셨지만, 『아파트』 그리고 『타이밍』에 나오는 원귀, 무당 때문에 어느 순간 아버지 눈치가 보이더라고요. 초능력은 괜찮은데. 사실 개신교의 보수적인 목사님 중에 그런 것을 싫어하는 분들도 있거든요. 그래서 '아버지가 목사인데, 무당이 주인공이고 귀신 나오고 그래서 죄송해요'라고 아버지한테 말씀드렸는데, '너의 상상력도 하느님께서 주신 거야. 뭐 어때? 하느님께서 주신 달란트야' 하셨어요. 꽤 감동적이었죠. 많이 열려 계신 편이었어요. 『어게인』에서는 사람이 환생하잖아요. 기독교 교리에 완전 어긋나는 부분이지만 거기에 대해서 전혀 말씀하지 않으셨어요.

지   부모님의 유연하신 부분을 많이 물려받으신 것 같아요.
강   부모님이 많이 유연하신 것 같아요.

지 「오마이스타」 인터뷰에서 가장 잘한 일이 『26년』을 그린 것이라고 하셨는데요. 정치적인 공격을 많이 받은 편이라 조심스러운 부분도 있었을 것 같습니다.

강 아니요. 제일 잘한 짓 같아요. 다섯 편씩 순정만화랑 미스터리물을 번갈아서 만들었는데, 사실 『26년』은 뚜렷한 목적성이 있었어요. 1980년의 광주를 얘기해보고 싶었죠. 누가 시키지도 않았는데, 소명의식이 좀 있었어요. 제 만화의 출발이 그랬으니까요. 그걸 대중적으로 풀어내고 싶었어요. 우리보다 어린 세대들은 5·18을 잘 몰라요. 정말 의외로 잘 몰라요.

지 만화에 나왔듯이 5·18과 8·15를 헷갈리잖아요.

강 걔네들 잘못은 아니에요. 알고 있는 사람들이 전달자의 역할을 못한 거죠. 원래 제목은 '23년'이었어요. 23년, 24년, 25년, 26년… 결국 3년이 늦춰졌지만 26년이 아니라도 언젠가는 했을 것 같아요. '28년'으로 나올 수도 있었고, '30년'으로 나올 수도 있었겠죠. 만약 안 했으면 지금 굉장히 후회하고 있을 것 같은 느낌이 들어요.

지 그 작품을 하면서 어떤 점이 제일 어려웠나요?

강 그때까지 제 만화 중에서 인물이 가장 많이 나왔어요. 주인공들 관계가 좀 어려웠죠. 사실 저는 모든 주인공들 중에서 경호실장을 제일 중요하게 생각했어요. 어쩔 수 없이 가해자가 된 사람, 공수부대 입장을 얘기해보고 싶었거든요. 그 사람도 피해자일 수 있다는 입장이었는데, 이해하려고 하니까 좀 힘들었죠. 이야기를 짜내는 구조는 솔직히 굉장히 단선적이고 단편적이었어요. 복수하는 이야기니까 복수의 방법만 짜면 되잖아요. 그런데 그 애들이 생활인인 만큼, 복수를 결심하기까지의 상황과 과정을 만들어나가고 감정을 이입시키는 것이 좀 어려웠죠. 광주를 이야기하고, 사회적인 문제를 이야기한다고 해서 무겁게 얘기하면 안 된다고 생각하거든요. 아무리 의미가 좋아도 재미가 없으면 사람들이 보지 않을 것이고, 재미있게 읽고 난 다음에 '아, 의미 있구나' 하고 생각해야지, 의미가 먼저 보이는 것은 대중 작가로서 맞지 않다고 생각해요. 저는 무조건 재미예요. 『26년』은 어떤 만화보다도 재미있게 그리려고 노력했어요. 주인공이 조직폭력배잖아요. 어떻게 보면 조폭 미화죠. 심지어 '광주를 얘기하는데, 조직폭력배가?' 이런 반응이 있을 수 있잖아요. 그런 걸로도 살짝 고민했어요. 그런데 재미를 위해서는 다 필요 없다고 생각한 거죠. 처음에는 부담스러웠죠. 그런데 거기 필요한 인물은 힘으로 갖다 박을 수 있는 사람이어야 하고 운동선수로는 사격 선수가 이미 있으니 굳이 피할 이유가 있을까, 그런 생각이 들었어요. 맞는 판단이었던 것 같아요.

지 다음에서 웹툰이 유료화됐는데, 그 작품만 무료로 공개하셨잖아요. 약간 고민하셨을 것 같은데요.

강 고민 그렇게 많이 안 했어요. 유료화했으면 돈 많이 벌었겠죠. 그런데 처음 목적이 알리려는 거였어요. 돈은 다른 것으로 벌면 되니까요. 유료화하면 영화 개봉될 때쯤 유료화 수치가 많이 올라가지만, 『26

년』은 평생 무료로 풀어뒀어요. 그게 맞다고 생각해요.

만화의 위상

"새로 '미생'이라는 단어가 생겨버리지 않았는가? 굉장한 역할을 했다고 본다. 만화의 위치를 재확인시켜 줬다."

지 유료화 부분에 대해 독자들의 이해 폭이 예전보다는 넓어졌지만, 아직도 유료화에 반발하는 댓글들이 꽤 있습니다.

강 지금은 독자들이 많이 받아들이는 상황이에요. 이게 맞다고 생각합니다. 저는 유료화가 그렇게 늦지도 않고, 그렇게 이르지도 않게 찾아온 것 같아요. 조금 더 일찍 했으면 어떨까 하는 생각이 들기도 하는데, 지금이라도 시작돼서 다행이라고 생각합니다. 유료화를 제일 처음 시작한 것은 제가 아니라 허영만 선생님이에요. 그다음이 저였을 거예요. 허영만 선생님은 워낙 선생님이신 데다 첫 테이프를 끊어주셔서 너무 감사하지만, 화살이 네이버에서는 주호민, 다음에서는 강풀에게로 오는 거죠. 돈풀, 돈호민, 돈태호, 이런 별명이 하나씩 붙어 있는 것 같더라고요. (웃음)

지 지금도 그런 것을 많이 느끼실 텐데, 뭐라고 할까, 책임감 같은 것을 느끼는 편인가요? 웹툰을 선도한 사람으로서 후배 작가들을 위해 어떤 부분에서는 총대를 메야겠다, 아니면 롤모델이 되어야겠다는 생각을 많이 하시나요?

강　그다지…. (웃음)

지　실제로 많은 활동을 하지 않으셨나요?

강　할 수 밖에 없는 상황에서 한 거죠. (웃음) 제가 끌어갈 것이 뭐가 있지, 하는 생각이 들고요.

지　이를테면 유료화 같은 부분도?

강　내가 돈 벌려고 한 건데 (웃음) 별로 미화하고 싶지는 않고… 그런 건 있어요. 멋있어 보이고 싶은 마음, 모델이 되고 싶은 마음이 있어요. 내가 잘하면 후배들이 알아서 참고할 거라고 생각합니다. 의무감이나 그런 것도 없고, 후배들한테 '얘들아, 저쪽이다' 이럴 생각도 없어요. 장편 만화라는 것도 내가 가보니까 괜찮아서, 제가 거기 서 있으니까 사람들이 '저기도 괜찮은가 보다' 그런 거지, 저 산을 넘자, 이런 생각은 없어요. 다만 친한 작가들이나 후배 작가들에 대해서는 신경을 많이 쓰는 편이에요. 잘됐으면 좋겠다는 생각도 들고요.

지　웹툰이라는 장르를 개척하게 되면서 어마어마하게 많은 후배들이 들어와 있지 않습니까? 보기 좋으면서도 긴장되는 부분이 있을 것 같습니다. 얼마 전 윤태호 작가님이 페이스북에 농담으로 이렇게 쓰셨더라고요. '후배들아, 젊었을 때 만화 너무 열심히 하지 마라. 나 좀 해먹게.' (웃음) 무섭게 치고 올라오는 후배들을 보면 어떤 생각이 드시나요?

강 저는 작가들이 많아져서 좋아요. 별로 긴장 안 해요. (웃음)

지 최근 윤태호 작가의 『미생』 열풍을 보면서는 어떤 생각을 하셨나요?

강 진짜 부럽다. (웃음) 만날 때마다 '형, 고기 사. 술 사!' 그러고 있죠.

지 이를테면 강풀 작가님이 웹툰의 위상을 세워놓은 것처럼 윤태호 작가님이 만화의 위상을 한 단계 올려주었다는 느낌이에요.

강 사회현상을 만들어주었으니까요. 그런 것도 있지만, 저는 기뻤던 것이 200만 부라는 수치였어요. 예전에도 100만 부, 200만 부짜리 책은 많았어요. 어떤 것은 600만 부, 1,000만 부도 팔렸어요. 『마법천자문』 같은 것도 있었고, 「아이큐 점프」 시절에 이충호 작가 작품이 200만 부인가 팔렸으니까 그렇게 놀랍거나 엄청 새로운 수치는 아니지만, 『미생』이라는 작품 자체가 그 정도 위치에 올라간 것은 대단한 일이에요. 만화를 웹이나 모바일에서 보는 데서 나아가 이게 드라마가 되면서 '미생'이라는 단어가 새로 생겨버렸잖아요. 굉장한 역할을 했다고 봐요. 만화를 다시 보게 한 거죠. 원래 늘 거기에 있는 있는 만화의 위치를 확인시켜 줬어요. 『미생』이 드라마로 잘되니까 예전에 드라마 판권으로 안 팔린 작품들에 대해 연락이 오고 있어요. (웃음) 정말 얄팍하죠. 『미생』

이니까 잘된 건데. 사람이 다 인생의 작품을 만나게 마련인데,『미생』은 태호 형 개인 인생뿐 아니라 만화계 전체에 큰 기여를 한 것 같아요. 내가 그걸 하지 말라고 했지, 미쳐 가지고. (웃음)

지   그걸 보면서 각오를 다지게 되는 계기가 됐을 것도 같습니다. 전보다 훨씬 큰 작품을 해서 만화계에 족적을 남기고 싶다는. (웃음)

강   저는 만화계에 관심 없다니까요. 저만 잘되면 돼요. 유료화도 돈 벌려고 한 거고. (웃음) 약간 그건 있어요.『미생』을 보면서 '아, 이건 다르구나' 하는 생각을 솔직히 했어요. 저는 시간이 지날수록 오히려 현실과 약간 동떨어진 얘기를 하게 됐거든요.『그대를 사랑합니다』에서는 굳이 노력하지 않았지만 노인에 대해, 어려운 사람에 대해 얘기했잖아요.『마녀』역시 말도 안 되는 황당한 이야기였고,『조명가게』도 그랬죠. 힘이 더 있을 때 더 만화 같은 얘기가 하고 싶더라고요. 나이가 들면 보통 삶에 더 딱 붙어 있는 이야기, 뭔가 페이소스 느껴지는 얘기들을 하는 것 같은데, 저는 반대가 되는 것 같아요. 저는 사실 몇 년 전에 그걸 느꼈거든요. 점점 더 황당한 이야기를 하고 싶은 거예요. 만화라서 가능한 이야기.「무빙」도 앞부분은 그냥 그렇지만, 뒷부분은 '지금 장난해?' 이럴 것 같아요. (웃음) 그런 얘기를 하고 싶어요. 만화로만 가능한 것이 분명 있어요. 되도록 그런 걸 해보고 싶어요. 저는 앞으로『그대를 사랑합니다』나『미생』같은 이야기는 안 할 것 같아요. 방향이 약간 달라요.

그러니까
만화지

"노인이 사랑할 수도 있는 것이고, 고등학생이 연애할 수도 있는 것이다. 마녀 같은 사람을 좋아할 수도 있는 것처럼 결국 사랑은 다 똑같다."

지 만화라서 가능한 이야기, 가장 만화적이라는 것이 구체적으로는 어떤 의미인가요?

강 어차피 만화가 다 뻥이잖아요. 다만 그럴듯해야 된다는 거죠. 뻥이 너무 허황되면 구라에서 끝나버리지만 그럴듯하게 보이면 만화인 것 같아요. 결국 만화라는 것은 그럴듯한 뻥인 거죠. 저도 아직 모르겠어요. 알면 좋겠는데요. 그냥 해보는 건데… 모르겠어요. 지금 당장 하고픈 것들이 있어서 그나마 다행이고요. 이번 만화는 스토리 짜는 데 굉장히 많은 시간이 걸렸거든요. 개인 사정도 있긴 했지만, 그 어느 때보다 스토리 쓰는 데 시간이 오래 걸렸어요. 『아파트』, 『타이밍』, 『어게인』이 약간 연결되는 이야기인데, 이번 얘기도 그 이야기의 출발이라고 보거든요. 다섯 타이틀 했으니까 새로운 출발이라 생각하고, 장기적인 계획을 가지고 있거든요. 옛날에는 그런 생각도 했어요. 내 이름으로 된 장편이 열 개가 되니까 '할 것 다 해봤다'는 생각이 든 적도 있었거든요. 다시 더 황당한 이야기로 새로운 문을 열어보고 싶어요.

지 『마녀』를 보면 이동진, 김중혁과 같이 유명인의 이름을 주인공 이름으로 쓰셨어요.

강 유명인이라서 쓴 게 아니고, 지인이라서 쓴 거예요. 내가 진짜, 지승호도 언젠가는 죽일 거야. 정말로. (웃음)

지 안 그래도 『마녀』에 LP가스 폭발로 전치 6개월 치명상을 당하는 지승호가 나오던데, 그게 저인가요? (웃음)

강 맞아요. (웃음) 세상에 주인공 이름 짓는 것처럼 애매한 게 없어요. 이번에 남자 주인공 이름이 김봉석인데, 에이코믹스 김봉석 편집장 이름이에요. 얘기했더니 쓰라고 했어요. 그런데 주인공인 줄은 몰랐다고 하더라고요. 이번에 나오는 사람들도 다 제 페북에 있는 사람들이고, 여자 주인공 이름은 옛날 제 어시스트였던 친구 이름이에요. 이름이 중성적이거든요. 만화가 좀 야할 수 있는데, 다른 여자분 이름을 썼다가는 기분 나빠 할 정도로 야한 부분이 있어요. 걱정이에요. 그 부분이 웹툰에서 어떻게 받아들여질지. 가슴에 집착하고, 이런 게 있어요. (웃음)

지 『마녀』를 통해 '도저히 사랑할 수 없는 사람을 사랑하게 된 사람의 이야기를 해보고 싶었다'고 하셨는데, 사랑을 그렇게 생각하시나요? 그동안 작품에서 묘사했던 것도 보편적으로는 비난받을 수 있는 사랑이 잖아요. 『순정만화』도 제목은 순정만화인데, 남들이 보기엔 원조교제로 볼 수 있는 조건이고, 그걸 순정한 사랑으로 표현해내셨고요. 노인들의 사랑에 대해서도 말로는 '노인들도 사랑할 수 있잖아'라고 하지만 우리 엄마, 아빠가 갑자기 낯선 할머니, 할아버지를 모시고 와서 '사랑하는 사람이다'라고 할 때 대부분의 사람들은 받아들이기 쉽지 않잖아요. 그런 사랑에 대해 관심을 많이 가지고 표현하신 것 같아요.

강 가장 흔한 말로 지들이 하면 로맨스라고 하잖아요. 당사자가 겪는 사랑 이야기는 자기한테 소중한 거니까요. 십 몇 년 전 『순정만화』를 했을 때, 원조교제 옹호 만화라는 댓글이 굉장히 많이 달렸어요. 한 번 리뉴얼돼서 지금은 예전 댓글들이 많이 없어졌더라고요. 그때 띠동갑이라고 난리가 났는데, 지금은 드라마 「밀회」가 있잖아요. (웃음) 이거는 뭐 상대가 안 되잖아요. 하지만 그때는 굉장히 파격적인 소재였거든요. 자기들끼리 사랑한다고 하면, 그 두 사람만의 드라마에 집중하면, 그들 간에 어떤 일이 벌어지는지 사람들은 짐작할 수밖에 없어요. 연애라는 것은 밖에서 봐서는 몰라요. 그 짐작은 대부분 틀린 거고요. 그 두 사람만의 이야기를 하고 싶어요. 노인이 사랑할 수도 있는 것이고, 고등학생이 연애할 수도 있는 것이고, 마녀 같은 사람을 좋아할 수도 있는 것이고. 결국 사랑은 다 똑같은 것 같아요.

지 『순정만화』에 세 커플이 나오는데, 나머지 한 커플도 고등학생 남자와 일곱 살인가 연상인 여자잖아요. 착한 만화 같기도 하지만, 들어가 보면 파격적인 부분들이 있어요. 둘 사이를 어떻게 조율하시나요?

강 어떤 게 착한 것이고, 어떤 게 나쁜 이야기인지 잘 모르겠는데, 어떤 소재를 다루더라도 내 식대로 표현하면 되는 것 같아요. 재밌겠다 싶으면 해요. 여고생이랑 서른 살 총각이랑 연애를 한다고 하면 그 반대의 위치도 한번 볼까? 서로 보고 배우라고 『순정만화』에서 그렇게 한 거거든요. 다양한 사랑을 얘기해보고 싶었고요.

지 『이웃 사람』의 경우 연재 전에 '연쇄살인마를 소재로 해서 사람에 대한 관심을 이야기해보고 싶습니다'라고 기획 의도를 밝히셨어요. 작품들 주제가 전부 사람에 대한 관심과 애정인데, 점점 사람에 대해 관심 두기가 힘든 사회적 환경이 되어가고 있지 않습니까? 학생들도 많이 취재했다고 하셨는데, 학생들도 어른들이 경쟁을 시키다 보니까 서로 관심 갖는 게 힘들어지는 것 같습니다. 이런 상황에서 그런 끈을 유지하게 하려면 어떤 것들이 필요하다고 생각하시나요?

강 질문이 곧 답이 되겠네요. 진짜로 관심이 필요한 것 같아요. 처음에 『이웃 사람』을 기획했을 때 유난히 연쇄살인이 많이 벌어졌어요. 유영철 이후의 사건도 많았고, 야구 선수 이호성 사건도 있었고요. 주변에서 누군가 분명히 눈치를 챘을 거란 생각이 들거든요. 살인도 아니고 연쇄살인이잖아요. 말 그대로 연쇄적으로 벌어졌는데, 누군가가 눈치채고도 괜히 끼어들면 귀찮으니까 조금씩 멀어지다가 살인으로 끝날 것이 연쇄살인이 되잖아요. 저조차도 그렇게까지는 못 살고 있으니까, 어떻게 보면 저에 대한 반성일 수도 있고요. 멍청한 답인 것 같고, 질문하신 것을 질문으로 답하는 것 같지만, 서로에 대한 관심이 필요한 것 같아요.

나의 정치적 성향

"사람들은 꼭 누군가를 어떤 자리에 규정하고 싶어 한다. 그렇게까지 해야 하나 싶을 때가 있다. 선입견에서 자유롭고 싶다."

지 나와 정치적 입장이 다른 사람들을 공격하는 방식이 너무 비인간적이에요. 일부 일베 사람들은 굉장히 비윤리적인 글을 씁니다. 반대 진영에서 공격적인 사람들의 일부 글을 보면 크게 차이가 나지 않는 방식으로 다른 사람들을 공격해요.

강 인신공격을 하죠. 누군가가 어떤 잘못을 저질렀을 때 그 사람이 한 행동의 일부분이나 그 사람이 말한 전체 문장이 아니라 일정한 단어만을 붙잡고 그 사람 전체를 판단하는 경우가 많아요. 누군가가 항상 어떤 새로운 좌표를 하나 설정하는 것 같아요. '저 새끼 개새끼'라고 하면 다 같이 가서 '넌 개새끼가 맞아'라고 너덜너덜해질 때까지 공격하고, 또 다시 개새끼가 어디 없나 하고 찾아다니는 거죠. 누가 하나 잘못했는데, 그 잘못이 아주 작을 수도 있어요. 그런데 그것이 확대가 되는 거예요. 지난 모든 것까지 다 끌어오는 거죠. 흔히 말하는 일베뿐만은 아니에요. 이쪽이나 저쪽이나 사람들이 화가 나 있다는 생각이 많이 들어요. 요즘 들어서 특히 '사람들이 분노할 곳을 찾나' 하는 생각이 들 때가 많습니다. 격하게 표현을 하고, 특히 인터넷 같은 경우 워낙 자유롭게 말할 수 있다 보니 내 의견을 얼마든지 표현할 수 있는 공간이 되어버렸잖아요. 물론 한정되어 있는 부분이 있지만요. 그러다 보니까 남들보다 더

격하게 표현하고, 남들이 보지 못한 나쁜 점들을 꼬집어내고 하는 것들이 더 심해지는 것 같아요. 그 사람이 어떤 하나에서 실수한 것일 수 있는데, 실수 하나로 전체를 부정하는 것은 좀 아닌 것 같아요.

지　『26년』을 한 게 가장 잘한 일이라고 계속 말씀하셨어요. 젊은 세대들은 잊어가고 있다고, 광주에 취재 가셨을 때 '광주에서도 잊히고 있는 것 같다'고 말씀하셨어요. 그러고 나서도 시간이 많이 지났지만 아직 해결되지 않고 있죠. 어떤 사람은 희생자 사진에 '홍어 택배'라는 얘기까지 해서 처벌을 받기도 했고요. 그걸 보면 작가님 의도와 다르게 세상이 올바로 기억해주지 않고, 더 혼탁해졌다는 느낌이 들 것 같습니다.

강　홍어 택배라는 말은 정말 잔인하죠. 얼마 전 세월호 희생자에 대해 어묵이라고 표현한 것을 보고는 정말 화가 나더라고요.

지　더 심각한 문제는 그것을 표현의 자유라고 생각하는 것 아닐까요?

강　자유와 방종을 구별하지 못하는 것 같은데요. 그렇게 얘기를 할 수 있지만, 지금은 극우커뮤니티가 수면 위로 드러난 건데요. 예전에 제가 『26년』 그릴 때 전사모에 가입해봤어요. 전두환에 대해서 공부하려고요. 솔직히 말해서 똑같아요. 다만 이게 수면에 드러난 거예요. 세력이 커진 거지, 그때는 지금보다 더 심한 표현이 많았어요. 그때는 숨어서 하는 거였다면 이제는 집단이 많이 생기다 보니까 '해도 되네' 이런 거 있잖아요. 같은 무리에서 칭찬해주고, 용자라고 얘기해주니까 그러는 것 같아요.

지 강풀 작가의 정치적 성향은 뭐라고 말씀하실 건가요?

강 이런 질문이 어렵더라고요. 얼마 전 방송에 나가서 나는 가운데 있다고 생각한다, 그랬어요. 실제로 그렇게 생각하거든요. 과연 제가 급진적인 좌파 쪽인가, 아닌 것 같아요. 저한테는 보수적인 성향도 있어요. 그런데 너무 오른쪽에 있는 사람들이 보기에는 제가 왼쪽에 있는 것같이 보일 거예요. 모르겠어요. 제 성향을. 누가 좌파냐 우파냐 물으면 저는 좌파도 우파도 아니라고 얘기하고 싶어요. 그런데 이미 그렇게 안 받아들여지니까요. 무슨 말을 해도. 저는 진짜 좌파가 뭔지도 모르겠어요.

지 독자층을 유지하는 데 있어서는 정치적 색깔이 있는 것으로 보이면 손해가 될 수도 있지 않습니까? 공지영 작가 같은 경우에도 '시민으로서 그런 표현을 했는데, 독자들을 많이 잃은 것 같긴 한데, 개의치는 않는다'고 표현하셨죠.

강 저도 개의치는 않아요. 내 어떤 생각이나 그런 것을 굳이 감추면서까지 만화를 그릴 생각은 없어요. 나랑 생각이 안 맞으면 어쩔 수가 없는 거죠. 그 사람 생각이니까.

지 사람들이 한 번 낙인을 찍으면 모든 것을 그렇게 보는 경향이 있잖아요.

강 영화를 보면 그것을 액션이냐 멜로냐로 규정짓는 것처럼 사람들은 어떤 사람을 어느 자리에 놓고 싶어 하는 것 같아요. 쟤는 좌파, 쟤는 정의당, 쟤는 새누리당 이렇게 규정지으려는 것 같고, 쟤는 강남 사람, 강북 사람 이런 식으로 규정짓죠. '그렇게까지 해야 하나' 싶은 생각이 들 때가 있어요. 어느 순간부터 별로 데면데면한 사람들끼리 만나면 친해지기도 전에 '새정치민주연합이에요, 새누리당이에요?' 이런 얘기를 우리 나이 때 되니까 너무 자연스럽게 하더라고요. 흔히 말하는 고향이 어디예요, 이런 것 있잖아요. 그냥 알아가는 과정이겠지만, 먼저 인사할 때 얘기하는 경우가 있더라고요. 벌써 선입견이 오는 거죠. '아, 얘는 새누리당 지지자더라', '쟤는 새정치민주연합 지지자더라' 하면서 그다음부터는 그 이야기에 맞춰 새민련 지지자니까, 노사모니까, 새누리당이니까, 그렇게 되는 게 아닌가 싶어요. 저는 그런 데서 좀 자유로워지고 싶어요.

강풀 스타일

"뭘 부러워. 걔는 걔고 나는 나지. 그렇게 생각하니까 편해지더라. 다른 작가들이 가지고 있는 것을 부러워하지 않는다."

지 만화 작품 중에서 좋아하거나 영향을 받은 작품이 있나요?

강 초기에 만화 그릴 때 박재동 선생님 만평의 영향을 많이 받았습니다. 굉장히 모작을 많이 했어요. 「한겨레」 만평을 보면서 '이거 정말 대단하다'는 생각이 들었죠. 왜냐하면 재미있었으니까요. 만평은 보통 어렵고, 신랄하고, 비판적인데 박재동 선생님의 만평은 보면 웃음이 터졌어요.

지 해학적인 면이 있었죠.

강 처음에는 '와' 이러다가 '기분 나쁜데' 이런 거 있잖아요. 가장 정확하게 짚어주면서도 그것을 재미있게 보도록 만드는 것이 정말 대단하다고 생각했습니다. 학생회에서 「한겨레」를 정기 구독했는데, 제가 그것을 늘 잘라서 보관했습니다. 그랬던 기억이 나요. 그 후에 영향을 받은 작가는 없는 것 같아요. 웹툰 할 때도 누구한테 영향을 받지 않았어요.

지 웹툰의 선구자니까. 참고할 게 없으니까. (웃음)

강 제대로 배울 기회가 일단은 없었고, 솔직히 말씀드려서 만화를 많이 본 것도 아니고요.

지 친한 만화가 분들이 굉장히 많으시잖아요.

강 만화가들하고는 다 친해요.

지 그렇더라고요. 동료 의식이 강한 것 같기도 하고. 노동량이 많고 혼자 외롭게 작업하다 보니까 서로에 대한 연민도 있는 것 같습니다.

강 제가 다음에서 만화를 시작할 때, 다음 만화속세상에 하루에 만화 두 개 올라갈 때 있던 원년 멤버 중 지금 다음에 남아 있는 사람들이 한 명도 없어요. 제가 유일하게 계속하고 있거든요. 그렇게 따지면 전체 웹툰에서 봤을 때, 제가 처음 온라인 만화를 그린다고 '깝치고' 다닐 때부터 지금까지 버티고 살아남은 작가들과는 정말 끈끈한 거죠. 십 몇 년 전 20대 후반, 30대 초반에 만나서 온라인 만화라는 것이 생소했을 때 같이 시작했던 작가들 중에서 지금 활동하고 있는 작가들이 있거든요. 그러면 뭔가 같이 시간을 보낸 것 같고, 같은 과정을 겪은 것 같아서 남달라요. 친구라기보다는 동지 의식도 많이 느끼고요.

지   만화든 영화든 캐릭터가 중요하잖아요. 캐릭터 설정을 할 때 염두에 두는 부분이 있나요?

강   제 만화의 한계가 그거예요. 캐릭터가 없어요. 저도 고민이 많아요. 예를 들어서 어떤 작가를 떠올리면 그 작가의 대표 캐릭터가 하나씩 있거든요. 저는 덩어리로 하나씩 하고 나서 바로바로 갈아치웠어요. 어디 가서 누가 대표 캐릭터를 그려달라고 하면 제 캐리커쳐, 그거 말고는 없어요. 주인공이 계속 바뀌니까. 그나마 제가 제일 좋아하는 양 형사 캐릭터를 다음에서 피규어로 만들어줬잖아요. 양 형사는 어떻게든 미스터리물에 아주 잠깐이라도 한 번씩은 나왔거든요. 앞으로도 계속 나오게 하고 싶어요. 나도 내 캐릭터를 갖고 싶은데, 유일하게 하나 걸릴 수 있는 것이 양 형사밖에 없는 것 같아요. 대표 캐릭터가 없는 작가라는 것은 참 슬픈 거 같아. (웃음)

지   작가님 작품 중에서는 『바보』의 승룡이를 제일 좋아한다고 말씀하셨던 것 같은데요.

강   승룡이 좋아합니다. 『바보』가 세 번째 만화였는데, 어떻게 보면 초기작이잖아요. 작가가 자기 캐릭터에 너무 몰입되어도 안 된다고 생각하거든요. 어느 정도 거리감을 두어야 되는데, 실패했던 것 같아요. 처음부터 승룡이는 죽어야 된다는 스토리를 짜놓고 시작했는데 중간에 갈등했다니까요. 살릴까, 하고. 『드래곤볼』에서는 계속 살리잖아요. '죽이지 말까?' 이런 생각이 들 정도로 거리감을 두는 데 실패한 케이스죠. 내가 만들어놓고, 내가 얘를 너무 좋아하더라고요.

지   그래서 승룡이가 죽기 전 방을 청소하는 장면을 그리면서는 나가 우셨다면서요. (웃음)

강   미친놈이지. 지가 그리면서. (웃음)

지   현실에서는 그런 캐릭터를 찾는 게 점점 어려워지고 있어요. 요즘 같은 세상에서.

강   너무 순수한 그 자체를 그린다는 것이, 걔를 그리면서 제가 깨끗해지는 느낌이었어요.

지   만화가가 되고 나서 제일 행복했던 때는 언제인가요?

강   지금이요. 만화가가 되고 나서 늘 행복했어요. 육체적으로는 힘들어도. 지금도 상태가 좀 안 좋아 보이잖아요. 잠도 많이 못 자고.

지 굉장히 피곤해 보여서 인터뷰 진행하기가 미안할 정도예요.

강 피로가 극에 달하면 이가 아프지 않나요? 입천장이 까지다가 이가 굉장히 시리거든요. 연재 기간은 내내 그래요. 눈꺼풀도 떨리고, 뒤에서 머리카락 쫌매는 느낌도 연재 기간 내내 느끼는데, 솔직히 만화밖에 할 줄 아는 것이 없고 만화를 그릴 때 너무 좋아요. 어느 정도냐 하면, 내 딸이 커서 만화가 하겠다고 하면 좋을 것 같아요. 다만 저 같은 스타일의 만화는 안 그렸으면 좋겠어요. 너무 힘들어. (웃음) 마스다 미리같이 생각은 많이 하더라도 작업 시간은 많이 안 걸리는 것 있잖아요. 제 딸이 만화가가 되겠다고 하면 태호 형한테 데생 배우게 하고, (양)영순이한테 캐릭터 배우게 해서 슈퍼 만화가로 만들고 싶어요. (웃음)

지 다른 작가들한테 어떤 부분을 배우고 싶으신가요?

강 태호 형한테 배우고 싶은 부분이 있어요. 굉장히 열심히 하는 것. 저도 이번에 많이 바뀐 거예요. 진짜로 지 작가님이라서 그런 것도 있지만, 연재 시작하고 인터뷰한 것이 거의 몇 년 만인지 모르겠어요. 연재 기간에는 인터뷰를 아예 안 해요. 이번에는 이것도 하고, 「한국일보」하고도 인터뷰가 잡혀 있어요. 예전에는 저를 홍보하는 데 게을렀어요. 오로지 만화만 했죠. 태호 형은 자기 작품을 하고, 자기 작품도 열심히 홍보해요. 만날 사람 다 만나면서도 작품을 열심히 하더라고요.

지 윤태호 작가는 잠을 이틀에 한 번씩 잔다고 하더라고요.

강 걱정은 돼요. '형, 그러다 죽어' 그랬는데, 멀티태스킹이 가능한 사람 있잖아요. 마감도 하고, 학교 가서 애들도 가르치고, 만날 사람 만나고, 취재도 하고. 저는 연재할 때는 진짜 그것밖에 못하거든요. 이걸 좀 바꾸려고요. 제가 너무 게으르다는 생각이 많이 들어서요.

지 　윤태호 작가 같은 사람들이 나타나면 다른 사람이 힘들어지는 것 같아요. (웃음) 충분히 일벌레로 불릴 수 있는 사람들이 스스로 게으르다고 생각하게 되고.

강 　저는 연재 들어갔을 때는 폐쇄적이었어요. 예전에는 전화기를 두 대 썼어요. 평소 쓰는 전화기는 연재 들어가면서 5개월 동안 꺼놓고, 아내랑 부모님이랑 연결되는 전화기만 가지고 살았어요. 이제는 어느 정도 활동적이고, 사람들한테 내 만화 홍보도 하고, 인터뷰도 하고. 너무 웃겨요. 어제 밤 꼴딱 새고 인터뷰하고 앉아 있으니 '나도 많이 변했구나' 하는 생각이 들어요. 2년 전에 저한테 인터뷰하자고 했잖아요. 그런데 연재 기간이어서 안 한다고 했죠. 그걸 좀 바꿔보려고요.

지 　또 있을까요? 다른 작가들이 가지고 있는 여러 가지 액세서리 중에서 저거 하나만큼은 가져오고 싶은 것이요.

강 　음, 없어요. 나한테 없는 것을 부러워하고 싶지도 않고. 저는 예전에 가끔 자책을 했어요. 나는 그림이 왜 이렇게 안 되지, 저 작가는 저걸 어떻게 저리 잘하지, 그랬는데 안 그러기로 했어요. 뭘 부러워. 개는 개고 나는 나지. 그렇게 생각하니까 편해지더라고요.

지 다음 만화속세상하고 계속 작품을 하시는데, 때로는 다른 루트에서 하고 싶지 않으세요? 최규석 작가 같은 경우는 노동 문제를 네이버같이 젊은 친구들 많이 보는 데서 하고 싶다고 해서 했잖아요.

강 예전에는 제안이 많이 왔는데 요즘은 제안도 안 와요. 이제 '쟤는 원래 다음인가 보다' 생각하나 봐요. 제안을 했으면 좋겠어요.

지 다음 만화속세상 편집장님이 옆 테이블에 오셨는데, 이런 얘기를 해도 되나요? (웃음)

강 튕기는 맛이 있잖아요. (웃음) 제안이 되게 많이 왔거든요. 지금은 가끔 제안이 와요. 저는 여기가 좋아요. 저는 네이버 담당 편집장, 네이버 사람들한테도 대놓고 그래요. 니네들 깨부술 거야. (웃음) 그런데 '잽'이 안 되잖아요. 맨날 갈구고, '야, 네이버 꺼져' 이러는데 상대가 안 돼요. 언젠가는 적들의 심장부에 침투해야 되는데. (웃음)

지 다음 만화속세상에는 강풀과 윤태호가 있잖아요. (웃음)

강 음, 더 있어야 돼. (웃음)

이야기 만드는 것이 좋다

> "이야기를 정말 좋아한다. 오로지 내 이야기를 내가 그릴 거다. 끝까지 그렇게 할 것이다."

지 『26년』 외에 가장 애착이 가는 작품은 어떤 것인가요?

강 저는 다 좋아요. 정말 그래요. 뻔한 얘기가 진짜더라고요. 『26년』이 아니라 어떤 작품이라도 남들이 보기에는 어떨지 몰라도 그걸 할 때 정말 힘들게 했거든요. 진짜 하나하나 다 꼽아봐도, 처음부터 다시 하래도 그 정도밖에 못해요. 능력이 그 정도까지밖에 안 돼요. 이걸 처음부터 다시 한 번 해보지, 하고 얘기해봤자 그거랑 똑같이 나올 것 같아요. 할 수 있는 최대한을 했으니까요. 다 좋아요.

지 당시로서는 최선을 다했기 때문에 아쉬운 작품도 없으시겠네요. (웃음)

강 그렇게 말하면 제가 좀 재수 없지 않을까요? (웃음) 그런데 맞아요. 당시로서는 최선을 다했고, 다시 손대고 싶은 작품도 없습니다. 『조명가게』는 맨 마지막까지 다시 업데이트하긴 했네요.

지 만화가로서 자신의 장점은 뭐라고 생각하십니까?

강 이야기 만드는 것을 좋아한다는 점이요. 어떻게 보면 만화가한테 가장 필요한 덕목이잖아요. 저의 가장 큰 장점은 이야기를 좋아한다는 것이에요. 이야기를 정말 좋아해요.

지 그러면 반대로 단점은 뭐라고 생각하십니까? 보완해야 되겠다고 생각하는 것.

강 약간 폐쇄적인 것이죠. 연재가 시작되고 나면 그 어떤 활동도 하지 않아요. 어떻게 보면 거의 1년에 반을 그렇게 사는 건데, 그게 맞나 싶기도 하고. 만화가로서의 단점은 데생이죠. 결국은 또 이런 얘기야. (웃음) 잠깐만… 다른 것을 찾아야 되는데. 만화가로서의 단점… 데생이 맞는 것 같아요. 아무리 말을 바꿔봤자.

지 그 부분은 타고나는 부분이라고 하셨으니까요. 결국은 본인의 스토리에 가장 맞는 그림체를 찾아내신 건데요. 서태지 씨나 신해철 씨의 경우, 보컬리스트로서는 대단하다고 보기 힘들 수도 있지만, 자기가 곡을 쓸 수 있으니까 자기 목소리에 가장 맞는 곡을 써넣을 수 있는 능력이 있는 아티스트잖아요.

강 말했잖아요. 만화 잘 그린다고. (웃음) 재작년인가부터 되게 그런 것이 많았거든요. '이야기를 다오. 만화 그림을 다른 사람한테 그리게 할게' 이런 제안도 많이 받았고요. 역으로 이야기를 줄 테니 그림을 그려달라는 미친 사람들도 있었어요. (웃음) 그런데 저는 그럴 마음이 죽을 때까지 없어요. 오로지 내 이야기만 내가 그릴 거예요. 다른 사람의 이야기를 받아서 그릴 마음도 절대 없고, 내 이야기를 다른 사람한테 맡겨서 그리게 하고 싶은 생각도 전혀 없어요. 끝까지 그렇게 할 겁니다.

지　어떻게 보면 가장 큰 장점인데요. 작품 소재를 주로 어디서 얻으시나요? 어떻게 싹을 키워가시나요?

강　그 질문이 난감한 게… 그 방법을 좀 알면 좋겠어요. (웃음) 저 같은 경우에는 정말 생활하면서 얻는 것 같아요. 누구에게나 생각은 다 스쳐 지나가지만 그것을 딱 구체화시키는 것이 작가 같아요. 사람들은 어차피 다 똑같아요. 이런 생각이 들었다가 저런 생각이 들었는데 그걸 흘려보내는 사람은 작가가 아닌 사람이고, 이런 생각이 들 때 그것을 딱 붙잡아서, 저 같은 경우는 뭐가 떠오르면 아이폰에 써놓고 그걸 공 굴리는 것처럼 오랜 시간 동안 구체화시키는 거죠. 「무빙」의 소재인 초능력을 구체화시킨 지도 꽤 됐어요. 저 같은 경우는 미국 영화나 이런 데 나오는 초능력이 아니고, 정말 생활형 있잖아요. 한계가 있는. 그런 것을 해보고 싶었어요. 그건 스쳐 지나가는 생각들이었거든요. 그것을 붙잡아서 계속 구체화시키는 거예요. 글을 쓰면서 구체화시키고, 딴짓하면서도 '이건 이렇게 할 수도 있겠구나' 하고 구체화시키는 거죠. 좋은 작가는 소재를 잘 찾아내는 작가가 아니라 누구나 생각할 수 있는 소재를 잘 구체화시키는 작가 같아요. 저도 거기에 근접하고 싶은 거죠.

지　한겨레 특강에서 100번의 습작보다 한 번의 실전작이 낫다고 하셨어요. 일단 부딪쳐봐야 된다는 건데, 준비가 안 된 상태에서 부딪치면 큰 부상을 입을 수도 있고, 그만큼 실전을 통해 사람들에게 평가받는 것이 중요하다는 얘기 같습니다.

강　습작이라는 게 데생 이런 것을 말하는 게 아니에요.

지 완성도가 높든 낮든 하나의 완결된 작품을 만들어보는 것이 중요하다는 거죠?

강 그렇죠. 습작을 자꾸 하다 보면 사람이 타협을 하게 되거든요. 습작이라는 것은 대부분 누구한테 보여주지 않으니까요. 습작은 바꿔 말하면 미완성작이에요. 그러니까 하다가 말아요. 어차피 누구한테 보여줄 것도 아니고. 그래서 습작을 하다 보면 게을러져요. 아주 작은 거라도, 이야기가 거지 같고 부끄럽고 창피하더라도 끝까지 완성되는 것이 실전이라고 생각해요. 작품이라는 것은 누구한테 보여줄 때 생명을 갖게 되는데, 요즘은 블로그에 올리면 되잖아요. 하다못해 엄마, 아빠, 친구들한테 보여주더라도 실전작이 된다고 봐요. 만들어놓은 작품을 나만 가지고 있으면 일기예요. 완성을 시켜서 다른 사람들한테 보여주면 실전작이 되고. 저는 만화가 지망생들한테 메일을 지금도 많이 받거든요. 그리고 습작을 많이 했다면서 어디 강연에 가면 습작 노트를 가지고 와서 보여줘요. 그런데 완성된 것은 없어요. 그런 것을 많이 봤어요. 너무 아까운 거예요. 미완성작, 습작 100개 쌓여봐야 끝까지 마무리 지어놓은 작품 하나를 못 당한다고 봐요. 습작이라는 것은 하다가 말고, 하다가 말고 그렇게 되는데, 그건 별로 앞으로 나갈 수 있는 방법이 아니에요. 데생 이런 것과는 다르죠. 실패할까 봐 겁내는 것 같아요.

지 기성세대들이 만들어놓은 틀 때문이기도 하지만, 상황이 어렵다 보니까 도전을 두려워하는 것 같기도 합니다. 작가님이 처음 만화를 그릴 때도 좋은 상황은 아니었잖아요. 만화를 그리기 위해 700여 군데에 이력서를 냈다고 했던가요? 어디에는 400군데라고 나오더라고요.

강 정확하게 429군데예요. 항상 이야기들은 뻥튀기가 되더라고요.

지 그걸 다 세셨어요? 그게 안 된 거잖아요.

강 그렇죠.

지 그만큼 거절당하면 암담했을 것 같은데요.

강 그런데 그거 안 하면 할 게 없었어요. 하고 싶었고요. 막연하게 되겠다는 생각이 들었어요. 집안에 미안했죠. 대학을 졸업했는데, 게다가 이력서 보내려면 우푯값이 들었어요. 각대 봉투에다가 이력서를 보내는데, 하루 15~20군데 보내면, 일주일 후 한꺼번에 이만큼씩 반송이 왔어요. 그때는 전화번호부의 주소가 30%는 안 맞더라고요. 출판사 같은 경우 다 이사를 가서. 그러면 속상한 거지. 우푯값도 아깝고. 용돈 받아 샀으니까요.

지 그 돌파구로 강풀닷컴이라는 매체를 스스로 만드신 거죠?

강 아무도 안 받아주니까요. (웃음) 당시에는 조금 생소한 방법이었죠. 만화가라는 이름을 표명해서 만든 사이트가 많지 않았어요. 마린 블루스가 있었고, 메가쑈킹이 있었고… 몇몇 있었어요. 지금은 다들 블로그를 하죠. 당시 사이트들은 많이 있었는데, 작가 하나만의 홈페이지는 그렇게 많지 않았어요.

지　광장히 알려지거나 유명한 작가도 아닌데, 본인이 지른 셈이네요. 그런 부분에서 자기에 대한 확신이 강했던 것 같아요.

강　확신이라기보다는 방법이 없었어요. 할 수 있는 방법은 다 해보자는 거였으니까요. 만약에 인터넷 홈페이지가 안 됐으면 또 다른 방법을 찾으려고 했을 것 같아요. 그게 어떤 열정이라기보다는 만화 말고 할 줄 아는 게 없었어요. 나중에는 오기가 생기더라고요.

지　정말 이 정도까지 했는데, 그런 생각?

강　400개 이상 보냈는데 세 군데에서 연락이 왔어요. 두 군데에서는 돈 받지 말라 했고요. 한 군데는 2만 원인가 그랬어요. 정말 열 받더라고요.

지　그중 지금의 결과를 보고 땅을 친 분들도 계시겠네요.

강　유명해지고 나서 연락이 왔어요. '이력서 받았다. 함께 일해볼 생각 없냐' 그래서 잘난 척했죠. 바쁘다고. (웃음) 하도 많이 보내서 굉장히 재밌는 일화가 많아요. 편집장들끼리 얘기를 많이 했다고 하더라고요. 네이버에서 연재하는 김양수 작가는 그 당시 「페이퍼」 잡지사에 있었거든요. 그 이력서를 김양수 작가가 받은 거예요. 나중에 고백을 하더라고요. 한국 잡지사에 안 보낸 데가 없었으니까요.

지　그분들 술자리에서 얘기가 많이 나왔겠네요.

강　강도영이라는 이력서를 되게 많이 받았는데, 저는 「씨네21」, 「씨네버스」 이런 데에도 보냈거든요. 간도 크지, 지가 뭐라고. (웃음) 「씨네21」에 연재하겠다고 쫓아가고 그랬어요. 나중에 편집장들끼리 만나서 그런 얘길 했대요. 너도 받았느냐고. 받았으면 써줘야지. (웃음) 그때 저를 썼으면 제가 온라인 만화를 그 당시에 시작 안 했겠죠.

지 결과론이긴 하지만 전화위복이 됐다고 볼 수도 있겠네요. 안정적인 일거리가 있으면 모험을 하지 않았을 테니까요. 새로운 길을 개척하다 보니 더 좋은 결과가 있었던 것 같네요.

강 맞아요. 이력서가 몇 군데 됐으면 경험도 없으면서 오프라인, 출판 문법에 맞춘다고 밑천을 드러냈을 것 같아요. 결과론이긴 한데, 잘된거죠.

만화보다 중요한 것들

"만화를 그리는 이유는 가족과 행복하게 살고 싶어서다. 만화보다 가족이 훨씬 더 중요하다. 만화는 때려치우면 때려치울 수도 있다."

지 작업하실 때 배경을 사진으로 찍어둔 다음에 그걸 작품으로 옮기는 과정을 거치시는데요. 본인이 상상은 했는데, 그런 공간이 없을 때는 없었나요?

강 거의 80~90%는 어떻게든지 찾아내는데, 없을 때는 그냥 만들어야 돼요. 안 될 때는 그냥 그리죠.

지　영화 헌팅하고 비슷하네요.

강　훨씬 힘들죠. 영화는 사람도 많고, 협조를 잘해주는데, 만화 헌팅은 협조를 잘 안 해줘요. 저는 좀 편해졌어요. 이름이 좀 알려져서 '강풀입니다' 하면 대부분 협조를 해주는데, 5년 전에는 너무 많이 까였어요. 그냥 건물 앞에서 사진 찍고 있을 뿐인데 경비 아저씨가 와서 가라고 하는 경우도 굉장히 많았고요.

지　10년 이상 찍어두었으니 자료가 어마어마하겠네요.

강　저는 자료 부자예요. 몇 기가가 있어요. 폴더별로. 골목, 병원… 병원도 내과, 산부인과, 비뇨기과 이렇게. 다 직접 찍은 사진들이죠. 후배들이 달라고 하면 줘요.

지　나중에는 굉장히 중요한 사료가 되겠네요. 재개발해서 없어지고 하면 그때 당시의 풍경은 사진으로밖에 확인할 수 없을 테니까요.

강　그렇죠. 만화가 후배들이 달라고 하면 다 줄 거예요.

지　작품들에 아파트라는 공간이 굉장히 많이 등장하잖아요.

강　대부분이 아파트에 사니까요. 실제로 본 듯한 배경에서 주인공들이 살면 좋겠거든요. 사람들이 실제 아파트에 가장 많이 살잖아요. 「무빙」 2화에도 아파트가 나와요.

지 　공간이 익숙해야 계속 스토리가 풀리는 건가요?

강 　이야기 쓰다가 막히면 공간에 가봐야 해요. 그러면 생각보다 훨씬 더 많은 것을 얻을 수 있어요. 창문이 이쪽에 있고, 문이 이쪽에 있고, 침대가 여기 있을 거야, 하고 상상하는 것보다 직접 거기 가 서 있으면 생각지도 못한 쪽으로 이야기가 훨씬 더 많이 가요. 지금까지 제 만화의 주요 배경 중에서 실제 없는 배경은 없었던 것 같아요. 거기 가서 한참 앉아 있다 온 적도 많이 있어요. 그게 중요한 것 같아요. 공간이.

지 　작가로서 앞으로 꼭 성취하고 싶은 부분이 있다면요?

강 　현재로서는 없어요. 지금 하는 것처럼 계속 하고 싶어요. 지금 십몇 년 했으니까 그동안 열두 작품이 된 거잖아요. 『일쌍다반사』까지 하면 훨씬 오래됐지만, 장편 타이틀로만 봤을 때 스무 개까지만 하고 싶어요. 그러면 얼추 나이가 50 될 것 같은데… 갑자기 하기 싫어진다. (웃음)

지 　대충 큰 틀에서 여러 편의 계획을 미리 짜놓고 작업하시는 것 같아요.

강 　다음엔 뭐 해야지, 그다음엔 뭐 해야지, 대충 계획이 있어요.

지 　어떤 건지 얘기 안 해주실 거죠? (웃음)

강 　네. 안 할 거예요. (웃음) 아, 호러물 하나 계획하고 있는데, 말하는 순간 그게 아이디어가 될 수 있으니까 안 할래요. 이번에 원래 호러물을 할까 싶어서 준비했던 것이 있거든요.

지　만화를 빼고 작가님 인생에서 가장 큰 만족감을 준 일은 무엇인가요?

강　내 가족, 내 아내, 내 자식. 그것인 것 같아요. 만화를 그리는 것도 가족과 행복하게 살고 싶어서예요. 만화보다 가족이 훨씬 더 중요해요. 만화는 때려치우면 때려치울 수도 있거든요. 진짜로.

지　『안녕, 친구야』, 『얼음 땡!』 같은 그림책도 내셨죠?

강　올해도 내야죠. 만화가 7월 중순이나 말에 끝날 거거든요. 올해 안에 그림책 또 하나 낼 거예요. 애가 학교 들어갈 때까지 계속 낼 거예요. 애 학자금으로 써야 되니까. 그림책은 꾸준히 나가더라고요. 한 번에 확 팔리진 않아도 아이들은 계속 커나가니까. (웃음) 아빠로서 애한테 하고 싶은 얘기가 있어요.

지　지금도 선물이 될 거고, 나중에 아이한테 좋은 선물이 되겠네요.

강　애한테 선물을 하고 싶어요. 그리고 생색도 내고 싶어요. 아빠가 이만큼 널 사랑했으니까 까불지 마, 이런 것도 하고 싶고. (웃음) 앞으로 계속 하고 싶어요. 둘째가 태어나면 또 더해야 되나, 이런 생각도 들고요.

지　한국에서 만화가로 산다는 것이 어떤 의미일까요?

강　축복인 것 같아요. 물론 모든 사람이 그렇지는 않겠지만. '너는 돈 많이 벌어서 편하다고 얘기하는 거냐?'고 하면 할 말 없지만, 내가 하고 싶은 일을 직업으로 삼아 계속 할 수 있다는 점이 만화가뿐만 아니라 모든 직업에서 축복이라고 생각해요. 그리고 만화가는 좀 덜 나이 드는 직업인 것 같아요. 생각이 유연해질 수 있고요. 연재처에 속해 있기는 하지만 조직에 속해 있는 것은 아니고, 결국 프리랜서잖아요. 말이 좋아서 프리랜서지, 결국 반은 백수란 얘기거든요. 일 안 하면 바로 백수. 1년 동안 백수였잖아요. 늘 긴장하면서 살기도 하는 거죠.

지 수입이 일정하지 않다는 것은 굉장히 불안한 거잖아요.

강 그렇죠. 제 나이가 마흔인데, 우리 애가 대학교 들어갈 때 환갑이에요. 그때까지는 돈을 벌어놔야 되니까요.

강풀에게 만화란?

"이걸로 돈을 벌어서 생계를 유지해야겠다는 생각이 있었으면 좋겠다. 작가입네, 이러지 말고 직업인으로서."

지 '이번에 무슨 만화 할 거야?' 하고 물어봤을 때 한마디로 얘기할 수 없으면 모르는 것이라고 표현하셨는데, 그런 의미에서 그동안 했던 작품들이 작가님한테 어떤 의미가 있는지 짤막하게 설명해보신다면요?

강 의미는 잘 모르겠고, 무조건 재밌는 이야기를 하고 싶었어요. 수단과 방법을 가리지 않고, 이야기만 재밌으면 장땡이라고 생각해요. 끊임없이 재미있는 이야기를 만들고 싶어요. 제 만화를 사람들이 많이 보기를 원하고요. 만화를 그렸는데 사람들이 안 봐주면 슬플 것 같아요. 언젠가는 제 만화가 사람들한테 외면 받는 때가 분명히 올 거예요. 나이 들면서 강풀 만화 재미없다는 얘기가 들리면 그때는 그만둘 건데, 그때를 최대한 늦추고 싶어요. 그 전까지는 본 사람들이 포만감과 재미를 느끼는 만화를 그리고 싶어요. 그런 개인적인 보람이 없으면 이 짓 못할 것 같아요. 너무 힘들어서요. 물론 돈도 벌고 원고료가 들어오는 것도 참 중요하지만, 사람들이 제 만화를 보고 재밌어 해주지 않고, 제 만화가 외면을 받으면 돈 억만금을 줘도… 억만금이면 하겠구나. (웃음) 가격을 어느 정도로 할까요? 아무튼 많이 줘도 안 할 것 같아요. 차라리 다른 일을 할 것 같아요.

지 앞으로 할 작품을 더 생각하기 때문에 과거 작품의 의미에 대해서는 별로 생각하지 않는다는 거네요.

강 의미는 독자가 부여하는 거죠. 사람이 전혀 의미를 안 가지고 있을 수는 없잖아요. 저는 은근히 가지고 있는 생각이 있어요. 『이웃 사람』에는 '관심'이 있고, 『26년』에는 '역사', 『마녀』에는 '사랑', 이런 것들이 있었다고 하면 저는 그런 의미를 강조하고 싶지 않아요. 오로지 재밌으면 됩니다. 작품 만드는 것보다 상품 만드는 것이 더 대단한 것 같아요. 걸작 만드는 것보다 명작 만드는 것이 더 대단하고요. 작품은 누구나 다 근사하게 만들 수 있지만, 그것보다 더 어려운 것이 많이 팔리는 상품을 만드는 일이라고 생각해요. 그래서 상업적인 작가가 되고 싶어요. 많이 봐주는.

지　영화로 보면 예술영화와 상업영화, 그 둘 사이의 접점을 찾는 것이 어렵잖아요.

강　저는 제가 만약 영화감독이고 예술영화와 상업영화가 있으면 무조건 상업영화 할 것 같아요. (웃음) 저는 접점 안 찾을 것 같은데요.

지　본인은 상업영화를 만들었다고 얘기하지만, 예술적인 포스가 있는 감독들이 있잖아요.

강　그런 게 얻어걸리면 좋고요. 그렇지만 능력이 안 되면 어쩔 수 없고요. 그렇게 되면 참 좋죠. 나는 재밌으라고 했는데 사람들이 의미를 찾아서 '뜻이 있는 만화였어' 하면 가만히 있어야죠.

지　「라디오스타」식으로 물어볼게요. 강풀에게 만화란? (웃음)

강　직업. 그게 답니다.

지　직업이라는 말에는 많은 것이 담겨 있을 텐데요.

강　만화가들이 작가의식 이런 것보다는 직업의식을 가지면 좋겠어요. 직업이라 생각해서 여기에 훨씬 더 충실하고, 이걸로 돈을 벌어 생계를 유지해야겠다는 생각을 가지면 좋겠어요. 작가입네, 이러지 말고 직업인으로서. 제가 뭘 하면서 느끼느냐 하면요, 아까 잠깐 앞에 얘기했잖아요. 장편 만화 하다 보면 5화까지는 죽어나가거든요. 제가 지금 반쯤 눈이 감겼잖아요. 그런데 5화쯤 되면 직업인으로서 기계처럼 일한다는 느낌이 와요. 몸에서 받아들이는 거죠. 그 경지가 참 좋은 것 같아요. 생활처럼 하는 것. 그 경지가 오기까지 몇 주는 너무 힘들어요.

지 작품에는 세계관이 담기는 거잖아요. 어떤 것에 재미를 느끼느냐 하는 것도 어떤 성향이 나타나는 것일 테고요. 작품 전체를 통해서 어떤 것, 어떤 세상을 보여주고 싶으신가요?

강 제가 의도하지는 않았는데, 제가 좋아하는 것이 어떤 이야기인지를 대답하면 되겠더라고요. 제가 자주 하는 이야기는 성경에 나오는 이야기예요. 협력하여 선을 이루자는 거거든요. 미약해 보이는 주인공들이 힘을 모아 뭔가 좋은 일을 하는 것이 제가 좋아하는 이야기더라고요. 『이웃 사람』이 그랬고, 『26년』이 그랬잖아요. 『타이밍』도 그랬고, 『어게인』도 그렇고요. 협력해서 공동의 목표를 이루는 것, 제가 그런 것을 좋아하더라고요. 약간 공동체 의식이 있는 것 같아요.

지 어떤 작가로 기억에 남고 싶다든지, 그런 것이 있다면요?

강 우리 애가 학교에 들어갔는데, '너희 아빠가 왕년에 유명한 만화가였다'는 소리는 안 듣게 하고 싶어요. 현재도 활동하고 있는 만화가가 되고 싶어요. 지금 한 정도로도 충분히 어떻게든 이름이 남을 것 같아요. 더 바랄 것 없고요. 지금까지도 장편 제일 많이 했고, 물론 누군가가 나중에 따라잡겠죠. 웹 장편 만화라는 것을 해봤고, 웹툰계의 웅녀같이 살았기 때문에 나중에 어떤 이름이 될까, 여기에 대해서는 이미 달성이 된 것 같아요. 다만 현역으로 오래, 우리 애가 나중에 중학생이 됐을 때… 그럼 몇 살이죠?

지   열네 살쯤 되죠.

강   그럼 힘들겠다. (웃음) 딸이 초등학교 다닐 때 일일교사 할 정도의 위치는 되고 싶어요. 우리 아빠 옛날에 잘나갔어, 이게 아니라 지금 잘나가, 이러고 싶어요. 태호 형은 좋겠어. 애들 다 컸는데, 아빠가 유명한 만화가잖아요. 가끔씩 인생에 그런 게 확 올 때가 있어요. 예전에 『순정만화』 연재 때 처음 느꼈거든요. 지금이야 만화가 워낙 많이 생기기도 했지만, 전 그때 당시에 미치는 줄 알았어요. (웃음) 지금은 사이즈가 커졌잖아요. 포털도 그렇고. 웹툰이 몇 개 안 됐을 때 실시간검색어라는 단어가 많지는 않았는데, 너무 많이 『순정만화』 얘기를 하니까 인생에서 이런 날이 오는구나, 하는 걸 그때 경험했죠.

지   다른 특별한 계획은 없으신가요?

강   초여름에 이 만화 끝날 것 같은데, 만화 잘 끝내고, 하반기에는 동화책 하고, 아이랑 아내랑 많이 놀러 다니고 싶어요. 가장 큰 목표죠. 이번 만화 연재의 목표가 하나 있어요. 매주 목요일 오후에 퇴근하는 것인데, 아마 안 될 거야. (웃음) 일주일에 하루만이라도 낮 1시에 퇴근하는 게 이번 연재의 목표입니다.

지   마지막으로 해주실 말씀은요?

강   「무빙」 많이 사랑해주세요. 열심히 그리겠습니다. 이번 만화는 정말 재미있을 겁니다. (웃음)

청춘 멘토 '란도샘'
김난도

"인생의 키워드는
아픔이 아니라 성장이다."

지승호,
THE INTERVIEW

김난도

교수, 트렌드 연구자, 컨설턴트, 작가. 대한민국 청춘 멘토 '란도샘'이라는 별칭도 가지고
있다. 서울대학교 생활과학대학 소비자아동학부에서 학생들을 가르치고, 생활과학연구소
소비트렌드분석센터를 이끌며 소비트렌드를 연구하고 있다. 중국 소비트렌드 분석서 『트
렌드 차이나』, 2012년 하반기 베스트셀러 『천 번을 흔들려야 어른이 된다』, 세계 11개국에
번역·출간되어 이 시대 세계 각국 청춘의 아픔을 따뜻하게 격려한 『아프니까 청춘이다』
등을 썼다.

INtro

　　『천 번을 흔들려야 어른이 된다』(이하 『천 번』)를 출간한 김난도 서울대 소비자학과 교수를 2012년 9월 22일에 만났습니다. 그의 전작 에세이 『아프니까 청춘이다』(이하 『청춘』)는 200만 부가 넘는 판매고를 기록하고 있습니다. 영화 「화차」를 만든 변영주 감독은 「프레시안」 인터뷰를 통해 『청춘』을 거칠게 비판한 바 있습니다. 결국 변 감독이 김 교수에게 사과하면서 마무리는 됐지만, 많은 이들이 『청춘』의 열풍을 우려의 눈으로 바라보고 있는 것이 사실입니다. 강준만 교수는 『멘토의 시대』에서 김난도 교수를 '경청, 실무형 멘토'로 규정하고, '일각의 부정적인 평가와는 달리 매우 알차고 청춘에게 실질적인 도움이 될 수 있다'고 했습니다. 김난도 교수는 '내 아들에게 들려주지 못할 이야기라면 다른 집 자식에게도 하지 않겠다는 마음으로 썼다'고 했는데요. 많은 독자들에게 그 진정성이 느껴졌는지도 모르겠습니다.

청춘들의 '멘토'
동의하지 않아

"이 책은 내가 아들에게 열심히 살자고 하는 내용을 전달하는 퍼스널 에세이일 뿐이다."

지 트위터에 '좋은 멘토 되기 멀었다'고 쓰셨더라고요. 어떤 이유로 그렇게 말씀하셨나요?

김난도(이하 김) 현재 위치를 쓰라고 해서요. (웃음)

지 생각하시기에 좋은 멘토란 어떤 멘토인가요?

김 학생들을 꿈꾸게 하고 그걸 이룰 수 있게 도와주는 사람. 그게 좋은 선생인 것 같아요.

지 강준만 교수의 『멘토의 시대』 읽어보셨나요?

김 영광이죠. 훌륭한 분들과 같이 언급이 되어서.

지 멘토에 기대게 되면 스스로 서기 힘들지 않겠느냐고 하는 의견도 있는데요.

김 우선 멘토의 시대가 된 사회적 배경을 살펴보면요. 제가 어릴 때는 멘토라는 말이 없었어요. 신화에 멘토가 있지만, 널리 쓰는 말이 아니었죠. 그때는 비슷한 역할로 영웅전, 위인전이 있었습니다. '세계 위인대전집', 『플루타크 영웅전』 이런 것이 좋은 책이라고 해서 읽었는데요. 그때는 롤모델의 시대였죠. 위인 에피소드를 읽으면서 나도 저런 위인이 되어야겠다는 꿈을 꾸던 시대였는데요. 그 당시 커뮤니케이션 매체는 굉장히 일방적이었잖아요. 신문, TV, 책, 라디오 등등. 그래서 멘토의 상도 굉장히 일방적인 거죠. 딱 보여주고 이렇게 따라라, 그런 시대였다고 생각해요. 지금은 쌍방향 커뮤니케이션 시대잖아요. 아무리 오지에 있는 친구라도 나한테 트윗을 바로 날릴 수 있게 됐죠. 두 번째로는 뭔가 되고자 하는 우리의 가치가 굉장히 다원화되었습니다. 옛날엔 영웅전에 나오는 주인공만 훌륭한 사람이었잖아요. 요즘은 내가 셰프라도 세계에서 제일 맛있는 요리를 만들면 영웅이 돼요. 가치가 다원화됐다고 할까요… 학생들이 꿈꾸는 롤모델이 대단히 다양해지면서 일방적인 위인전으로는 자기 롤모델을 찾기가 어려워졌죠. 니즈가 굉장히 개별적이 되었고요. 그래서 개개인의 특성에 맞는 조언을 해주고, 롤모델이 돼주고 지도를 해줄 수 있는 사람이 좀 필요해진 것 같습니다. 그런 개별적인 상담과 충고를 해줄 수 있는 사람이 멘토의 역할을 하는 것 같아요. 그래서 나와 눈높이를 맞추고 공감과 소통을 해주는 사람이 필요해진 것 같고요. 멘토라는 것이 물론 자립심을 해친다, 그렇게 표현될 수도 있겠지만 제가 멘토라는 소리를 들어서가 아니라 좋은 격려와 지도는 언제나 필요하다고 생각해요. 그 차이는 미묘하겠죠. 아이가 넘어졌을 때 일으켜 세워 흙을 털어주고 눈물을 닦아주는 멘토도 있을 것이고, 옆에서 팔짱을 끼고 일어나는 것을 묵묵히 지켜보는 멘토도 있을 거잖아요. 무조건 멘토가 자립심을 해친다고 말하는 것은 조금 지나친 일반화인 것 같습니다. '어떻게 멘토링하느냐' 그것이 더 중요한 질문인 것 같습니다.

지 　강준만 교수는 『멘토의 시대』에서 김난도 선생을 '경청, 실무형 멘토'로 규정했는데요.

김 　영광이죠. (웃음)

지 　'일각의 부정적인 평가와는 달리 매우 알차고 청춘에게 실질적인 도움이 될 수 있다'고 지적했고요. 저도 읽어보니까 그렇던데요. 소위 좌측 진영에서는 비판들이 많았잖습니까?

김 　비판을 보면 읽어본 분의 비판인지, 그렇지 않은지 잘 알죠.

지 　그런 부분에 대해서 많은 생각을 하게 되더라고요. 제대로 이해하려 하지 않고 피상적으로 비판하는 것이요.

김 　일단 읽지 않고 하는 비판에 대해서는 드릴 말씀이 없고요. 읽어보고서 하시는 비판에 대해서 말씀드리면, 저한테나 『청춘』에 대한 비판은 두 가지인 것 같아요. 첫 번째는 88만 원 세대라는 용어가 말하듯이 지금 사회의 구조적인 문제가 대단히 크고, 청년들이 실업 상황에 내몰린 결과로 그 아픔이 나타난 건데요. 그 대목에서 청춘보고 아프다고 하느냐는 분은 책을 안 읽으신 분이고, 이런 상황에서 참고 힘내고 견뎌서 성공하라고 말하느냐, 하는 분은 읽으신 분이죠.

지　읽어보니 독하게 조언하는 부분도 많던데요. (웃음)

김　저를 힐링 멘토라고 하는데, 동의하지 않습니다. 죽비처럼 깨달을 수 있게 해주고 싶었어요. 다시 비판으로 돌아가면요. 사회구조적인 문제에 대해서는 언급이 없으면서 청년들에게만 힘을 내라고 하느냐, 그 비판이 많이 있습니다. 저도 굉장히 동의하는 비판입니다. 당연하다고 생각하고요. 그런데 제가 드릴 수 있는 말씀은 한 가지예요. 제가 청년들에게 힘을 내라, 개인적으로 네 목표를 위해서 게으름을 떨치고 열심히 일하자, 하고 얘기하는 것이 이 사회에 아무 문제가 없다는 전제하에 말씀드리는 것이 전혀 아니라는 것입니다. 저도 이 사회의 구조적인 문제가 청년들을 힘들게 하고 있다는 것을 잘 압니다. 어쩌면 그럴수록 더 힘을 내야 되는 게 아닌가, 하고 생각하게 된 거죠. 이렇게 말씀드리면 될 것 같아요. 설날에 조카가 세배를 하는데, 세뱃돈 주면서 뭐라고 해야겠어요. '그래, 올해도 공부 열심히 해서 좋은 대학 가라' 하고 얘기하겠죠. 명절 때 우리 교육제도가 너무 문제니까 함께 고쳐나가자고 얘기하지는 않을 것 같아요. 반대로 시민단체나 교육부에서 주최하는 세미나에 갔어요. '대한민국 교육제도 이대로 좋은가?' 거기 나가서는 지나친 스펙 위주의 교육제도를 바꿔야 된다고 말해야 정상이잖아요. 거기 가서 우리 조카가 너무 공부를 안 해요. 그러면 이상한 논리잖아요. (웃음) 이 책은 제 아들에게 열심히 살자는 내용을 전달하는 퍼스널 에세이예요. 퍼스널 에세이에서 세상이 어려울수록 청년들인 너희들이 분발해야 한다고 당부하고 조급증을 내지 말라고 격려해놓고는, '그런데 사실은 제도도 문제다' 이렇게 다시 얘기하면 논점이 흐려지는 거죠.

지　그런 글들도 쓰셨는데 뺐다고 들었습니다.

김　3부를 계획했었는데요. 3부에는 논문이 들어가도록 '대학의 본질과 대학이 교육 기능을 상실했고, 지금 청년 실업이 커질 수밖에 없도록 기득권 세대의 탐욕이 넘쳐난다' 이런 것들을 썼습니다. 출판사가 편집하면서 그걸 뺐죠. 제가 모르게 뺀 것은 아니고, 저도 전적으로 동의를 했어요. 출판사 생각이 옳았습니다. 퍼스널 에세이에 그런 얘기를 담는 것이 사실은 혼란스럽다는 것이었거든요. 이게 베스트셀러를 만들려고 한 것이 아니라⋯ 그 당시에는 이게 베스트셀러가 될지 꿈도 못 꿨어요.

지　만들려 한다고 만들어지는 것도 아니고요.

김　그렇죠. 그게 아니고 에세이로서의 정체성을 지키려면 그런 퍼스널한 내용이 있을 수밖에 없다는 거죠. 지금 고민은 하고 있습니다. 제가 만약에 교육제도라든지 청년 실업이라든지 사회의 문제점을 비판하는 책을 쓰는데 거기에 '애들이 게을러서' 이런 식의 표현이 들어가면 안 되겠죠. 그러한 논의는 다른 매체로 하려 합니다. 책이 됐건 칼럼이 됐건 방송이 됐건. 『천 번』에서 그런 표현을 썼는데, 암 환자가 암을 도

려내지 않고서는 건강해지기 어렵습니다. 분명히 이 사회가 건강해지려면 사회구조의 문제가 해결되어야 합니다. 백번 동의하는데요. 훌륭한 외과의사가 암 덩어리를 제거해준다고 해도 완치에 이르려면 환자가 살겠다는 의지를 가지고, 노력하고 식생활을 조절하고 술, 담배를 안 하고 이런 개인적인 노력은 여전히 필요한 거거든요. 그래서 저는 구조적인, 거시적인 변혁과 미시적이고 개인적인 노력은 수레의 두 바퀴와 같다고 생각해요. 두 날개라고 표현해도 좋고요. 오늘도 신문을 펴면 정말 많은 학자와 칼럼니스트가 구조적이고 거시적인 변혁을 주장하지만 오히려 개인적인 위로랄까, 격려랄까 이런 텍스트는 많이 부족하지 않나, 그렇다면 내가 잘할 수 있는 글을 쓰는 것이 맞지 않나, 그래서 퍼스널한 에세이를 쓴 것이죠. 그러니까 종합해서 말씀드리면 그런 지적은 제가 아프게 받아들이고 거기에 충분히 동의하지만 그렇다고 해서 청년이나 이 사회의 구성원에 대한 개인적인 격려나 위로가 전혀 의미 없는 것은 아니지 않나, 그런 생각을 스스로 합니다.

논란과 비판, 베스트셀러의 숙명

"질투라고 생각하지 않는다. 만약에 1만 부도 안 팔리고 끝났으면 누가 그렇게 말씀하시겠는가?"

지   88만 원 세대를 위로하려 쓴 것이라 하셨습니다. 그래서 세대론으로 읽힐 수 있는 부분도 있습니다. 『88만 원 세대』를 쓴 우석훈 박사는 바리케이드를 치고 짱돌을 들라고 했는데요. 선생님은 그 두 개가 다 필요한데, 우선 한쪽에 논점을 뒀다고 하셨습니다. 그런데 사람들은 한 책에서 두 가지를 다 보고 싶은 것 같습니다. (웃음)

김 저는 그 두 가지를 한 책에서 다 쓰는 것이 옳지 않다고 생각했습니다. 기사를 쓰시니까 아시겠지만, 일본말로 '야마'라는 것이 있잖아요. 저는 그게 분명해야 좋은 글이라고 생각합니다. 정말 두 가지 얘기를 다 하고 싶으면 책을 두 권 쓰는 것이 낫다고 생각했죠. 그래서 초고에 두 가지를 다 썼는데, 이게 에세이가 되면서 두 번째인 사회적 측면을 거세시키게 됐죠.

지 사회구조에 대한 관심이 적은 것 아니냐는 비판들에 답을 주기 위해서라도 그런 책을 써야 되는 것 아닐까요? (웃음)

김 그런 문제에 대해서 신랄하게 지적해주신 분들이 많은데요. 제가 그분들보다 더 잘 쓸 수 있을까, 그런 고민은 많이 되고요. 여러 고민을 많이 하고 있습니다. 사회문제를 잘 아는 전문가와 대담을 하든지, 청년들에게 실질적인 지원과 도움이 되는 프로젝트에 제가 참여를 하든지, 그런 거시적인 아이디어를 제가 잘 정리할 수 있게 지 작가님의 도움도 구해보고 싶네요. (웃음) 제가 어떤 역할을 할 수 있을지 계속 고민하겠습니다.

지 저도 고민을 해보겠습니다. (웃음)

김 두 번째 비판이 이런 거죠. 자기가 서울대 나오고 서울대 교수이니 청년의 아픔을 어찌 안다고 이런 책을 쓰느냐. 그렇게 말씀하신 분들도 책 안 읽으신 분들이에요. 책 제목하고 책날개의 제 약력만 보신 분은 그렇게 얘기하는데요. 저는 그런 비판은 신경 쓰지 않습니다. 고시를 보면 알지만 서너 번 떨어지는 건 기본인데 당신이 고시 3~4년 떨어졌다고 그걸 좌절이라고 썼느냐, 그런 비판은 아프죠. 맞거든요. 제 주위에도 10년 이상 공부하신 분들이 계세요. 저는 일단 그 점을 좀 말씀드리고 싶어요. 『천 번』에도 잠깐 썼던 것 같은데 모든 아픔이나 좌절은 개별적입니다. 그 사람이 아니고, 그 사람이 가진 타이틀이나 약력만 가지고 그 사람의 아픔을 타인이 알기는 어렵죠. 저도 나름 개인적인 슬픔과 아픔이 꽤 있지만, 저 같은 정도면 그래도 무난하게 잘 살았다는 걸 저도 압니다. 저보다 정말 아프고 힘들게 사신 분들이 많은데, 제가 살면서 겪은 사적인 고통과 어려움들을 내가 아픔인 양 펼쳐놓기가 되게 우스웠어요. 그러나 많은 학생들이 고민하고 있는 문제가 임용고시든, 고시든, 재수든 시험 떨어졌다는 것이니까, 청년들에게 쓰는 에세이니까 그 경험을 꺼내서 쓴 거죠. 제가 제 아픔을 극화하려는 의도는 전혀 아니었고요. 시험에 막 떨어졌을 당시에는 사실 내가 내년에는 붙을 수 있을까, 정말 답답하잖아요. 저도 그 답답함을 잘 알아요. 그런데 20년쯤 지나서 생각해보니까 그때 그렇게 좌절하지 않아도 됐다는 것을 이제 좀 알겠더라고요. 그런 경험들을 쓴 거죠. 또한 제가 서울대 교수여서 서울대 학생들을 많이 만나는 것은 사실입니다. 그런데 제가 『청춘』을 쓰기 시작하면서 다양한 배경을 가진 학교의 학생들을 많이 만나야겠다고 생각했어요. 그래서 당시 한 1년 반 동안 홈페이지에다가 다른 학교 다니는 친구들을 네 명 모아오면 술을 사주겠다는 메시지를 올렸어요. 그랬더니 외고 나온 애가 고대 다니고 연대 다니는 애들을 모아왔더라고요. (웃음) 그래서 2년제 대학이나 지방대학에 다니는 친구들을 제가 찾아 만나서 여러 가지 이야기를 들었죠. 이 책을 다 쓰고 나서는 설문조사도 해봤어요. 과연 이게 서울대나 명문대 애들만의 고민을 특화해서 쓴 것인지, 아니면 대한민국 청춘이 공감할 수 있게 썼는지 나름 내부적으로 검토하는 과정을 거쳤습니다. 그때 제가 발견한 느낌은, 아까 아픔은 대단히 개별적이라는 말씀을 드렸는데, 우리 사회가 안고 있고, 청춘들이 가지고 있는 문제가 SKY대 다닌다고 해서 전혀 경감되지 않는다는 사실이에요. 물론 '너희는 그래도 명문대 다니지 않느냐' 이렇게 말할 수 있을지 모르나 본인은 전혀 그렇게 생각하지 않을 거예요. 너무나 여러 케이스를 봤고요. 저기 보시면 저한테 온 이메일이랑 편지들이 있는데, 99%가 매우 열악한 환경에서 공부하거나 남들이 알아주지 않는 대학에서 공부한 학생들이 감사하다고 보낸 편지입니다. '역시 서울대 교수님이니까 저희하고 다른 나라 말씀을 하시는군요' 하는 종류의 피드백은 없었어요. 그런 종류의 피드백은 댓글로 많이 붙는데, 그걸 보면 제목밖에는 읽은 것이 없구나, 그게 느껴져요. 첫 번째 비판은 스스로도 아프게 생각한다고 했는데요. 두 번째 비판은 오해다, 그런 생각을 하고 있습니다.

지　이 책이 너무 많이 팔려서 그런 문제가 생긴 것이겠죠. 영화도 너무 흥행이 되면 작품에 대한 평가는 왜곡될 수 있잖아요. 어떤 면으로는 좋으면서도 부담스러울 수 있을 것 같습니다. 일종의 질투를 느낄 수도 있고요.

김 질투라고 생각하지 않고요. 이게 만약에 1만 부도 안 팔리고 끝났으면 누가 그렇게 말씀하시겠어요?

지 마니아가 형성되어서 '도대체 이런 좋은 책을 왜 안 읽나?' 할 수도 있겠죠. (웃음)

김 뜻한 바는 아니었지만, 대중적인 책이 되니까 책임감도 있다고 생각해요. 그 책임감이 참 부담스럽기도 하죠. 저한테 씌워지는 여러 가지 이미지나 좋은 반응들조차 저한테 과분한 것들이 많거든요. 방송 같은 데서는 워낙 과장을 좋아하니까 시대의 멘토라고도 하는데, 광고 낼때 그런 문구들을 못하게 할 수도 없고, 가만히 있으면 그걸 인정하는 게 되고, 그런 부담 때문에 마음이 안 좋아요. 그래서 개인적으로는 책 쓰기 전과 달라지지 않으려고 많은 노력을 하고 있습니다.

지 좀 거칠게 얘기하면 청춘들을 상대로 돈을 벌었으면 청춘들을 위해 재단을 만든다든가 좋은 일을 해야 되는 거 아니냐고 하는 분들도 있거든요.

김 맞습니다. 그것도 조사를 안 하고 하는 얘긴데요. 제가 장학금으로 1억을 기부했고요. 일본 지진 피해 때 3,000만 원인가 기부를 했는데 그게 전달이 잘 안 되어서 그 돈을 돌려 왕따 청소년을 돕는 데 썼습니다. 교도소하고 소년원 같은 데서 강연하려고 계획하고 있고요. 나름 대로는 그런 책임감 같은 것을 느끼고 있습니다. 그런 행동들이 제가 한다고 대서특필될 일도 아니고 보도자료를 뿌릴 일도 아니잖아요. (웃음) 저는 조용히 하는데 그게 알려지지 않는다면 돈 벌어서 좋은 차 샀나 보다, 이렇게 생각할 수 있죠. 그건 오해가 아닐까 생각합니다.

지 　알리면 언론 플레이, 안 알리면 돈 벌어놓고 아무것도 안 한다고 비난. (웃음)

김 　지인이나 친척 중에 어렵게 사시는 분은 생판 얼굴도 모르는 애들한테 1억씩 내놓으면서 내가 얼마나 어렵게 사는데 안 도와주느냐고 섭섭함을 표시하세요. 참 어려워요.

『청춘』 해적판을 더 잘 만들어?

"중국에서 출판된 해적판을 더 잘 만들었다고 출판사 사람들이 웃더라. 짝퉁들이 '인생시계계산법' 이런 부록도 준다고 한다."

지 　책이 사랑을 받는 이유가 뭐라고 생각하세요? 단행본으로 200만 부가 팔린 경우는 소설 빼고 거의 없었던 것 같은데요.

김 　글쎄요. 제가 제 책을 가지고 잘 썼다고 얘기하기도 그렇고. 위인전을 읽지 않는 시대, 롤모델이 사라진 시대에 사람들 저마다가 멘토를 필요로 했던 게 아닐까요? 저는 뭐랄까요, 진정한 선생님의 톤으로 쓰고 싶었어요. 그건 누가 뭐래도 자신 있게 말할 수 있습니다. 뭐냐 하면 이게, 정치적인 함의를 가지거나 또는 상업적인 함의를 가지지 않고, 내 방에 상담하러 온 아이한테 '괜찮다. 시험에 떨어졌지만 네가 더 잘 하는 일을 찾을 수 있다'고 얘기해주려는데, 그냥 하면 뻔한 얘기가 되니까 되도록 다양한 비유를 들어주려고 한 것입니다. 다른 사람들의 많은 사례를 찾아주려고 했어요. 그거 외에는 다른 목적이 없었습니다. 그런 진정성을 인정받았다고 할까요? 그런 느낌이 있고, 또 하나 재미있는 것은 중국에서 굉장히 반응이 좋아요. 중국은 우리나라와 시스템이 달라서 오프라인에서 팔리는 책은 집계가 안 돼요. 워낙 나라가 넓어가지고요.

지　해적판도 많겠죠.

김　제 책 해적판도 무지 많대요. 해적판을 더 잘 만들었다고 출판사 사람들이 웃더라고요. 짝퉁들이 '인생시계계산법' 이런 부록도 준다고 합니다. (웃음) 아무튼 중국은 베스트셀러 집계를 인터넷 서점 매출로 합니다. 제일 큰 곳이 당당닷컴이고, 두 번째가 아마존 차이나인데, 당당닷컴에서 1위는 못했지만 베스트 10에 들어간 지는 오래됐습니다.

지　거긴 인구가 많아서 많이 나가겠네요.

김　아닙니다. 출판 시장은 우리보다 작아요. 책을 안 읽는 인구가 절대 다수예요. 문맹도 많은 것 같고, 특히 서부 지역에서 농사짓는 분들은 평생 책 안 읽는 분도 많다고 해요. 아무튼 중국도 그렇고, 태국에서도 인기가 좋다고 합니다. 이번 주말에 이태리 가거든요. 당황스럽죠. 제가 책을 쓸 때 단 한 번도 외국 독자를 생각하고 쓴 적이 없거든요. 그쪽 사회의 맥락을 모르니까. 수출됐다고 해서 서문 쓸 때 조사를 해봤어요. '이태리가 왜 힘들까?' 생각해봤는데, 시대적인 문제가 좀 있더라고요. 엊그저께 3차 양적 완화가 있었잖아요. 그런 것을 보면 가슴이 저린데요. 제가 어릴 때 우리 아버지 세대는 '내가 굶더라도 너는 공부시켜야지' 이렇게 말씀하셨어요. 사회적으로도 본인은 좀 더 내핍하더라도 우리 자식들은 설움 받지 않고 살게 해주자는 컨센서스가 있었던 것 같거든요. 그런데 요즘 보면 그런 게 없어요. 3차 양적 완화, 지금 세 번에 걸쳐서 돈을 뿌리고 있잖아요. 경기를 살리겠다는 건데 실물경제가 좋아지는 것도 아니고, 그 많은 돈이 주식시장에 들어오면서 주가가 폭등하잖아요. 결국은 인플레로 갈 거고, 화폐 가치를 떨어뜨릴 거고, 그 부담을 누가 다 지겠어요. 애들 세대가 다 질 거잖아요. 말은 안 하지만 '내 아들들이 어떻게 될지 나는 상관이 없다', '지금 일단 내가 먹고 살아야겠다' 이런 느낌인 겁니다. 저는 그래서 우리 아들 세대에 되게 미안해요. 내가 어릴 때의 기성세대에게는 '후세를 위해서 허리띠를 졸라매겠다' 이런 컨센서스가 있었는데 요즘은 미래 세대의 부담을 가져다가 지금 단물을 빨아먹고 있는 게 아닌가, 그런 생각이 드는 거죠. 그게 한국만의 문제는 아니고, 미국과 이태리와 유럽과 모든 나라의 문제인 것 같습니다. 시대의 문제예요. 두 번째는 소위 신자유주의의 폐해입니다. 물론 장점도 있다고 생각하지만 그럼에도 불구하고 많은 폐해가 있다고 생각합니다. 특히 개인의 경쟁을 극대화시키는 이데올로기잖아요. 그러니까 소비자의 후생은 좋아졌는지 모르지만, 그 시대를 살아가야 되는 개개인의 아픔은 훨씬 커진 거죠. 전 세계적인 문제인 것 같아요. 제가 대학 다닐 때는 파레토의 법칙이라고, 20대 80을 얘기했는데, 지금은 1대 99라고 얘기하잖아요. 불균형이랄까, 이런 것도 훨씬 더 엄중해진 것 같고요.

지 제가 생각하기에는 그 책을 젊은 사람들이 좋아하는 이유 중 하나가 자식한테 주듯이 썼던 부분인 것 같은데요. 예전 부모님들은 자기가 못 먹어도 자식들을 먹이려 했고, 다음 세대를 위해서 뭔가 하는 것이 있었는데, 지금 어른들은 '우리가 돈 버느라 사회가 좀 망쳐지더라도 어쩔 수 없는 것 아니냐', '나머지는 저희가 알아서 하겠지', '인생이란 만만한 게 아냐' 이렇게 얘기하는 것 같습니다. 영화 「괴물」에서처럼 한강은 넓으니까 포르말린을 좀 뿌려도 괜찮다는 마음인 것 같고요. 그러면서 힘들다고 하는 젊은이들에게 호통을 치죠. 니들 눈이 높은 거라고. (웃음) 그럴 때 진정성 있게 위로해주는 어른들을 만났다고 할까요? 그래서 감동을 받은 거 같아요.

김 제가 제 입으로 얘기하기는 그러네요. (웃음)

아픔은 소비의 문제다

"소비자들의 좌절과 탐욕이 자본주의를 움직이는 엔진이다. 때문에 절제할 수 있는 소비자교육이 중요하다."

지 「똥파리」를 만든 양익준 감독도 해외영화제에 나가보면 우리나라와 반응이 비슷하다고 해요. 결국 가족은 어디서나 똑같다는 건데요. 마찬가지로 젊은 사람들이 사는 것도 비슷해져가고, 똑같은 문제에 직면하고 있는 것 같습니다. '중국의 청춘들도 우리와 같은, 어떤 측면에선 더 깊은 아픔을 가지고 있더군요'라고 트위터에 쓰셨던데요.

김 더 깊은 고민인 것 같아요. 아까 말씀드린 것처럼 세대 간의 어프로치가 달라요. 그게 신자유주의의 영향인지 알 수는 없지만, 개인 간의 경쟁이 너무 치열해요. 예전에는 이렇게 치열하지는 않았던 것 같아요. 또 하나를 더 들자면 소비주의의 영향도 좀 있어요. 우리가 어릴 때는 절대적으로 가난하기도 했지만, 그렇게 마케팅이 정교하지도 않았죠. 좋은 상품이 그렇게 많지도 않았어요. 나이키가 최고였고, 그 브랜드가 충격이었죠. 브랜드가 뭔지를 그때서야 겨우 알았으니까요. 요즘은 나이키 말고도 브랜드가 많잖아요. 이태리의 이름도 모르는 브랜드들을 애들은 가지고 있거든요. 그러니까 이 친구들의 소비에 대한 기준이 높아졌어요. 열망도 되게 커지고. 당연히 소비를 하려면 돈이 필요하잖아요. 그런데 생각같이 돈은 벌리지 않고, 그러니까 좌절이 깊죠. 그런데 TV를 보면 잘생기고, 돈 많은 집 아이들이 뚜껑 열리는 자동차를 타고 다니고, 예쁜 여자들이 멋있는 백을 들고 다니고, 그런 애들이 만나서 파티를 하고, 이런 것을 보니까 '나는 언제 저렇게 되나?' 하는 좌절감을 갖게 되죠. 사람들을 굉장히 힘들게 만들어요. 어떻게 생각하면 소득수준은 늘었잖아요. 살기 좋아졌어야 맞는데, 사람들은 왜 살기 힘들다고 하느냐. 기대가 더 커졌기 때문입니다. 그 기대를 부풀리는 것은 1차적으로는 TV나 매체의 영향이고, 근본적으로는 소비주의 때문에 문제가 더 깊어진 거죠.

지　절대 빈곤은 아니고, 상대적인 박탈감일 텐데요. 매스컴에서 상품 소비를 부추기고, 명품을 과시하는 명품족과 그것을 추종하려는 사람들의 경쟁이 문제인 것 같습니다. '니들 그렇게 살고 세금이나 많이 내라'는 식으로 차라리 포기하고 놔버리면 괜찮아질 텐데요. 어떤 계층은 죽어라 따라가고, 어떤 계층은 더 좋은 걸로 차별화를 시도하잖아요.

김　그게 지금 자본주의 시스템의 동인입니다. 지금은 생산이 소비보다 많아졌어요. 생산과잉의 시대죠. 사람들이 필요한 것보다 훨씬 더 많이 만들어놓고선 팔아야 되잖아요. 말씀하신 그런 욕망을 부추기지 않으면 이 시스템이 돌아가지 않게 되어 있어요. 어쩌면 소비자들의 좌절과 탐욕이 자본주의를 움직이는 엔진이죠.

지　어른에게 가장 중요한 교육은 소비자교육이라고 하셨는데요.

김　절제할 수 있는 소비자교육이 중요한 것 같아요. 환경 문제도 그렇고요. 환경 문제는 결국 소비의 문제라고 생각해요. 과잉 소비가 빚어

낸 결과이고. 환경이나 지구의 미래를 생각하거나 그 안에 살고 있는 사람들의 행복을 생각한다면 소비자교육은 굉장히 필요한 덕목입니다. 우리 과에 소비자교육을 전공하는 분도 계시지만, 대단히 역부족이죠. 광고며 모든 텍스트의 99%가 소비는 좋은 것이라고 가르치는데, 거기서 합리적인 소비를 하자든지 절제하는 소비를 하자고 하면 바보같이 들리기도 할 거예요. 대단히 좌절스러운 상황인데, 요새 희망이 보이기는 해요. 제주도에 내려가서 살겠다는 사람이 많아졌거든요. 좀 덜 벌더라도 좀 덜 쓰면 된다는 생각이죠. 옛날에는 일반적이지 않은 생각이었는데, 요즘 그런 생각을 하시는 분이 많아진 것 같아요. 저는 즐거움이 많은 시대, 그런 사회이면 좋겠다고 생각합니다. 제가 10여 년 전 핀란드에 한 번 갔었는데요. 핀란드에서 제일 좋다는 백화점에 갔는데 명품 옷 이런 게 별로 없었어요. 캠핑 용품 이런 게 많이 있더라고요. 그래서 물어봤더니 여기 사람들은 돈 생기면 그걸로 캠핑 가고, 보트 타고, 등산하고 노는 게 행복이지, 명품 옷 입고 다니는 것이 뭐가 재밌겠냐고 하더라고요. 그래서 제가 느꼈죠. 소비가 제일 게으른 자의 행복이거든요. 우리는 일요일에 갈 데 없으면 쇼핑 가잖아요. 좀 즐거운 일들이 많이 생겨야 하는데, 그건 인프라가 좀 필요하죠. 예를 들면 요새 사회인 야구 이런 거 붐인데, 이분들이 구장이 없어서 군부대 구장을 빌리고, 구장 하나 따내려고 예약을 걸고 난리거든요. 그런 건 자치단체나 체육공단에서 만들어줘야 합니다. 외국에서 제가 제일 부러웠던 것은 어떤 일이 있어도 애들한테 스포츠는 시킨다는 거예요. 시즌별로 겨울에는 농구 시키고, 여름에는 야구 시키고. 요새 우리 중·고등학생 중에서 운동

부가 아니고서야 맘껏 운동하는 애들이 어디 있어요? 다행히 요새 캠핑 열풍, 등산 열풍이 부는데요. 그렇게 삶을 즐길 수 있는 아이템들이 많아지면 많아질수록 소비에서 좀 멀어질 수 있다고 생각해요. 그런 인프라가 더 많이 구축이 됐으면 하는 생각이 많이 들죠.

지　어린아이들부터 소비 교육을 해나가는 것이 중요할 것 같은데요.

김　중요하죠. 제가 미국 갔을 때 보니까 컨슈머 사이언스가 아예 중학교 교과목이더라고요. 다른 과목을 폄훼하려는 것은 전혀 아닌데, 우리가 고등학교 때 배우는 수많은 과목을 사회에 나가서 다 써먹지 않거든요. 하지만 정말 써먹는 중요한 과목들이 있습니다. 그중 하나가 저는 소비라고 생각해요. 그건 그냥 알아서 하는 문제라고 생각하는 것 같은데, 저는 그 교육이 잘됐으면 좋겠습니다.

대학, 교육기관이 아닌 현실

"고민 있을 때 대학교수를 찾는다는 학생이 0.5%였다. 1,000명 중에 다섯 명. 대학의 교육 기능이 완전히 무너졌다."

지　소비자학과는 좀 생소합니다. 무엇을 공부하는 곳인가요?
김　소비자학과에서 제일 많이 하는 것은 소비자 보호입니다. 리콜을 한다든지 공정 경쟁을 한다든지 소비자를 보호할 수 있는 법·제도 이런 것을 연구하는 것이 제일 중요한 영역 중의 하나이고, 두 번째 중요한 영역은 개인의 가계 재무입니다. 개인 재무. 우리가 돈을 합리적으로 써야 되잖아요. 투자도 합리적으로 하고. 요새는 은퇴 기간이 길어져서 은퇴 후 설계도 중요합니다. 요새 금융 상품이 너무 복잡하잖아요. 금융 소비자 보호도 굉장히 이슈가 되던데, 금융이나 개인의 재무와 관련된 것이 굉장히 중요한 영역입니다. 세 번째로 중요한 영역이 방금 말씀드린 소비자교육이나 상담, 시민단체에서 하는 소비자 운동 같은 것이에요. 네 번째 영역이 소비 행태, 소비문화, 소비사회 이런 건데, 그 네 번째를 제가 합니다. 왜 우리가 명품을 쓸까, 우리나라 소비문화는 중국하고 뭐가 다른가, 어쩌다 우리 사회가 이렇게 소비화가 됐을까, 이런 연구를 하죠. 요새는 그 변화에 대해서도 연구를 같이하고 있습니다.

지　전공하고 다르게 청춘들을 위로하는 글을 쓰게 되셨네요?

김　위로하려고 쓴 것이 아니에요. 책에 '슬럼프'라는 글이 있습니다. 그 글은 2005년도에 어느 제자한테 보낸 답장이에요. 자기가 요새 슬럼프인데 좋은 말을 좀 해달라고 해서… 그날 무슨 필을 받았는지 A4로 석 장을 썼어요. 그리고 그 글이 좀 아까워서 당시 유행이던 '싸이월드'에 올렸습니다. 그리고 대학 신문 같은 데서 기고 요청이 오면 '제발 고시만 골라 보지 마라. 시험에 떨어지고 힘들더라도 너는 여전히 아름답다' 이런 얘기들을 써서 보내고, 싸이월드에 놔두고 이랬는데요. 그 '슬럼프'라는 글을 애들이 퍼 나르기 시작했어요. 각 커뮤니티에 가면 좋은 글 모음, 이런 거 있잖아요. 거기에 '슬럼프'라는 글이 계속 올라가기 시작한 거죠. 나중에 검색해봤더니 몇 천 건이 퍼져 있더라고요. 그걸 출판사 기획 담당 직원이 봤습니다. 그리고 저한테 찾아와서 '슬럼프' 같은 내용으로 에세이집을 내자고 그랬죠. 그때는 자기 계발 개념도 들어가고, 그런 느낌이 강했어요. 아무튼 그런 에세이, 자기 계발서를 한번 써보자는 제안을 주셨는데요. 첫 만남에서는 거절했어요. 저는 에세이스트도 아니고, 사실 자신이 없었죠. 그런데 그 친구가 또 왔어요. 그때 저희 아이가 고등학생이었거든요. 내가 대학생들 가르칠 때 느낀 것을 내 아들이 대학생이 되면 들려주자고 해서 하기로 한 거죠. 시대의 아픔을 위로하기 위해서 쓴 게 아니에요. 제가 트렌드를 전공하니까 사람들이 '이 사람이 트렌드를 잡아서 썼나 보다' 이렇게 생각하는데, 적어도 『청춘』은 전혀 그렇게 쓰인 책이 아닙니다. 트렌드하고는 관계없이 썼어요. 모르죠. 제 몸 속에서 녹아 있었는지도. 이걸 제가 소위 블록버스터 책으로 기획하고 쓴 것도 아니고, 소소한 에세이로 시작한 책인데, 갑자기 유명해졌어요.

지   대학이 큰 지식을 주지 못하고 당장 취업에 도움이 될 '작은 지식'에만 집중하고 있다고 지적하셨습니다. 교수님들이 바쁘셔서 학생들 만나 상담하고 지도할 시간이 없는 것도 문제라고 지적하셨습니다. 대학 교육이 어떻게 변화해야 할까요? 아니, 본연의 역할을 어떻게 회복할 수 있을까요?

김   그건 진짜 심각한 문제이고, 진짜로 제도적인 문제예요. 요새 대학 지원금 주고 말고 하는 지표가 애들 취업률이잖아요.

지 그래서 어떤 학교는 편법도 쓰죠.

김 4대 보험 있는 데 아니면 안 된다는 거예요. 하도 속이니까 그러나 본데, 예술가들의 경우 4대 보험이 되는 직업이 몇 개나 있습니까? 대학 교육이 학문을 하지 못하고, 취업 준비 학원처럼 되어버린 것도 제도적인 문제입니다. 제가 아까 그 말씀 드렸잖아요. 다른 대학 학생들 고민을 듣고 싶어서 1,000명을 대상으로 설문 조사를 했었거든요. 그리고 표집을 의도적으로 지방대학, 명문대학 이렇게 골고루 섞이게 했어요. 굉장히 유명한 조사 회사인 엠브레인이 대선 때 썼던 패널을 그대로 갖다 쓴 거예요. 굉장히 신뢰도가 높은 좋은 표본입니다. 거기서 제가 그걸 물어봤어요. 니가 고민되고 힘들 때 누구를 찾아가느냐. 그랬더니 친구들이 제일 많았고, 놀라운 것은 대학교수님을 찾아간다는 친구들이 0.5%였어요. 5%라고 해도 충격적인데, 1,000명 중 다섯 명이라니요. 그중 네 명은 남자였어요. 교수들이 남자니까. 여자들은 남자 교수한테 개인적인 문제를 상담하기 어렵잖아요. 0.5%, 대학의 교육 기능이 완전히 무너진 거죠. 그럴 수밖에 없는 것이, 대학교에서 요새 교수들을 무지 쪼거든요. 평가하고. 쪼는 항목이 쫙 있는데, 그 교육 지표라는 것이 뭐냐 하면 수업 몇 시간 했느냐, 논문 지도 몇 개 했느냐, 이런 거예요. 학생들하고 얼마나 진솔한 관계를 갖고 같이 고민해주느냐 이런 것은 지표로 있을 수가 없죠. 대학은 이제 더 이상 교육기관이 아니에요. 연구 기관이면 다행이고, 그나마도 취업 준비 기관처럼 되어버린 거죠.

지 취업 준비 기관이 되는 것도 문제인데, 막상 기업에서는 대학에서 온 학생들을 당장 써먹을 수 없다고 하잖아요. 인문학적인 베이스, 기본적인 교양을 가지고 가서 회사에서 실무를 배울 수 있게 하는 것이 대학 교육이 되어야 될 것 같은데요.

김 기업이 당장 써먹을 수 없다고 말하는 것은 당연하다고 생각합니다. 어떻게 일하는지는 회사에서 배우면 되는 것이고, 오히려 방법론이랄까 폭넓은 지성이랄까, 인간과 사회와 기술과 자연에 대한 탐구 능력, 이것을 충분히 배우고 가면 되겠죠. 광고 회사에 가면 광고 만드는 법을 배울 것이고, 반도체 회사에 가면 그 지식을 반도체에 적용할 겁니다. 사유의 깊이를 심화시켜 줄 수 있는 교육을 시켜야 되는데, 그게 안 되는 거죠.

지 죽도 밥도 안 된다는 건데요. 그럼에도 불구하고 등록금은 세계에서 제일 비싼 축에 속하잖아요.

김 대학이 총체적인 위기입니다.

지 '이 구직난 속의 인재난이 의미하는 진실은, 기업 입장에서 스펙이란 하나의 수단이지 목적은 아니라는 것이다. 그러므로 보여주어야 하는 것은 스펙의 목록이 아니라, 그 스펙을 통해 말하고자 하는 나의 기여 가능성이다'라고 하셨는데요. 스펙에 너무 집착하지 말고 자기 가능성에 집중해라, 너무 조급해하지 말라는 것이 주고 싶은 메시지인 것 같습니다.

김   다들 오리같이 되려고 해요. 걷기도 하고, 수영도 하고, 날기도 하고. 그런데 사실 오리를 어디다 써먹습니까? 왜 그런가 생각해보면, 불안해서 그래요. 자기가 말처럼 달릴 수 있는지 망아지 때는 모르잖아요. 자신이 없으니까 남하고 똑같은 스펙이라도 쌓아놔야 불안감이 덜해지는 거죠. 두 번째 책에서도 거울 같은 책이 되면 좋겠다고 한 것이, 제일 먼저 해야 되는 것이 자기 성찰인 것 같아요. 나는 어떤 사람인가. 저는 책에 여백을 두려고 애를 많이 썼습니다. 본인이 자기 스타일을 생각할 수 있게 하려고. 그래서 제가 즐겨 쓰는 방법이, 양극단을 같이 얘기하고 '너는 그 중간 어디다', '어디쯤 될 것 같다' 이런 식의 화법을 쓰면 학생들이 폭넓게 사고할 수 있죠. 애들은 중·고등학교 때부터 객관식에 길이 들여져왔어요. 답이 있다고 생각하고 그 답을 누가 찾아줬으면 좋겠다고 생각해요. 그렇지 않다는 것을 알려주고 싶은 거죠. 그러려면 사회도 바뀌어야 되지만 부모님들이 바뀌어야 해요. 우리가 살아온 40년하고, 우리 아이들이 살아갈 40년은 정말 다른 40년이거든요. 우리가 경험한 40년을 가지고 '나는 답을 안다. 내 아들을 사랑하니까 이렇게 기르겠다'고 나오는데, 굉장히 위험한 생각이에요. 기회가 닿으면 부모님들에 대한 책을 써보고 싶어요. 교육제도야 바꾸기 어렵고 바꿔봐야 부작용만 나지만, 이 나라 어머니들이 생각을 바꾸면 상당히 많이 바뀔 수 있다고 생각해요.

지   하다못해 새로 나온 상품을 쓰는 것도 젊은 친구들이 훨씬 빠르거든요. 새로운 세상에 대해 어른들이 더 잘 안다고 말하는 것은 착각인 것 같아요. 글을 쓰실 때 여러 주제를 조금씩 써둔다고 하셨어요. 학부모에 대한 글도 쓰고 계신 건가요?

김　아니요. 생각은 몇 가지 있는데, 메모만 계속 해놓고 있어요. 되게 민감하고 어려운 주제여서 쓰면 잘 써야겠다, 이런 생각이 들어요. 정말 준비가 많이 필요합니다. 『천 번』도 제목대로 진짜 천 번 넘게 고쳤어요. 계속 고치고, 고치고, 또 고치고 그랬죠.

지　썼던 글을 또 보는 것이 힘들잖아요. 인내심이 대단하신가 봐요.

김　집요한 편이긴 합니다. (웃음)

고민을 유예하는 세대

"경쟁이 치열하고 기회가 부족한 세대. 너무 힘드니까 계속 고민들이 유예되고, 나이는 들었는데 상태는 아직도 어린이."

지　예스24에서 영상 인터뷰할 때도 표현이 정확하지 않으면 '다시 할게요' 이러시던데, 신중한 성격이신 듯합니다.

김　그런 건 아니고, 제가 글 쓰고 말하면서 느낀 건데, 제 뜻과 달리 전달되는 경우가 많이 있어요. 저는 일단 초고를 완성할 때까지 각 에세이당 20번, 30번을 고쳤어요. 완성도를 위해서요. 더 좋은 표현이 없을까, 더 좋은 단어는 없을까, 이런 사례보다 더 좋은 사례는 없을까, 더 좋은 인용문은 없을까. 그렇게 고쳐서 논문처럼 묶어 주변 아이들에게 쫙 뿌렸어요. 그리고 피드백을 받았죠. 그러니까 제가 전혀 생각지 못했던 지점들을 지적하는 거예요. 내가 얘기한 대로 받아들여지지 않은 거죠. 그건 당연한 겁니다. 그래서 한 번 고치고, 또 500명한테 보내봤죠. 또 고치고. 이번에 또 고쳐요. 내일 6쇄 찍는다는데 맘에 안 드는 표현이 있어서 다시 고치기로 했습니다. 한 패러그래프 용어를 좀 바꿨어요. 저는 굉장히 강박적으로 인용을 하거든요. 그리고 인용 못한 것이 있었는데, 찾아내서 인용을 했죠.

지 책이나 영화를 인용하는 부분들 중에 감동적인 것들이 많았습니다. 인용 문구를 통해서 얘기들을 끌어내시는 것이 좋더라고요. 인용할 때 착안하시는 점이 있나요?

김 그건 철저하게 메모의 힘이라고 생각합니다. 요새는 핸드폰에 글을 쓰니까 편해요. 극장에서는 핸드폰을 못 켜니까 손바닥에 써놓기도 하고. 요새는 검색이 쉬우니까… 예컨대 무슨 영화 보고 나와서 '그 대사 좋았는데 뭐였지' 싶으면 방법이 없었는데, 요새는 검색하면 대사가 나오니까 그런 점은 좋아졌어요.

지 옛날에는 다시 보러 가야 했죠. (웃음)

김 이런 거죠. 파일에 거대한 메모장을 만들고, 무슨 인용이 제일 좋을까, 어떻게 시작하는 게 사람들로 하여금 생각거리를 줄 수 있을까, 저만의 인용 DB를 만들어놓는 거죠. 그러니까 시도 읽고, 영화는 시간이 없어서 잘 못 보는데… 영화는 조금 그래요. 안 본 사람은 공감을 못 하기 때문에.

지   음악도 많이 들으시나 봅니다. 아이팟도 일곱 대나 갖고 계시다 들었습니다.

김   음악은 정말 좋아합니다. 대학 때 다방에서 DJ도 했고, 들어오실 때도 계속 음악을 듣고 있었는데 녹음에 방해될까 봐 껐어요. 요새는 가요를 많이 듣습니다.

지   『천 번』은 지난번 책보다 덜 나가는 것 같습니다. (웃음)

김   아닙니다. 훨씬 빨라요. 『청춘』 때는 1위가 되는 데 두 달이 걸렸는데요. 그건 당연하죠. 제가 에세이스트가 아니기 때문에. 이번 책은 나온 그 주에 2위를 했으니까 굉장히 빠른 거죠.

지   이번 제목도 거의 처음 정한 것이 제목으로 택해졌다면서요? 100여 개의 안 중에서.

김   네.

지   선생님 책은 제목을 듣자마자 우는 사람, 듣자마자 짜증을 내는 사람, 이렇게 극단적으로 나눠지는 것 같은데요.

김   900번 흔들리면 어른이 아니냐, 늙으면 더 아프다, 별의별 얘기가 다 있어요. (웃음) 우선 '아프니까 청춘이다' 같은 경우는 '청춘이니까 아픈 게 당연하다. 그러니 참아라'로 오독하는 분들이 짜증을 내는 것 같고요. '천 번을 흔들려야 어른이 된다' 역시 '어른이 되려면 천 번쯤은 흔들리고 고통받아 봐라'로 해석하는 분들이 있나 봐요. 워낙 많이 회자된 제목이니 제목만 가지고 저에 대해 상상하고 판단하는 것에 대해 일일이 해명하고 다닐 수도 없고, 어쩔 수 없는 부분이라고도 생각합니다만, 제 의도는 분명 다릅니다. '청춘이면 아픈 게 당연하니 참아라'가 아니라, '너뿐만 아니라 많은 청춘들이 아파하고 있다'는 공감의 메시지를 역설적으로 주고 싶었던 것이고요. 출판사에서 처음 제안한 제목이긴 했지만, 저도 그 공감의 기능에 손을 들어줬던 것이고요. 하지만 책이 출간된 이후에 '아프니까 청춘이다'라는 어구 자체가 각종 버전으로 패러디되면서 아르바이트생 최저시급도 안 주려는 악덕업주가 '아프니까 청춘이다'라고 그러더라는 얘기처럼 이 말을 악용하는 사람들에게는 우선 저부터 화가 났습니다. 그렇게 '아프니까 청춘이다'라는 말을 악용하는 어른들에게 결코 동의하지도 않고요. '천 번을 흔들려야 어른이 된다'도 가뜩이나 흔들리고 힘든데 대체 천 번이나 흔들리란 말이냐, 화를 내는 분들이 있는데, 여기서 '천 번'은 '수없이' 흔들리며 우리는 겨우, 어른이 된다는 말을 전하기 위한 문학적인 수사죠. 999번 흔들리면 어른이 아니고 천 번은 흔들리면서 고생을 해봐야 너는 어른이다, 하고 선언하고 싶었던 게 아닙니다.

지 학생으로 보호받는 시기는 끝나버렸지만 어른으로 대접받지도 못하는 사람인 '어른아이'를 위해 책을 썼다고 하셨는데요. 어른이 되기 위해서는 무엇이 필요할까요?

김 여러 가지 버전이 있는데요. 둘리가 좋으면 아이이고, 고길동이 이해되면 어른이라고 하잖아요. 제가 하는 얘기 중 하나는 자기 삶의 무게를 온전히 다 자기 몸으로 받아내게 될 때 어른이 되는 것 같아요.

지 그때그때 고민을 못하게 만들어서 어른이 못 되게 하는 사회이기도 한 것 같습니다. 나이가 들어도 애처럼 행동하는데, 나이 먹었다고 어른 대접 받으려 하는 것이 문제인 것 같고요.

김 아까도 말씀드렸지만 두 가지가 동시에 작용하는 것 같아요. 사회가 경쟁이 치열하고, 기회가 부족한 세대잖아요. 중·고등학교 때는 대학 입시 경쟁 하느라 고민을 유예시키고, 대학 때는 취업 스펙 쌓느라 고민을 유예시키고, 취업하고 나면 실적 경쟁과 승진 경쟁을 하느라 고민이 유예됩니다. 집 구하기도 어렵고 직장도 안정적이지 않으니까 결혼을 미루고, 아이도 낳으려고 보면 '내가 이런 사회에서 아이를 낳을 수 있을까' 하는 생각이 드니까 너무 힘든 거죠. 그러니까 또 미루고, 계속 고민들이 미루어지니까 나이는 들었는데 상태는 아직도 어린이인 겁니다. 지나치게 경쟁적이고 기회를 주지 못한다는 사회적 측면도 있고, 개인적인 책임도 동시에 있다고 생각해요. 저는 인생이 여행과 같다고 생각하는데요. 준비 다 하고 떠나는 여행이 어디 있어요? 일단 몸을 부딪히면 거기 행복이 있고, 즐거움이 있고, 해결해나가는 면이 있는 건데요. 저는 미처 준비가 안 돼서 약간 불안하고 두려워도 부딪히고 흔들리는 그런 과정이 필요하지 않을까 싶어서 그렇게 쓴 겁니다.

지   한국 사회에서는 한 번 실패하면 일어나기 힘들잖아요. 그래서 그런 마음을 안 갖기도 힘들어요.

김   제가 박사학위를 행정학으로 받았는데, 행정은 항상 비용하고 편익을 같이 생각합니다. 왜냐하면 그게 실행돼서 예산이 낭비되면 안 되니까요. 그러니까 제가 명쾌하게는 말을 못해요. 하나를 쫙 지르지 못합니다. 그게 제 장점이기도 하고, 큰 단점이기도 해서 사람들이 재미없어 하죠. 저도 이게 모두 사회 때문이라고 하면 속은 시원하겠는데, 그렇게 자신 있게 단언할 수 있는 문제는 아닌 것 같아요. 이런 문제 앞에서는 '그래도 개인들이 생각해봐야 할 점이 있지 않을까? 무엇을 할 수 있을까?' 한 번 더 생각해보게 되는 거죠. (웃음)

아모르파티, 네 운명을 사랑하라

"포기하지 말라는 얘기다. 내가 먼저 사랑하지 않으면 내 인생을 사랑해줄 수 있는 사람은 아무도 없다."

지   '타인을 벤치마킹하려 하지 말고, 자신의 미래를 퓨처마킹해야 한다.' 오스카 와일드의 '당신 자신이 되어라, 다른 사람의 자리는 모두 찼다'는 말을 인용하면서 하신 말씀인데요. 멘토도 누구를 벤치마킹하는 요소가 있는 거잖아요.

김   『천 번』6쇄 때 고친 부분이 그 부분입니다. 퓨처마킹이라고 나오는 단어가 원래 그런 뜻이 아니에요. 미래의 인구와 소비자가 어떻게 변할 거니까 그 상품을 준비하라는 뜻이에요. 퓨처마킹이라는 단어가 너무 마음에 안 들어서 그걸 셀프마킹으로 바꿨어요. 지금 질문하신 것하고 취지는 똑같아요. 젊은 친구들의 벤치마킹 대상은 제일 잘나가는 친구들이에요. 쟤는 뭘 해서 벌써 저렇게 잘나가는데 나는 이게 뭔가, 이런 생각을 하고 그 친구를 흉내 내려 합니다. 저는 자기 가능성에 투자하는 것이 제일 중요하다고 생각하는데요. 애들이 고시만 생각합니다. 고시가 제일 빨리 안정을 얻을 수 있는 길이거든요. 하지만 너도나도 고시만 보면 소는 누가 키우겠어요. (웃음) 제가 박사학위 받고 돌아올 때 서른네 살이었거든요. 교수를 지원할 때마다 떨어지는 거예요. 시간 강사를 했죠. 한 과목 하면 30만 원을 줍니다. 세 과목을 하니까 90만 원이 생겨요. 방학 때는 안 주고. 이래봬도 박사인데 한 달에 90만 원 벌고, 그때 둘째 아이도 태어나고, 진짜 슬프더라고요. 그때 나랑 대학때 친했던 애를 만났는데, 걔는 내 연봉을 한 달에 벌더라고요. 그런데 내가 걔를 벤치마킹했으면 교수 못했죠. 당시 제가 운이 좋아서 2년 만에 교수가 됐는데, 그때 시점에서는 이게 10년이 걸릴지 몇 년이 걸릴지 전혀 불확실한 상황에서 '이러고 살아야 되나' 하는 생각이 많이 들었어요. 그때 제가 그런 확신이랄까, 그런 것은 있었어요. 학교에서 애들 가르치고 싶다는 생각이 강렬했어요. 그래서 수입이 없더라도 참아내 보자, 그런 것은 있었죠.

지 기성세대들은 요즘 젊은 친구들에 대해 인내심이 없다, 미래에 대한 비전이 없는 것 아니냐, 서로 협동하지 않는다, 이렇게 말하는데 '그렇게 만든 것이 당신들 아니냐'고 말할 수도 있을 것 같습니다. 선생님 젊었을 때하고 비교하면 지금 젊은 친구들은 어떤 부분이 다른가요?

김 일단 굉장히 많은 부분이 다릅니다. 지금 젊은 친구들에게 그렇게 말하면 안 된다고 생각해요. 첫 번째로는 형제가 달라요. 저희 세대는 형제가 많아요. 형제들이 독방을 쓰는 집이 어디 있어요. 심지어는 여자 형제와도 같은 방을 쓰고 부모님과 같은 방 쓰는 집도 많았거든요. 그 안에서 싸우고 신경질 내면서 공동생활을 배우고 협동을 배웠지요. 요즘은 형이랑 같은 방 쓰라고 하면 죽겠다고 그러는 놈들 많을 거예요. (웃음) 기본적으로 형제가 그렇게 많지도 않고요. 어릴 때부터 자기 방을 쓴 애들이니까 협동심이 부족한 것은 너무 당연한 거죠. '너희는 왜 우리처럼 협동심이 없느냐' 하지 말고, 중요한 것은 저런 개인주의적인 애들을 어떻게 사회적으로 잘 가르치고, 저 애들과 잘 소통하느냐 하는 겁니다. 요즘 애들이 부유하다고 하는데, 사실은 그렇지 않아요. 저희는 국민소득이 100불도 안 되는 때 태어났기 때문에 급여를 100불만 받으면 아무 일이나 해도 행복했어요. 애들은 2만 불 때 태어났으니까 2만 불 이하를 받으면 행복하지 않아요. 너희는 왜 그리 눈이 높아, 그렇게 얘기하면 안 되죠. 그렇게 태어났는데요. 또 우리 때는 군사독재 치하였어요. 거악이 있었다고. 그러니까 내 옆에 있는 동료들에게 일종의 전우애를 느꼈죠. 저 거악에 같이 맞서 싸우는. 우리 고등학교 때 보면 그때도 일진이 있어서 사실은 지금보다 폭력이 훨씬 심했어요. 그런데 굉장히 중요한 차이가 뭐냐 하면, 애들이 자기 학교 애들을 안 괴롭혀요. A

고등학교 하고 B고등학교가 어느 날 밤에 무슨 공원에서 체인 들고 싸웠다는 얘기는 많지만, 학교 와서 지네 반 애들 괴롭히지 않는다고요. 요즘은 계속 경쟁이 파편화되니까 지네 학교 애를 먼저 괴롭혀요. 그리고 독재 정권 같은 거악이 없어졌어요. 아까도 말씀드렸듯이 개인적인 경쟁들이 엄청나게 심해진 거예요. 그러니까 협동 정신 이런 것이 부족하죠. 당연한 겁니다. 그러니까 우리가 한 집에 살지만, 내 아이하고 나는 다른 나라 사람이에요. 걔는 국민소득 1만 5,000불에 태어난 사람이고, 나는 80불에 태어난 사람인데, 어떻게 같은 사고를 할 수 있겠어요.

지 실제로 절대 빈곤인 사람도 있고, 밥을 굶는 사람이 아직 있는데요. 상대적 박탈감에 절대적인 것이 결합되어서 더 비참한 데다가 그런 아이들일수록 교육을 제대로 받지 못해서 신분이 세습될 가능성이 큽니다. 선생님이 계신 서울대만 해도 서울 강남 쪽 아이들의 비율이 높아지고 있다는 주장도 나오고, 그래서 계급이 세습된다는 주장도 많잖아요.

김 그게 팩트에 맞는지는 모르겠어요. 제가 로스쿨 교수들한테도 물어보는데요. 서울대가 희망장학금이나 차상위 계층에 대한 재정적 지원을 엄청나게 늘렸습니다. 옛날에는 장학금을 잘게 쪼개서 성적순으로 줬거든요. 요즘은 그걸 다 묶어서 줘요. 정말 공부가 힘든 애들은 생활까지 가능하게 장학제도를 바꾸고 있습니다. 세간에서 인식하고 있는 것보다 조금은 나은 것 같아요. 우리 학교의 통계를 보면요. 물론 아주 양호하다는 뜻은 아닙니다. 하지만 그렇게 정말 강남 애들만 모여 있지는 않습니다. 팩트가 확인이 됐으면 좋겠어요. 두 번째로 사다리가 자꾸 없어지는 문제는 사실 심각하죠. 아까 기성세대와 지금 젊은 세대의 차이 중에 제일 근본적인 것이 뭐냐 하면, 우린 가난하게 태어났지만 굉장히 성장을 빨리 했어요. 회사도 많이 생기고, 회사들이 지사를 만들고 수출을 하니까 조직들이 빨리빨리 늘어났어요. 그러니까 원하면 취직을 할 수 있었고요. 지금은 그런 기회가 많이 없어졌죠. 그리고 이건 역설인데요. 다양한 가능성과 재능을 보며 학생들을 뽑자고 해서 대학마다 전형이 몇 백 개이고 그렇잖아요. 그게 아까 말씀하신 사다리의 아래 계층 아이들에게 진정한 도움을 주고 있나, 그런 생각이 좀 듭니다. 옛날에는 나도 시험만 잘 보면 어디든 갈 수 있다, 이랬던 것이 오히려 힘들어진 것 같아요. 분명히 출발은 선의에서 했는데, 결과를 보면 차라리 여유 있어서 스펙 관리를 하는 애들한테 못 당하는 것 아닌가 하는 안타까운 생각이 들죠. 그건 교육 당국과 대학이 함께 고민해나가야 할 문제라고 생각합니다.

지 아모르파티(Amor Fati), 네 운명을 사랑하라는 말은 운명론처럼 느껴질 수도 있는데요. 일단은 네 운명을 사랑하는 것부터 시작하라는 말이잖아요.

김 포기하지 말라는 얘긴데요. 그 말만 보고 저를 운명론자라고 하면 저는 너무 억울합니다. (웃음) 조국 교수랑 친한데, 그분이 자주 하는 말이었어요. 제 생각을 다른 사람이 다르게 받아들일 때가 너무 많습니다. 『천 번』에서 제일 중요한 개념이 뭐냐 하면, 내가 될 수 있는 최대한의 내가 있다고 생각해요. 그게 니체식으로 표현하면 초인일 수도 있고요. 그러려면 배우고 성장해나가야 되거든요. 그게 공부만은 아니고 뭐든 하든. 그래서 계속 더 좋은 내가 되어나가는 과정이 어른이 되는 과정이라고 생각합니다. 『차라투스트라는 이렇게 말했다』를 읽다가 떠오른 개념이에요. 철학 전공이 아니라서 오독을 한 부분이 있겠지만, 그 내용이 좋았어요. 필연적으로 필요한 것이 운명애라는 것인데, 자기 운명을 자기가 사랑할 수 있어야 된다는 것이죠. 아버지한테 맨날 맞아서 힘든 친구가 '죽고 싶다. 어떻게 하면 좋겠냐'고 해서 답장을 쓰는데, '잘될 거예요' 이렇게만 쓸 수는 없더라고요. 그래서 아모르파티라는 말을 썼어요. 그 맥락에 맞는지 안 맞는지도 모르면서. 처음에는 나를 원망하고, 이런 인생을 어떻게 사랑할 수 있느냐는 거죠. 그렇지만 나중에 깨달았다고 해요. 내가 사랑하지 않으면 내 인생을 사랑해줄 수 있는 사람이 아무도 없다는 사실을. 정말로 용기를 얻게 됐고, 사실 자기 주위에 달라진 것은 하나도 없는데 훨씬 살 만하다는 생각이 들고, 긍정적이 되었다는 말을 들었죠. 제가 그 친구한테 참 고마웠습니다. 그래서 제가 책에 쓸 용기를 얻었죠. 사실은 잘못 읽으면 운명론적이기도 하고, 어떻게 읽으면 자기 처지를 다 받아들여라, 이렇게 소극적으로도 읽힐 수 있고, 논쟁의 소지가 아주 많은 문장이에요. 제가 이 말을 해줬던 사람이 두 명인데, 그 두 명이 모두 고맙다고 했어요.

지 　어떤 사람을 위로하고 상담한다는 것이 쉽지 않은 일인 것 같습니다. 극단적으로 생각해보면, 처음에 조언 받았던 친구가 '나는 이렇게 힘들어 죽겠는데 이런 조언을 하나?' 암담함에 죽을 생각을 하고 실제 그런 선택을 했으면….

김　그렇죠. 그랬으면 전 어떡할 뻔했습니까? 사실 그 전에 검증이 한 번 됐어요. 책에서 제일 많이 바뀐 부분이 아모르파티입니다. '저는 스물두 살의 소녀가장입니다. 세 살 때 엄마의 외도로 부모님은 이혼을 하시고, 할머니는 돌아가시고, 아버지는 자살하시고. 저 좀 살려주세요.' 편지를 이렇게 보낸 거예요. 얘한테 아모르파티라고 써서 보냈죠. '운명을 사랑하라는 말을 듣고 너무 미웠는데, 지금은 너무 감사합니다' 하고 답장이 왔어요. 이때 그런 확신이 있었어요. 방송국에 사연을 보낼 만큼 또는 이 친구처럼 나한테 편지라도 써서 용기를 구할 만큼 자기애가 있는 친구라면 분명히 받아들일 수 있을 거다. 만약 그 말 때문에 진짜로 극단적인 선택을 할 친구라면 나한테 도움을 구하지 않았을 거예요. 라디오 방송국에 사연을 보내지도 않았을 테고요. 그렇다면 이 말을 해도 되겠다는 생각을 하게 된 거죠.

지　요즘은 상담 요청하는 메일이나 찾아오는 사람이 많을 것 같습니다.

김　(상자를 보여주며) 이게 다 상담 메일이에요. 프린트해서 다 읽어보는데요. 군대, 교도소에서 온 편지도 많아요. 손 편지는 답을 못 드리고, 이메일은 시간이 허락하는 한 답을 주려고 애를 씁니다. 이 말이 나가면 또 메일이 막 오겠네요. 무서워서 그 말도 잘 못해요. (웃음)

정치적 발언,
내 스타일 아니다

"내가 잘할 수 있는 일이 있고, 그 일만 하면 된다고 생각한다. 나의 정체성은 선생이고, '좋은' 선생이 되는 것이 목표다."

지 　개인이 위로를 받고, 자기 스스로 뭔가 하겠다는 결심이 서고, 그런 결심들이 모일 때 사회가 바뀔 수 있는 건데요. 우석훈 박사와 같이 같은 주제를 가지고 고민하고 두 고민을 연결시킬 수 있는 프로젝트를 할 생각은 없으신지요?

김 　그건 고민한 적이 있어요. 우리 사회에서 제일 큰 문제가 너무 강한 진영 논리라고 생각합니다. 우리 사회가 성숙한 사회가 되기 위해서 패러다임이 바뀌고, 대단한 성장통을 앓고 있잖아요. 모든 논의가 굉장히 쉽지 않은 논의이고, 사회가 머리를 맞대고 합의해가면서 정치인이든 학자든 일반 국민이든 컨센서스를 마련해나가는 것이 굉장히 중요한 것 같아요. 교육이든, 정치든, 복지든 모든 이슈에서요. 그게 우리는 제대로 이루어지지 않는 것 같은데요. 이슈가 나오는 순간 저쪽 진영에서 나온 얘기라고 하면 더 이상 논의가 되지 않아요. 싸움만 있지. 뭔가 해답을 찾아서 의견을 수렴하지 못하고, 계속 무한한 대결만 반복되는 거죠. 제가 이 나라를 생각할 때 제일 없어지면 좋겠다고 생각하는 것이 진영 논리입니다.

지 　안철수 현상의 배경도 그것인 것 같습니다.

김 　학자의 입장에서는 그런 진영의 논리를 넘어설 수 있는 인사와 대담을 하든지 해서 방법을 모색하고 조금씩 우리나라의 안 좋은 제도들을 바꿔나갈 수 있으면 좋겠습니다. 두 가지 문제가 있죠. 첫 번째로 제가 그럴 만큼 비중 있는 사람이 아니고, 식견이 있는 사람도 아니어서 누가 귀담아들어 줄까 하는 걱정이 하나 있고요, 두 번째는 그런 논의로 뿌리 깊은 진영론이 바뀔까, 그런 생각이 듭니다. 맨날 개헌론이 나오잖아요. 그때 사람들이 다 대통령 4년 연임해야 된다고 하는데, 전 그게 핵심이 아닌 것 같아요. 헌법학자도 아니고, 뭐가 좋은지 나쁜지도 모르는데요. 저는 이 진영 논리나 대결 논리가 제도적인 데서 비롯된다고 생각합니다. 소선거구제, 승자가 독식하잖아요. 2등 하면 아무리 표가 많아도 떨어집니다. 대통령 선거, 한 표라도 지면 지는 겁니다. 그러니 목숨을 걸고 싸울 수밖에 없습니다. 정말 winner takes it all이잖아요. 그게 51%도 아니고, 34%로 한 표만 많으면 이기잖아요. 사람들이 진영론을 안 펴려야 안 펼 수 없는 제도를 가지고 있는 겁니다. 이것을 어떻게 바꿀 것이냐, 이런 논의를 해야 되는데, 이게 왜 답보 상태에 있는가 하면, 그 논의를 결정하는 사람들이 국회의원들이거든요. 자기가 걸려 있거든. 사람이 자기 일을 자기가 어떻게 결정해요. 백년하청이죠. 룰을 어떻게 정하느냐에 따라서 자기 지위가 흔들흔들하고 보스의 미래가 달라지는데. 그렇다고 하면 어떻게 해야겠어요? 밖에서 사회적 담론이 좀 형성되어야겠죠. 그 사회적 담론은 진영에서 자유로우면 좋겠는데, 그게 가능한 얘길까, 하는 생각이 듭니다. 그런 생각을 좀 해봤고요. 우석훈 교수님이나 이런 분들하고 청년의 문제를 고민하는 시간은 생각해보겠습니다.

지 　두 분이 뵌 적은 있으신가요?

김 　없습니다.

지 　이런 질문을 하는 게 죄송하긴 한데요. 그게 한국 사회의 문제이기도 하거든요. 어떤 사람이 뜨면 정치판에 끌어다 쓰려고 하잖아요. 저쪽하고 싸우는 게 중요하기 때문에 네가 지금 이런 일을 해야 된다고 하면서 자기 일을 계속하는 사람들의 에너지를 끌어 소비시켜 버립니다. 하고 있는 것을 꾸준히 고민하게 해야 되는데 사회가 그렇게 되어 있다 보니까.

김 　저는 정체성이 분명해요. 좋은 선생님이 되는 것이 실업자로 있을 때부터 제 목표였고, 지금 취직이 됐으니까 선생이 됐잖아요. '좋은' 선생님이 되는가, 그게 관건이에요. 제가 생각하는 좋은 선생님은 진영에 속하는 선생님은 아닌 것 같아요. 두 번째로는 지나치게 정치적인 발언을 하거나 실제 정치를 하는 것도 내가 생각하는 좋은 선생님은 아닌 것 같아요. 그러니까 저는 제가 잘할 수 있는 일이 있고, 그 일만 하면 된다고 생각해요. 사람들이 저보고 '너는 너무 무책임하고 사회에 대해서 책임이 없다'고 하시면 할 말은 없는데, 제가 생각하는 제 정체성은 그렇거든요. 그러니까 정당에서 영입을 하겠다고 하는 것은 제가 털끝만큼도 생각해보지 않은 일이죠. 저는 오히려 그게 제 책임이라고 생각합니다. 많은 젊은이들이 제 책을 읽고 저를 좋아하는 이유는 글이 좋고 멘토링이 좋기 때문이지 제 정치적 이념이나 사회관이 좋아서가 아니거든요. 그런데 내가 깃대를 세우고 걔네들을 어느 쪽으로 데려간다는 것은 오히려 무책임할 수 있다고 생각해요. 그래서 저는 비겁하다는 얘기를 굉장히 많이 들었어요. 입장을 명확히 밝히시죠, 그런 말. 그런데 비겁하다는 말을 들을지언정 저는 학생들이 저한테 가지고 있는 기대랄까, 그걸 지켜주는 것이 제 용기라고 생각해요. (웃음) 궤변이라고 할지는 모르겠지만.

지   한번은 새누리당에서 영입을 고려하고 있다는 기사를 봤거든요.

김   제 의사는 타진하지 않은 채로 나온, 완전히 일방적인 보도입니다. 사실 보도가 나서 그렇지 다른 쪽에서도 연락이 왔습니다. 물론 후보님이 직접 전화해서 '와주세요' 이러지는 않았지만, 아주 친한 지인을 통해서 이름만이라도 올릴 수 있냐는 둥 아니면 여러 가지로 같이 해줄 수 있냐는 둥 요청들이 많죠.

지   지인을 통해서 연락이 오면 거절하기 어렵겠네요. 아는 분이 예전에 도움을 준 사람이거나 하면.

김   제가 강연은 못 뿌리치는 경우가 있어요. 옛날에 알았던 사람이 요청을 하면 '너 떴다, 이거지' 이런 소리 듣기 싫어서 하는데요. 강연하고는 차원이 다른 문제죠. 제 정체성에 관한 문제인데, 친한 사람이 요청했다고 들어주면 안 되죠. 저를 영입하려는 이유가 뭐겠어요. 저를 좋아하는 독자들이 있기 때문일 텐데요. 그 사람들이 제 정치적 성향을 보고 저를 좋아하는 것은 아니란 말이죠. 내가 갑자기 이 후보를 지지하고, 이 후보의 뭐를 해주고 있고, 당신들도 이 후보를 웬만하면 찍으면 좋겠다, 하는 것은 새누리당이거나 민주당이거나 안철수 씨이거나 이런 문제가 아니라 제 독자에 대한 예의가 아니라고 생각합니다.

지 한국에서 정치 영역의 이미지가 안 좋으니까.

김 아니, 저는 이미지 때문에 그런 것은 아니고요. 좋은 선생님으로서의 내 정체성을 지킬 수 있느냐, 그것이 첫 번째예요. 두 번째는 제 독자에 대한 예의와 관련된 문제이고요.

지 조국 교수님과 친하다고 하셨는데, 그분은 정치에 관해 적극적으로 발언하시잖아요.

김 앙가주망(사회 참여)이 자기 운명이라고 생각하는 분이죠. 내가 이렇게 얘기하면 김난도가 조국을 깠다고 할 텐데, 절대 그렇지 않고요. (웃음) 조국 교수가 법에 어긋나는 행동을 하는 것도 아니고, 공부도 열심히 하고, 강의도 열심히 하는 분이고, 자기 생각이 있어서 그렇게 하는 것이고, 다 자기 정체성이 있는 거잖아요. 조국 교수는 사회를 바꾸고 싶은 거예요. 그리고 사회를 바꾸는 데 있어서 자기가 생각하는 가장 옳은 방법을 실천하고 있는 것이고요. 그러니까 그 양반의 여러 가지 행동들은 또 나름 이해가 될 부분들이 있죠. 그건 그분 스타일이고, 나는 내 스타일이 있고 그런 거죠.

일본, 태국, 중국의 청춘들

> "핑비, 아빠를 비교한다는 뜻의 중국 유행어인데, 우리하고 느낌이 굉장히 비슷하다. 우리와 같은 고민을 하고 있는 것이다."

지   다음 책은 쓰고 계신가요?

김   『트렌드 코리아 2013』 열심히 쓰고 있어요. 『트렌드 차이나』라는 책도 쓰고 있어요. 지금 중국이 세계 최대의 시장이고, 우리나라 기업이 지리적으로나 여러 가지로 중국 시장에 활발히 진출해야 되는데, 생각보다 성공 사례가 적어요. 제가 연구해보니까 중국 소비자들 정말 까다로워요. 우리나라 소비자보다 더 까다롭고, 더 크고, 더 다양합니다. 그래서 '트렌드 코리아'만 쓸 것이 아니라 중국에 진출하는 기업들을 위해서 『트렌드 차이나』를 쓰면 좋겠다는 생각을 했어요. 올 겨울까지는 『트렌드 코리아 2013』을 써야 되고, 내년 상반기에는 『트렌드 차이나』를 쓰고 내년 하반기가 되면 『트렌드 코리아 2014』를 써야 돼요. 어쩌다가 연도 붙은 책을 쓰기 시작해서 매년 하반기를 괴롭게 지내는지 모르겠어요. (웃음) 에세이집은, 저게 잘 팔린다고 해서 그다음은 중년이다, 그러지는 않으려고 해요. 정말로 제가 할 수 있는 얘기가 충분히 고였을 때, 그게 2년이 되든 3년이 되든 충분히 고였을 때 쓰려고 합니다.

지   중국 소비자들이 까다롭다고 말씀하셨는데요. 한류도 처음 중국에 진출해서 뭔가 되는 것처럼 보였지만, 노력한 것에 비해서는 성과가 크지 않은 것 같습니다.

김 　중국을 유럽처럼 생각하시면 됩니다. 유럽은 영국, 독일, 폴란드 등등 여러 나라가 섞여 있고, 다 다르잖아요. 중국도 그래요. 중국도, 저기 보면 제가 압핀 꽂아놨는데, 핀 꽂혀 있는 곳마다 다 다른 나라라고 생각하시면 됩니다. 우리가 한류를 과대 포장하는 경향이 있어요. 물론 동방신기나 이런 친구들이 중국에서 슈퍼스타가 된 것은 맞는데요. 그게 실제로 한국의 이미지를 좋게 하고, 한국 제품들을 구매하게 하는 데 영향이 있는지는 의문입니다. 예를 들어 브루스 윌리스가 좋다고 우리가 미제 냉장고를 사지는 않잖아요. 사실은 다른 문제예요. 냉정하게 볼 필요가 있죠. 동방신기가 인기 있는 것은 인기 있는 것이고, 우리가 거기서 초코파이를 팔려면 중국 소비자의 입맛을 알아야 됩니다. 사람들이 정情을 더 좋아하는지, 인仁을 더 좋아하는지 조사를 해야 되고요. 막연히 '초코파이에 동방신기 얼굴을 새겨놓으면 많이 팔릴 것이다' 이런 식의 생각으로는 절대 성공할 수 없습니다.

지 　『청춘』에 대한 일본의 반응은 어떤가요?

김 　별로 반응이 없습니다. 환경이 비슷한 것 같지만 굉장히 다르다는 걸 느꼈습니다. 열정이라는 단어가 아프다는 것에서 왔다고 했잖아요. 아프다는 것도 사실은 열정의 문제인 것 같아요. 한국, 중국 이런 곳들은 열정이 강하죠. 그러니까 좌절도 깊고요. 일본은 상황들을 수긍하는 것 같아요. 한국에서 얘기해도 다 그 나라에 전달이 되니까 가볍게 말하기 어려운데요. 일본 독자의 취향에 안 맞는 것 같아요. 다들 기대를 많이 했거든요. 일본도 많이 아프고 하니까. 사실은 제가 판촉이랄까, 지원도 성의를 가지고 공격적으로 했어요. 인터뷰도 「도쿄신문」, 「아사히신문」, 「산케이」, NHK 등 일본의 유명하다고 하는 매체하고 다 했습니다. 도쿄대 강상중 교수와의 인터뷰도 장문으로 하고 굉장히 공을 많이 들였는데 일본에서는 그다지 성적이 좋지 않아요.

지 태국에서 인기가 있다고 하던데, 이것도 한류네요. (웃음) 그쪽에 있는 어른들이 잘 위로해주지 못해서 책을 통해 위로받으려는 것 같습니다. 굉장히 자랑스러워할 일이고요. 영화 「피에타」의 주제도 '누군가 사랑해준다면 저렇게 살던 인생도 구원이나 위안을 받을 수 있지 않겠나' 하는 건데요. 그 메시지가 외국 사람들에게도 전달이 돼서 베니스영화제 황금사자상을 받았잖아요.

김 「피에타」는 대단한 영화예요. 저는 대학 때부터 영화광이었어요. 국내에서 개봉하는 영화는 무조건 다 본다는 것이 신조였고, 다 메모해놓고 그랬는데요. 제가 대학 다닐 때만 해도 개봉하는 영화가 많지 않아서 충분히 가능했어요. 요즘엔 진짜로 너무 시간이 없어서 영화를 거의 못 봅니다. 속상해요. 정말 좋아하는데.

지 바빠지면 그렇게 개인의 행복을 잃게 되는 부분도 있는 것 같습니다. (웃음) 태국이 우리한테는 좀 생소한데, 「강남스타일」을 세계에서 미국 다음으로 많이 다운받아 본 나라가 태국이라 하더라고요.

김 태국에 대해서는 지식이 없습니다. 그런데 인터뷰하면서 배우는 게 있어요. 질문을 잘 들어보면 이 나라의 문제가 뭔가, 하는 것을 알 수 있어요.

지　그쪽에서 관심 있는 걸 물어볼 테니까요.

김　베이징 갔을 때 이틀 동안 네 매체하고 인터뷰했거든요. 네 매체에서 똑같이 나오는 단어가 있더라고요. 핑비라고, 아빠를 비교한다는 뜻인데 요새 유행어래요. 아빠가 부자이면 취직도 잘되고, 아빠가 가난하면 취직도 안 되고 살기 힘들고. 인터뷰어들이 바뀌는데 질문이 똑같은 거예요. 하나는 젊은 사람들이 보는 패션잡지였어요. 기자가 핑비를 아느냐고 묻는데 '중국이 상처가 깊구나' 하는 생각이 들었죠.

지　한국에서는 좋은 대학에 가려면 좋은 아버지가 아니라 좋은 할아버지가 있어야 된다고들 하지만, 유행어가 되지는 않았어요.

김　중국은 조어 감각이 굉장히 탁월해서 신조어가 많습니다. 예를 들면 까오푸수와이高富帥라는 말이 있어요. 키 크고 돈 많고 얼굴 잘생기고… 우리말로 치면 엄친아예요. 그런데 엄친아는 공부도 잘하잖아요. 얘는 공부는 못해요. 아빠가 부자이고 키 크고 잘난 놈들을 말하는데, 그런 박탈감이 배어 있는 말들이 되게 많더라고요. 하우스푸어, 웨딩푸어… 많잖아요. 팡누라는 말이 있어요. 방의 노예라는 뜻이니까 하우스푸어하고 같은 말이죠. 에듀푸어나 기러기 아빠 같은 말은 거기서 자식의 노예라 그러죠. 일본 유행어는 우리하고 느낌이 굉장히 다른데, 중국 유행어는 우리하고 비슷하더라고요. 같은 고민을 하는 거죠.

남아 있는 고민들

> "중년의 고민, 중·고등학생들을 위한 얘기를 해볼까 싶다. 아직은 방향을 못 정했는데, '책을 위한 책'은 안 쓰려고 한다."

지 '어쩌면 외로움이란 타인과의 관계 단절에서 오는 것이 아니라, 텅 빈 내면을 돌아보라는 영혼의 경고인지도 모른다'고 하셨는데요. 보통 보면 자기가 뭘 원하는지 모르고, 그러다 보니까 그런 공허함이 다른 사람들과의 관계도 어렵게 만드는 것 같습니다. 학생들을 봐도 그렇고요.

김 제 스스로도 느껴요. 트위터를 하면 제 팔로워들이 제 트윗을 보고 저한테 멘션을 보내주고 그러잖아요. 굉장히 신기한 것은 그게 제 공허를 달래주지 않고, 오히려 더 깊게 만든다는 거예요. 내가 얼마나 공허한지를 자꾸 느끼게 돼요. 그게 그분들 문제는 아니죠. 제 문제죠. 제 내면이 충실해야 하는데, 트위터가 공허를 달래주지 못한다는 겁니다. 저는 고독이 자아의 문제라고 생각해요.

지 아는 사람에게 듣는 위로 때문에 더 화가 날 때가 있더라고요. 이해할 것 같았던 사람이 엉뚱한 위로를 할 때 그래요. 그런데 사람들은 '어, 위로하려고 하는데 왜 화를 내지?' 이렇게 되죠. SNS가 소통의 변화를 이끌고 있다고 생각하세요?

김 그렇긴 한데, 그 한계를 명확하게 인식해야 된다고 할까요? 제

트윗 보시면 아시겠지만 저는 제 얘기를 잘 안 써요. '오늘 인터뷰했는데 너무 재밌었어요' 이런 걸 절대 안 써요. '내일 방송하는데 많이 구경 오세요' 이런 것도 안 쓰고요. 그게 저는 되게 공허하다는 생각이 들어요. 트윗을 내가 자꾸 홍보의 방편으로 쓰면 진정성이 떨어지는 것 같고.

지　홍보 안 하셔도 되니까. (웃음)

김　그런 건 아니에요. 출판사는 지금도 얼마나 섭섭해하는데요. 조금 더 적극적이면 좋겠다고 생각할 거예요. 오늘 인터뷰가 언제 「주간경향」에 실린다고 하면 트위터에 그런 내용을 올려서 '많이들 사보세요' 이런 말 당연히 할 수 있잖아요.

지　쑥스러워서. (웃음)

김　쑥스럽죠. 그래서 잘 안 하죠. 처음에 책 나왔을 때 광고처럼 했는데, 못하겠더라고요. 누가 '선생님, 트위터 안 하시더니 새 책 나오니까 광고하시네요' 그러더라고요. 맞는 것은 아니지만 그런 면이 있죠. 책 광고인 것 같아서 내 책에 나오는 글귀들은 안 올립니다.

지　하실 말씀이 쌓이면 에세이를 쓰겠다고 하셨어요.

김　제가 중년이잖아요. 집사람도 중년이고. 사석에서 중년을 가장 많이 만나니 우리가 가지고 있는 고민들을 누구보다 잘 알죠. 그 얘기를 해보고 싶어요. 나중에는 노년, 죽음의 문제, 그런 게 도전인 것 같습니다. 요새 고령화사회가 되어서 노년기가 길어졌잖아요. 옛날 같은 콘셉트로 노인을 보면 안 될 것 같아요. 선배님들 얘기라 주제넘지 않나, 걱정은 되는데 그것도 잠재적으로 생각하고 있는 주제 중 하나입니다. 본격적으로 중·고등학생들을 위한 얘기를 좀 해볼까 하는 생각도 있고요. 엄마들은 공부 열심히 해라, 이렇게 쓰기를 바라겠지만 그렇게는 못 쓸 것 같고요. 그렇다고 이런 절박한 경쟁 환경에서 무조건 꿈을 찾아가라, 이런 것도 무책임한 것 같습니다. 아직은 방향을 못 정했어요. 그런 게 확실치 않으면, '책을 위한 책'은 안 쓰려고 합니다.

지   네가 원하는 대로 하라고 했다가 학부모들에게 항의를 받으셨죠?

김   애들한테 함부로 하면 안 돼요. 대학생만 돼도 성인이잖아요. 필요에 따라서는 '부모를 넘어서라' 이렇게 얘기할 수 있지만 중·고등학생한테 그렇게 얘기하면 안 될 것 같아요. 그래서 중·고등학생 대상의 책은 생각보다 어려워요. 써보고 싶은 것 또 하나가 럭셔리입니다. 제가 『럭셔리 코리아』라는 책을 썼는데 '럭셔리 코리아 2'를 쓰고 싶어요. 업그레이드시켜서 조사도 많이 하고 다른 나라하고 비교도 하고요. 그땐 비판하느라 공력을 많이 들였는데 이번에는 팩트와 객관성, 과학성이 뒷받침되는 책을 쓰고 싶습니다.

지   명품을 갖고 싶어 하는 마음을 너무 안 좋게 말하는 것도 좋지 않은 것 같습니다. 스타벅스에서 커피 마시는 여자를 된장녀라고 해서 논란이 되기도 했죠. 하지만 실제로 지나친 명품족에게 문제가 있기는 하죠.

김 그건 아직 정리가 안 됐는데 결국 합리의 문제로 풀어가야 되지 않을까, 하는 생각이 듭니다. 합리성이라는 개념이 논란도 많고 어려운 개념이거든요. 쉽지 않죠.

지 주부는 자기 책상, 자기 시간, 자기 급여통장을 가져야 한다고 하셨는데요. 그럼 노년층이나 청소년은 어떠한 것들을 가져야 할까요? (웃음)

김 그건 제가 더 고민해보겠습니다. (웃음) 제 집사람이 전업주부인데, 건축을 전공했어요. 설계회사 다니다가 저한테 시집오면서 회사 그만두고, 제가 유학을 가게 돼서 가자마자 아이 낳고 그냥 전업주부가 되어버린 거죠. 일단은 제 집사람 보면 미안한 느낌도 있고 저러지 않았으면 좋겠다는 측면이 있어요. 그런 마음을 녹여서 쓴 글이죠. 많은 전업주부들이 겪고 있는 문제인 것 같아요. 『천 번』이 어른에 관한 책이잖아요. 저는 여학생 제자가 더 많은데, 결혼하면서 굉장히 문화적 충격을 많이 받더라고요. 결혼은 생활의 변화잖아요. 사랑하는 사람과 삶을 같이 산다는 낭만적인 측면도 있지만, 사실은 너무나 달라지잖아요. 특히 전업주부만 되면 사회적 콘택트가 많이 줄어들고. 전업주부의 제일 큰 문제는 자기 성취를 다른 사람의 성취에 의존해야 된다는 점입니다. 애들이 공부 잘해야 내가 잘한 것이고, 남편이 돈 잘 벌어야 내가 잘한 것이 됩니다. 그건 굉장히 불안한 거거든요. 내가 열심히 한다고 애가 공부 잘하나요?

지 그러다 보니 거기에 점점 더 매달리는 악순환이 벌어지는 거죠.

김 정체성이 굉장히 유약해요. 그 글에서 제일 힘주고 싶었던 것은 전업주부로서의 정체성이 필요하다는 것이고, 그렇다면 하나의 독립된 업으로 대접을 받아야 되고, 그러자면 자기 성장의 공간과 시간과 돈이 필요하다, 그거죠.

인생의 키워드는 '성장'이다

"성장은 아주 조금씩, 천천히 일어난다. 불안하고 힘든 세상을 살지만, 그럼에도 조금씩 성장해나가는 삶을 살았으면 한다."

지 '슬럼프는 없다. 게으름이 있을 뿐' 이런 식으로 의외의 직구 승부가 많더라고요. (웃음)

김 서문에 썼는데, 제가 아까 양쪽 극단이 아니면 좋겠다고 했잖아요. 제가 싫은 책 중 하나는 예쁜 그림을 배경으로 무조건 다 잘될 거야, 이런 소녀 취향의 아름다운 문장으로 된 글들이에요. 그것도 너무 심한 것 같아요. 또는 자기 계발서 있죠? 아침형 인간이 되어야 성공할 수 있고 아니면 루저고. 이것도 너무 심한 것 같습니다. 우리는 그 중간 어디에 있잖아요. 그런 얘기를 하고 싶었던 것이고, 그러다 보니까 돌직구 같은 글도 있고 한없이 소프트한 글도 있고, 그렇습니다.

지　자기 계발서라는 것이 나쁜 게 아닌데요. 기존의 자기 계발서는 공허하거나 책임을 너무 개인에게 몬 것 같습니다. 그런데 선생님 책에는 다른 요소들이 많이 들어가 있어요. 보고 나면 위로는 되지만 아무것도 얻어지지 않는 책들이 많았거든요.

김　저는 그게 싫어요. 과도한 일반화라고 할까. 아까도 얘기했지만, 그게 명쾌한 면은 있죠.

지　시원하고.

김　'야마'를 하나 잡아 끝까지 몰고 가면서 거기 걸맞은 사례들을 끌어내면 책을 덮었을 때 '그래 이거야' 하는 생각은 있겠죠.

지　'단지 생각하거나 고민하는 것만으로는 성찰이 이뤄지지 않는다. 더 중요한 것은 경험이다'라고 하셨습니다.

김　진로 선택을 가지고 한 얘기예요. 애들이 진로 선택을 할 때 보면 그 직업의 이미지만 좋아하는 것 같아요. 많은 여학생들이 「악마는 프라다를 입는다」를 보고 나면 패션잡지의 기자가 되고 싶어 해요. 기자라는 것은 끝없이 마감과 싸우는 직업인데 영화에서 본 것처럼 화려한 외양만 생각하고 기자를 시작하면 반드시 실패하죠. 패션기자라는 업의 본질은 글 쓰는 것이잖아요. 내가 쓴 글을 수많은 독자가 읽고, 그게 즐겁고 거기서 희열을 찾는 한 저는 잘할 수 있을 거라고 생각해요. 그걸 치

열하게 생각하고 고민하고, 경험하지 않으면 모른다는 거죠. 겉모습만
보고 건축가는 오피스텔에 혼자 살면서 그림 그리는 직업이라고 생각해
버리면 나중에 그 직업이 됐을 때 너무 힘든 면이 있는 거죠. 그래서 저
는 그런 업에 대한 이해를 충분히 하면 좋겠다, 머릿속으로 상상만 해서
자기 미래를 설계하거나 그런 건 피하면 좋겠다, 그렇게 생각했습니다.

지　새 학기가 되면 늘 설렌다고 하셨는데요.

김　그렇죠. 매 학기 초에 다음 학기에 개설할 과목을 정하는 회의를
하거든요. 지난주에 했는데, 다음 학기에 가르칠 과목이 정해졌어요. 재
밌게 하려고 생각하고 있습니다.

지　다른 계획은 없으신가요?

김　지금까지 말씀드린 것, 책 쓰고 애들 가르치는 것 외에는 없습니
다. 지금 하나 달라진 것은 제 책이 외국에서 나오게 됐으니까 와서 인
터뷰해달라고 하면 가게 된 것이에요. 태어나서 이태리 처음 가봐요. 남
들은 밀라노에 쇼핑하러 가고 그러던데, 저는 처음 가보거든요. 그런 게
조금 달라졌고, 나머지는 달라진 게 없어요.

지　마지막으로 젊은 친구들에게 한 말씀 해주십시오.

김　제가 선생이라서 좋은 점은 학생들이 성장하는 것을 지켜볼 수
있다는 것이에요. 때로 그걸 도와줄 수 있다는 자부심을 느낄 때 정말
나는 좋은 직업을 가지고 있다 생각하고요. 그래서 성장이라는 것이 인

생에서 제일 중요한 키워드라고 생각합니다. 그리고 그 성장은 아주 조금씩, 천천히 일어나거든요. 저는 「큰 바위 얼굴」이라는 소설을 좋아하는데요. 어느 날 보니 자기가 큰 바위 얼굴이었더라는 거예요. 그게 갑자기 되는 것이 아니고, 꾸준히 성실한 인생을 살면서 성장을 해나간 것이거든요. 우리가 경제도 안 좋고 사회적으로도 불안하고 힘든 세상을 살고 있지만, 그럼에도 조금씩 성장해나가는 삶을 살면 좋겠습니다. 그러다가 어느 날 뒤를 돌아보면 큰 바위 얼굴처럼 훌쩍 커버린 자기 모습을 발견할 수 있을 거라고 생각해요. 그게 제가 독자들에게 드리고 싶은 메시지입니다.

스무 살 '갓도리'
박순찬

"대한민국 현재의 역사를 기록한다."

지승호,
THE INTERVIEW

박순찬

서울 출생. 연세대학교에서 천문기상학과 건축공학을 공부했다. 만화를 무기 삼아 학생운동을 하던 만화동아리 '만화사랑'에서 노동운동 관련 만화 유인물과 걸개그림을 그렸다. 1995년 경향신문 최연소 만평화백이 된 이후 2015년 현재까지 「장도리」를 그리고 있다. 촌철살인의 풍자와 유머로 시대의 자화상을 기록한다는 평가를 받고 있다. 만평 제목인 「장도리」에 빗대어 '갓도리'라는 애칭으로 불린다.

2000년 '경향대상', 2008년 제1회 '올해의 시사만화상', 2012년 제5회 '올해의 시사만화상'을 수상했고, 2013년 '부천만화대상 우수만화상'을 수상했다. 저서로는 『만화 박정희』(공저), 『나는 99%다』, 『516 공화국』, 『세월의 기억』 등이 있다.

「경향신문」 '장도리' 연재가 만 20년이 되었습니다. 벌써 햇수로 21년째에 접어들었네요. 열악한 한국 시사만평 환경에서 쉽지 않은 작업이었을 테고, 민주주의가 과거로 회항하고 있는 상황에서 박순찬 작가에 대한 기대는 더 커지고 있는 것 같습니다. 그래서 동료 만화가들이 시상하는 '올해의 시사만화상'을 두 번(2008년, 2012년)이나 수상한 것이겠지요. 박순찬은 말초적인 자극으로 인기를 끌려는 작가가 아니라 세상의 얼개를 보여주고자 하는, 그리고 보여주고 있는 치열한 작가입니다. 비평이나 풍자 대상을 모욕하려는 것이 아니라 그 대상조차 빙그레 웃을 수 있는 작품을 그리고자 하는 마음 따뜻한 작가입니다. 그런 그와 연재 만 20년을 기념으로 이틀에 걸쳐 대담을 나눴습니다.

대통령의 얼굴

"박근혜 대통령 얼굴도 예쁘게 그리고 있다 생각한다. 당사자도 재미있게 받아들일 수 있는 묘사가 훌륭한 묘사이고, 그래야 설득이 된다."

지 「장도리」 첫 회가 1995년 2월 5일이었습니다. 만 20년이 넘었는데요. 소회가 어떠신가요? 한 매체에서 한 가지 콘셉트를 그렇게 오래 한다는 것이 한국 사회에서 어마어마하게 힘든 일인데요. 프로 농구도 보면 주희정 선수의 출장 기록이나 김주성 선수의 리바운드 기록 등 레전드들의 기록을 챙기지 않는다고 팬들이 불만을 표시하고 있거든요. 그런 식으로 기록에 대해 의미를 잘 부여하지 않는 사회 아닙니까?

박순찬(이하 박) 제가 지금 연재하는 장르 자체가 어떤 특정 캐릭터가 활약을 하고 스토리를 이어나가는 그런 장르는 아니죠. 매일매일 다른 얘기를 해줘야 돼요. 20년이 됐다고는 하지만 연결된 스토리로 연재가 된 것은 아니고 매일매일 사건들을 얘기하다 보니까 어느덧 20년이 됐습니다. 「고바우 영감」이나 「왈순아지매」도 다 수십 년씩 해왔는데, 같은 심정이었을 겁니다. 하루하루 마감하다 보니까 어느덧 이렇게 된 거죠. 그래서 다른 스토리만화하고는 다를 겁니다. 이를테면 일본이나 미국에는 30~40년 된 캐릭터들이 아직까지도 장수하고 있는 경우가 많은데요. 슈퍼맨도 1940년대에 나온 것으로 알고 있어요. 배트맨도 그때 당시 2차대전 전후로 등장한 캐릭터인 것으로 알고 있고, 일본 같은 경우 도라에몽이 50년, 60년 동안 사랑받고 있는데, 이건 좀 성격이 다르죠. 연재라고는 하지만 그런 캐릭터가 이야기를 만들어가는 구조는 아니니까요. 아무튼 20년 동안 한 매체의 연재를 이어올 수 있었던 것은 독자들 덕분이죠. 독자들이 처한 상황, 우리나라 사회의 여러 가지 모순된 문제들이 아직도 명쾌하게 해결되지 않았기 때문에 여기에 관심을 갖고, 시사적인 문제를 다룬 만화를 계속 찾는 것이라 생각합니다.

지 이명박 정권 시절, 대통령에 대한 풍자를 계속한다는 것이 어떤 면에서는 부담스럽기도 하다, 그러셨어요. 박근혜 정권에서도 계속 정치에 대한 얘기가 나올 수밖에 없는 상황이고요. 요즘은 박 대통령이 거의 원톱으로 주인공 역할을 맡고 계신 것 같은데요. (웃음)

박 제가 김영삼 정부 시절부터 만화를 그렸는데, 만화에 대통령이 가장 많이 등장했어요. 김영삼 정권 시절에는 YS가 많이 나왔고, 김대중 정권 시절에 DJ도 많이 등장했고, 노무현 정권 시절에도 그렇고요. 빈도수로 보면 이명박, 박근혜 정권 시절에 대통령이 많이 등장한다고 저도 생각하는데요. 아무래도 여러 가지 문제를 일으키기 때문에 그렇겠죠.

지 　박 화백의 정치적 편향 때문은 아닌가요? (웃음)

박 　정치적 편향이라는 것이 어떤 의미인지 잘 모르겠어요. 정치에 대해 관심이 없다는 것도 저는 정치적 편향이라고 생각하거든요. 정치에 대해 관심을 갖지 못하게 하는 어떤 정치 세력의 의도에 따라가기 때문에 그것도 정치적 편향이 있다고 볼 수 있어요. 우리가 살아가면서 답답한 문제가 있으면 그 문제를 해결해야 되는 것이 당연하잖아요. 길을 가는데 앞에 벽이 있으면 당연히 그 벽을 없애야 되는 것이고. 바람이 불면 벽을 만들어야 되는 것처럼 문제가 있으면 해결을 해야 되는데, 그러다 보면 결국 근본적으로 방해하는 세력들이 분명 있습니다. 그리고 소수 세력들의 이득을 위해서 많은 사람들을 불편하게 하고, 다른 이에게 희생을 요구하는 그런 세력들이 분명 있지 않습니까? 그런 세력들을 찾다 보면 결국은 정치를 담당하고 있는 많은 분들 쪽으로 시선이 가게 되어 있고요. 사법이라든가, 언론이라든가, 사학이라든가 그런 분들이 할 일을 제대로 못하고 있기 때문에 우리가 불편하게 살고 있는 부분들이 많이 있고, 따라서 그쪽에 관심을 많이 가질 수밖에 없죠.

지 　'철의 여인' 대처에 빗대서 박근혜 대통령을 '고철의 여인'으로 비유하셨어요. 그 밖에도 대통령이 단골로 등장하는데, 거기에 대한 평가가 당연히 양쪽 지지 세력으로부터 나뉘기도 하고, '이런 비판을 할 수 있는 정도니까 독재는 아니지 않느냐?'고 말하기도 합니다. 어떤가요? 박근혜 시대에 만평을 그린다는 것이.

박 　제가 독자 반응을 볼 수 있는 것이 아무래도 온라인이에요. 인터넷 커뮤니티라든가, 페이스북이라든가. 사람들을 직접 만나서 물어볼 수 없으니까요. 아무래도 온라인을 이용하는 분들 중에는 현실 문제에 관심을 가지는 분들이 많은 것 같아요. 여러 가지로, 살면서 자기가 일 하는 것에 비해 그 가치를 인정받지 못하고, 희생을 하는 분들이 많은 것 같은데요. 그러니까 제가 하는 현실 비판적인 만화에 대해서도 우호 적인 분들이 많습니다. 오프라인에서는 가끔씩 저한테 '세상을 너무 부 정적으로 보는 거 아니냐'고 하는 분들을 만날 수 있는데요. 그런 분도 분명히 존재한다고 보고요. 연령층에 따라서도 연령대가 높으신 분들은 '왜 이렇게 세상을 삐딱하게 보느냐'고 하는 분들이 많이 계실 거라고 보고 있습니다. 그런데 세상을 삐딱하게 본다는 것이 그렇게 잘못된 거 라고 생각하지는 않거든요.

지　권력을 감시하는 것이 언론의 본령일 수도 있고요.

박　삐딱하다는 말 자체가, 어떤 사물을 봤을 때 앞에서만 봐가지고 는 절대 사물의 실체를 알 수 없다고 봅니다. 옆에서도 봐야 되고, 뒤에 서도 봐야 되고, 밑에서도 올려보고, 멀리 떨어져서 보기도 해야 그 사 물의 실체를 알 수 있다고 생각하거든요. 이를테면 '고철의 여인'이라고 풍자한 것도 저는 그것을 일부러 뒤틀어가지고 놀리고 조롱하려는 의도 는 전혀 없습니다. 다만 이 현상의 실체가 뭐냐, 이 맥락을 어떻게 하면 정확하게 표현할 수 있겠는가 하는 생각으로 하다 보니까, 그것을 또 짧 은 단어로 표현하려고 하다 보니까 그렇게 나온 것이지 일부러 조롱하 려는 그런 의도는 없는 거거든요. 그래서 어떤 사물을 표현할 때, 만약에 텍스트로 기록한다고 하면 책 한 권에 해당하는 분량으로 설명을 한다고 해도 다 못한다고 저는 생각하고 있어요. 개인이 일으키는 어떤 사건에 대해서 설명할 때도 수십 건의 텍스트로도 설명하지 못하는 겁니다. 이미지로도 굉장히 넓은 종이에다가 그 사건이 벌어지게 된 배경과 역사적인 이유와 그 사람의 심리 상태 이런 것을 그림으로 표현한다고 하면 절대 다 못하는 거예요. 그런데 단지 그 사람의 단적인 모습, 이를테면 TV 화면에 비친 멋진 모습만 가지고 그 사람을 판단할 수 있는 것은 아니거든요. 많은 사람들이 그런 것만 가지고 판단하기 때문에 저는 '이건 실체가 아니다. 그 뒤에 많은 맥락과 배경과 이유들이 다 있다'는 것을 보여주고 싶고, 그런 것을 압축해서 표현하다 보면 '왜 이렇게 뒤틀린 시선으로 보느냐'는 반응이 나올 수 있다고 봅니다.

지 정치적 외압 같은 것이 피부로 느껴지는 부분은 없나요? 이번 주에 김어준 총수, 주진우 기자 재판이 있는데요. 주진우 기자는 '시대가 시대인 만큼 구속될 수도 있고, 그것을 각오해야 되지 않겠나' 하고 말했습니다.* 그런 식의 위압감 같은 것을 느끼지는 않나요?

박 제가 그렇게까지 풍파를 일으키는 작업을 했다고는 생각하지 않거든요. 저도 나름대로 부드러운 방식으로 하려고 노력하는데요. 어떻게 보면 독자들 중에는 좀 더 과감하게 표현하면 안 되겠느냐고 생각하

---

* 편집자 주 : 인터뷰는 2015년 1월 13일에 이루어졌다. 2012년 대선을 앞두고 박정희 전 대통령과 아들 지만 씨에 대한 허위 사실을 퍼뜨린 혐의로 기소된 시사주간지 「시사IN」 주진우 기자와 「딴지일보」 김어준 총수는 1월 16일 2심에서도 무죄를 선고받았다.

는 분들도 있을 거예요. 저는 성격이, 문제를 일으킬 만한 일을 안 하는 보신주의여서 사실 그동안 표현을 많이 자제하면서 작업해왔습니다. 실제로 제가 박근혜 대통령 얼굴도 가끔씩 상황에 따라서 좀 거칠게 표현하는 경우가 있지만, 저는 사실 거칠다고 생각하지 않습니다. 어떤 포스를 표현한 건데, 제가 박근혜 대통령 얼굴도 예쁘게 그리고 있다 생각하고요. 과거 이명박 대통령을 표현할 때도 당사자가 봤을 때 기분 나쁘지 않도록 제가 표현했다고 생각하고 있거든요. 당사자도 재미있게 받아들일 수 있는 묘사가 훌륭한 묘사라고 생각하기 때문에 그렇게 하고 있고, 그래야 설득이 되고요. 당사자가 봤을 때 기분 나쁘고, 또는 그쪽을 지지하는 분들이 봤을 때 기분 나쁘다고 하면 그것은 오히려 생명력이 없는 것이죠.

지 　박근혜 대통령을 예쁘게 그리신다니까 그 만평이 생각나는데요… '선거 때 어머니의 얼굴, 집권 후 아버지의 얼굴, 재난이 닥치면 공주님 얼굴'이라고 하면서 세 표정을 극명하게 대비시키셨잖아요. 어떻게 보면 촌철살인의 그림인데, 그런 게 당사자 쪽에서는 더 아플 수 있는 부분 아닌가요?

「장도리」 2014. 04. 29.

박 아프다는 것이, 뭔가 설득력 있는 아픔을 준다고 하면, 저는 그것을 지향하고 있거든요. 설득력 있는 아픔. 그런데 설득력도 없이 단지 기분만 나쁘게 한다고 하면 좀 무의미한 그림이 될 수가 있죠.

지 이명박 전 대통령 그림도 굉장히 잘 그리신다는 평가들이 있었는데요. 정치인들 캐리커처를 그릴 때 특별히 염두에 두는 부분이 있으신가요?

박 캐리커처는 사진으로 찍힌 어떤 모습하고는 또 다른 문제인 것 같아요. 이를테면 제 주변의 아는 사람을 그릴 때도 처음 봤을 때의 그림과 몇 번 봤을 때의 그림이 달라지거든요. 그것은 제 시각이 달라졌다는 거죠. 그리고 그 사람에 대해서 느끼는 것이 달라질 수 있는 것이고, 좀 더 잘 알게 된 것이고요. 공인의 얼굴을 캐리커처로 그리는 경우도, 대통령을 포함해서요. 과거에 그린 「장도리」에 나타난 이명박, 박근혜 대통령이 지금과는 또 많이 다릅니다. 많이 그려보면서 제가 보지 못했던 것을 발견해나가거든요. 물론 직접 보고 그리지는 못했지만, 이명박 전 대통령도 마찬가지고, 과거 김대중 전 대통령은 딱 한 번 본 적이 있지만, 김영삼 전 대통령, 노무현 전 대통령 다 한 번도 본 적이 없어요. 매스컴을 통해서 파악하는 건데요. 캐리커처라는 것은 매스컴을 통한 시각적인 자료들, 사진 자료들과 함께 대통령 또는 공인들이 활동하는 모습들을 바탕으로 그 인물을 표현하는 것이라 보고 있습니다. 그래서 어떤 정치적인 방향이라든가, 권위적이냐 비권위적이냐 이런 것들을 다 담아내면 그게 좋은 캐리커처죠. 박근혜 대통령 같은 경우 여러 가지 모습을 갖고 있는 것으로 제가 느껴서 아까 말씀하신 대로 여러 가지 모습으로 그린 것이고. 박근혜 대통령에게는 박정희 전 대통령의 모습도 보이고, 육영수 여사의 모습도 있습니다. 또 가끔씩은 정말 대책 없는 공주님의 모습도 보이고, 그런 여러 종류의 모습들이 보여요. 그런 것을 표현하는 것이 캐리커처의 역할이라고 봅니다.

지 예전에 노무현 전 대통령을 초보운전에 비유하고, 이명박 전 대통령을 재벌 등의 대리운전에 비유하셨어요. 박근혜 대통령은 어떻게 비유하실 건가요?

박 버스를 몰고 가는 운전수가 가끔씩 운전석을 비우는 경우가 있다는 만평을 그린 적이 있어요. 굉장히 공포스러운 상황을 연출한 거죠. 세월호 참사 때 일곱 시간 동안 행방이 묘연한 상태를 빗대서 그린 건데, 무책임한 모습을 비판한 겁니다.

「장도리」, 2014. 09. 30.

지 아무래도 시사만평이니까 정치 얘기가 많이 나오고 대통령이 많이 등장하는데요. 5년 동안 계속 대통령에 대해 팔로우하고 생각하다 보면 대통령 개인에 대한 애증이 생길 수 있을 것 같습니다. 지금까지 다섯 명의 대통령을 거쳤는데, 그분들의 캐릭터를 어떻게 평가하십니까?

박 아무래도 제 만화에 많이 등장하고 영향력이 큰 사람이 대통령인데요. 여태까지 김영삼, 김대중, 노무현, 이명박, 박근혜 대통령의 집권기를 거치면서 대통령 얼굴을 많이 그렸습니다. 한 대통령 임기 5년 동안 많이 그리다 보면 그 사람에 대해서 조금 더 알게 되는 것 같고요. 그리고 정도 들게 마련이죠. 그런 것 같아요. 제가 김대중 전 대통령을 대선 때 만화가들 초청 자리에서 본 것 외에는 다른 대통령을 직접 본 적은 한 번도 없는데요. 각 대통령들의 특징은 분명히 다 있는 것 같아요. 김영삼 전 대통령은 굉장히 저돌적이에요. 보통 추진력을 얘기할 때는 이명박이라든가 박정희 전 대통령을 얘기하잖아요. 이명박 전 대통령도 박정희 전 대통령의 추진력이 있는 것처럼 포장을 해서 대통령에 당선된 사람이고, 보통 그렇게 얘기하는데, 저는 김영삼 전 대통령이야말로 추진력이 있었던 사람 아닌가 생각합니다. 수십 년 동안 군사정권을 거치면서 누적된 적폐들을 해소하기 위해 사실은, 초창기에는 엄청난 지지율을 배경으로 해서 밀어붙일 수 있었는데요. 그때가 어떻게 보면 역사적으로 대통령이 가장 추진력 있게 활동했던 시기가 아닌가 해요. 하나회 척결하고 금융실명제도 밀어붙이고, 많은 정책들을 밀어붙였죠. 대통령의 이미지도 그렇게 대통령이 보여줬던 국정 운영 스타일을 담아서 표현하게 되거든요. 개인의 인물을 그리는 것이 아니라, 그런 스타일을 그리는 것이기 때문에. 김영삼 정부 시절에 김영삼 전 대통령 얼굴에도 그런 요소들을 많이 그려 넣었죠.

반면 김대중 전 대통령은 오랜 세월 동안 정치를 하면서 많은 탄압을 받고, 빨갱이로 몰리면서 수난을 많이 겪었던 정치인임에도 불구하고, 당선자 시절에 김영삼 전 대통령에게 건의해서 정적인 전두환, 노태우를 사면하게 만드는 모습을 보이면서 화합의 모습으로 대통령을 시작했어요. 나중에 거기에 대해 사실 다른 수구 정치 집단들의 생명력을 연장시켜 준 것 아니냐는 목소리도 있었는데, 어쨌든 그런 모습들이 뭔가 통큰 정치인의 모습을 보여줬기 때문에 김대중 전 대통령의 이미지에 그런 것들이 반영될 수밖에 없었죠.

그리고 노무현 전 대통령은 일단 기본적으로 얼굴 생김새가 서민적 이미지를 가지고 있잖아요. 실제로 노무현 전 대통령이 걸어온 길들이 다른 정치인들과는 달리 뭔가 일반 서민들이 친근하게 느끼는 그런 길이었고. 용기 있는 모습들을 보여주는 캐릭터로 인식됐던 정치인이라고 생각하고 있습니다. 그래서 그런 것들을 어떤 캐리커처를 그릴 때도 담아내게 됐죠. 그런데 노무현 전 대통령도 임기 5년 후반기에는 기득권 정치 세력이라든가, 기득권 언론이라든가 하는 이런 집단들의 공격을 많이 받았고, 약한 모습들을 보여줬던 것으로 기억하고요. 그것이 노무현이라는 캐릭터에도 좀 반영이 됐던 것 같아요. 실제로 노무현 전 대통령 발언 중에 '지금 권력은 자본으로 넘어갔다'든가 하는 발언들은 사실 어떻게 보면 약한 모습으로 인식되는 발언들이라고 생각하거든요. 노무현의 모습은 이전 노무현의 모습이 있고, 포스트 노무현의 모습이 있다고 생각합니다. 포스트 노무현은 집권 후반기의 모습인데요. 쌍꺼풀 수술을 해서 실제 얼굴도 변했지만, 뭔가 이전에 보여줬던 모습과는 다른,

뭔가 자본 권력이나 기존 세력들과 좀 타협하는 모습을 보여주는 것 아닌가 싶어서 약간 비판적인 요소를 담아 만화를 그린 적이 있어요.

그리고 이명박 전 대통령 같은 경우에는 네티즌들이 워낙 쥐에 많이 비유했죠. 약삭빠르고, 개인이나 주변, 측근의 이익을 위해서만 행동하는 캐릭터라는 의미에서요. 그런 것들이 결국은 표정이나 얼굴 모습에 드러나는 것 같습니다.

박근혜 대통령은 말씀드렸듯이 여러 가지 모습을 가지고 있어요. 아버지 박정희 전 대통령의 모습, 어머니 육영수 여사의 모습, 공주님의 얼굴 등 다양한 모습들을 갖고 있다고 봅니다.

지　대통령들 말고 달리 관심 있는 정치인이 있으신가요?

박　만화를 그리다 보면 그림을 부르는 얼굴이 있어요. 뭔가 개성 있는 얼굴들이 있죠. 개성이 있으면 캐리커처를 그리기도 쉽고, 재미난 표현을 할 수 있어요. 그런 인물들이 몇몇 있었는데요. 대통령 중에는 사실, 과거에 정치인들이 이를테면 3김시대, 3김 카리스마를 많이 언급했죠. 카리스마 정치를 했던 시기잖아요. 지금처럼 시스템이 발달하지 않은 시기였기 때문에 개인의 영도력이라든지 개인의 카리스마로 정치 행위를 많이 했어요. 그때 당시 정치인들이 개성들도 많았던 것 같아요. 3김 중에 김영삼과 김대중은 대통령을 했고, 못한 사람이 김종필인데요. 김종필이라는 정치인 역시 굉장히 카리스마를 가지고 있고, 그림을 그리기에 좋은, 개성을 가지고 있는 얼굴이었어요. 그래서 만평가들의 만화에 많이 등장했고, 저도 많이 그렸죠.

제3의 길이 필요하다

"언제까지 산업화, 민주화 같은 과거의 담론을 가지고 얘기할 것인가. 그것이 지금 시대에 과연 적용이 될 수 있겠는가?"

지 「장도리」자체가 사료가 될 수 있고, 기록이 될 수 있을 텐데요. 20년 동안 계속하려면 여러 군데서 자료도 찾고, 책도 읽어야 될 것 같습니다. 자료 수집은 어떻게 하세요? 오늘의 유머는 물론이고, 일간베스트에도 자주 들어가시는 것 같은데요.

박 제가 처음 만화를 시작할 때만 해도 인터넷이 활성화되지 않은 시점이어서 지금 생각해보면 많이 어려웠던 것 같습니다. 사진 자료 하나 찾으려고 도서관을 뒤지고, 역사적 사실을 찾으려면 책을 뒤져야 했는데, 지금 그런 자료를 찾는 일에 대해서는 어쨌든 과거보다 수월해진 측면이 있죠. 독자들의 반응을 접하는 것도 과거보다는 쉬워졌고요. 예전에는 독자들 반응을 알기가 어려웠죠. 가끔 항의 전화라든가 편지 이런 것들이 오기는 하지만요. 그리고 신문에 연재를 하니까 쉽게 접할 수 있는 사람들은 신문기자들일 텐데, 신문기자라고 해서 여론을 다 파악하고 있는 것은 아니잖아요. 담당 출입처가 있고, 자기 전문 분야에 대해서는 잘 알겠지만 전반적인 여론 상황에 대해서는 알 수가 없기 때문에 거기에서 왜곡도 많이 일어난다고 봅니다. 조직 생활을 하면서 조직의 논리에 빠져 있으면 전체적인 여론의 흐름에서 좀 떨어질 수도 있어요. 과거의 제 만화를 지금 보면 그야말로 정치적 편향을 갖고 있는 만화도 꽤 있어요. 정치적 편향이라는 말은 그만큼 현실에서 떨어져 있는 입장에서 그린 만화라는 거죠. 그래도 온라인의 발달로 인해 작가들도 독자들과 소통이 원활해지고, 언론도 과거보다는 분명히 긍정적인 방향으로 흘러온 게 아닌가 생각합니다. 온라인 매체가 많이 생겨서 서로 견제도 되고요.

지 20년간 연재하면서 중단된 적이 없다면서요. 공식적인 휴가 빼고 한 번도 펑크를 낸 적이 없다던데, 대단한 근성과 프로 의식이네요.

박 글쎄요. 예전에 「왈순아지매」 같은 경우는 30년간 한 번도 중단된 적이 없다고 합니다. 휴가를 가더라도 미리 그려놓고 갔기 때문에 공식적으로는 연재가 중단된 적이 없다고 하거든요. 그런 문화를 바꾼 것이 박재동 화백이에요. '아니, 만화가가 좀 쉬면서 해야지. 휴가를 간다고 해도 미리 그려놓고 가는 게 어딨냐? 그건 휴가도 아니다'라면서 '만화가가 휴가로 쉬니까 연재 안 한다'고 하는 문화를 처음으로 만드셨어요.

지 공적인 일을 하는 사람들은 쉬면 안 된다는 문화가 있었죠.

박 우리한테 그런 문화가 있죠.

지 요즘 얘기가 나오고 있는 것이 그런 얘기잖아요. 대통령은 정말 중요한 결정을 해야 되는 자리니까, 웬만한 일은 다른 실무자한테 맡기고 평소에 잘 쉬면서 정말 중요한 결정을 할 때 최선의 선택을 할 수 있도록 컨디션을 잘 관리해야 되는 자리라고요. 하지만 우리는 일부러 일 중독자 같은 모습을 보여줘야 했고, 국민들도 그런 걸 원했어요.

박 사실은 이게 겉모습이거든요. 일한다고 하면서도 하는 척하고 안 할 수도 있는 것이고, 능률도 안 오를 수 있고요. 휴가를 간다고 하면 부정적으로 생각해왔죠. 박정희 시절부터 근면, 자조, 협동을 강조하면서 사람은 근면하게 일을 해야 된다는 가치관이 지배적이었습니다. 어떻게 삶의 질을 높이면서 살 것이냐, 하는 고민이 그동안 많이 없었죠.

지 젊은 세대와의 소통을 중시하는 걸로 알고 있습니다. 사실 그림을 오래 그리다 보면 젊은 사람들의 사고방식이나 세상 돌아가는 흐름을 놓칠 수가 있는데요.

박 일단 제가 젊은 층과 기본적으로 코드가 맞습니다. 제 친구들과는 코드가 안 맞아요. 제가 좋아하는 만화들 같은 경우에도 젊은 층이 좋아하는 만화들이 많아요. 어쨌든 젊은 층은 앞으로 우리 사회를 주도해나갈 세력들입니다. 그들의 생각이 중요하다고 봐요. 그래서 관심이 많이 갈 수밖에 없고요. 또 요즘은 많이 힘들어하는 친구들도 많고, 기성세대에게도 거기에 대한 책임이 분명 있기 때문에 책임감을 가지고 관심을 더욱 기울여야 된다고 생각합니다.

지 그래서 청년 백수 문제나 소위 88만 원 세대의 문제를 만평 소재로 자주 삼으시죠. 선거 기간에 산업화 세대, 민주화 세대가 공히 '이렇게 살게 된 것은 우리 덕이다'라고 자기들의 공을 강조한 후 '목 탄다'고 하니 88만 원 세대가 생수통을 들고 오는 만평이 인상적이었는데요. 젊은 친구들이 윗세대를 믿지 못하는 데는 그런 면도 있었던 것 같아요. 자기네들에게 유리한 선택을 하면 위대한 선택이라고 하다가 정치에 대한 관심 같은 게 낮으면 쉽게 '20대 개새끼론'을 내뱉어온 것이 세대 갈등을 촉발시킨 면이 있는 것 같은데요. 박 화백께서도 기성세대의 책임이 있다고 하셨는데, 기성세대가 '미안하다'는 말보다 '우리 세대가 더 고생했다. 잘났다'고 해온 측면이 있는 것 같습니다. 그런 문제의식 때문에 관련 소재로 만평을 그려오신 것 같고요. 어떻게 보면 진짜 힘을 가진 사람들이 대중을 잘게 잘라 싸우게 함으로써 꽃놀이패를 쥐고 있는 것 같은데요. 정규직, 비정규직 나눠서 싸우게 하고, 세대별로도 나눠서 싸우게 하고요.

박　말씀하신 만화를 그릴 당시가 2012년 대선 직전이었어요. 사회가 두 진영으로 나뉘어 첨예하게 대립하던 상황이었지요. 그 상황이 저는 많이 불편했어요. 전체 사회가 한 방향으로 움직이는 것도 굉장히 답답한 일이지만, 딱 두 진영으로 나뉘어 대결하는 것에도 답답함을 느꼈습니다. 우리나라에서 파시즘적인 모습을 보였던 때가, 기억나는 것이 황우석 사건 때였는데요. 황우석 박사가 줄기세포를 발견해서 향후

「장도리」 2012. 12. 10.

몇 천 년 먹거리를 만들었다는 것으로 전 국민이 한목소리를 냈을 때 저는 굉장한 무서움을 느꼈어요. 다행히 「PD수첩」이라든가 몇몇 일각에서 실체를 밝히는 일들을 꾸준히 해줌으로써 이성을 찾게 되었죠. 그때 딴 목소리를 낸다는 것은 굉장히 힘들고 무서운 일이었어요. 테러 협박도 받았고요. 하지만 언론이든 만화든 뭐든 그런 업종에 종사하는 사람들은 그걸 의무라고 생각하고 있습니다. 이성을 가지고, 우리의 모습을 돌아보고 얘기해주는 일들은 굉장히 큰 의무라고 생각합니다. 그리고 이번 대선 같은 경우에는 두 진영으로 나뉘어서 두 진영에 속하지 않으면 회색분자나 양비론자로 규정되고 비판받는 상황이었어요. 이건 좀 답답하다고 해서 좀 용기를 내 제3의 시각으로 그린 거죠. 88만 원 세대를 등장시켜서 실질적으로 지금 현실이 과연 어떤가, 우리 당면 과제는 도대체 뭐고, 우리 현실이 어떤지 돌아봐야 되지 않겠나. 산업화 과정이 있었고 민주화 과정이 있었지만, 언제까지 산업화, 민주화 같은 과거의 담론을 가지고 얘기할 것인가, 그것이 지금 시대에 과연 적용이 될 수 있겠는가 하는 것을 한번 물어본 거죠. 그것 자체에도 사실 큰 용기가 필요했습니다. 저는 가끔씩 그런 용기를 필요로 하는 만화를 그려야 하는 선택을 요구받는 경우가 있어요.

지 그게 양쪽으로부터 공격받고, 양쪽 다 잃을 수 있는 관점이잖아요. 양비론자다, 회색분자다, 이런 욕을 먹을 수도 있고요. 대선 당시였다면 더욱 그랬을 텐데요.

박 그래서 욕먹을 것을 각오하고 그렸죠. 욕 많이 먹을 거라고 예상했는데요. 물론 욕을 한 사람도 있었겠죠. 다행히 젊은 층에서 그 만화에 많은 지지를 보내주었고, 그래서 저도 한숨을 돌린 기억이 납니다. 독자들한테 많은 고마움을 느끼고 있습니다.

지 영화 「국제시장」에 대한 논란은 어떻게 생각하세요?

박 「국제시장」을 보고 온 사람들의 평을 보니까, 영화 자체가 정치적 목적을 띠고 제작된 영화는 아닌 것 같아요. 「포레스트 검프」와 비슷한 할리우드식 한국 영화, 흥행을 많이 고려한 영화라고 추측하고 있습니다. 결국은 영화를 이용하는 세력들이 문제죠. 영화가 흥행을 하니까 거기 얹혀가려는 정치적 의도에서 확대해석하는 분들이 있는 것 같은데요. 결국은 아직까지 대선 전에 보였던 산업화 세력과 민주화 세력으로 얘기할 수 있는 진영 간 갈등이 계속 남아 있고, 그것을 아직까지도 긍정적인 방향으로 풀어내는 방법을 못 찾은 것이 아닌가 하는 생각이 들어요. 갈등만 일으키고 대결만 하고, 제3의 길을 제시해주는 그런 사람이 없는 것 아니냐. 그래서 과거에 안철수 의원이 그런 모습을 보여주고, 많은 분들이 기대를 했지만, 좌절한 상태인 것으로 보여지고요. 그 문제를 많이 고민해야 될 것 같습니다. 정치하시는 분들도 그렇고.

기억 속에 오늘을 각인한다

"참사를 기억하고, 계속 긴장하고, 제도를 마련하고, 아플 때는 뼈저리게 아프고 해야 실수를 반복하지 않는다."

지 「장도리」를 모아서 계속 단행본으로 내고 계신데요. 기록의 의미가 더 커지는 것 같습니다. 이번에 『세월의 기억』이 나왔는데요. 지나온 세월 자체이기도 하지만, 세월호를 표현하기도 하는 중의적인 표현인 것 같습니다. 세월호 사건을 다루면서 어려운 점이 많았을 텐데요.

박 『세월의 기억』은 2013년 10월부터 2014년 10월까지 약 1년간 연재된 「장도리」를 모은 건데요. 세월호 참사가 2014년 4월 16일에 터지고 지금까지 거기에 대해서 얘기를 해야 되는 시기인 것 같습니다. 그때 당시 연재된 만화가 대부분 세월호 관련된 부분이었기 때문에 제목을 세월호와 그것에 대한 기억을 계속 이어나가야겠다는 생각으로 『세월의 기억』이라 짓게 되었고요. 표지도 관련된 사건으로 그리게 됐는데요. 우리 국민들에게 굉장히 큰 트라우마를 안겨준 사건이고, 많은 어른들에게 죄책감과 상처를 가져다준 사건이잖아요. 희생자는 말할 것도 없고, 가족들도 그렇고, 많은 국민들에게 고통을 안겨준 사건인데, 문제는 이것이 재발할 가능성이 굉장히 높다는 거죠. 왜냐하면 책임자들이 사건에 대한 대책 마련에 대해서는 보여준 것이 없으니까요. 유병언 씨는 갑자기 해골로 등장하고, 뭐 하나 명확하게 해소된 것이 없습니다. 국민적인 의혹이라든가 불안감이라든가. 우리가 이 사건을 통해서 이런

『세월의 기억』표지

사건이 재발하지 않도록 소는 잃었어도 외양간을 고쳐야 되는데, 아직 외양간 고치는 작업이 제대로 이루어지지 않고 있어요. 얼마 전에도 원룸이 불탔는데 알고 보니까 규제 완화를 악용한 건물 불법 개조 때문에 피해가 더 커졌다는 보도가 나오더군요. 이런 일들이 계속 재발하고 있어요. 우리가 계속 불안감을 가지고 살 수밖에 없죠. 이를 개선하기 위해서는 참사를 기억하고, 계속 긴장을 하고, 제도를 마련하고, 실수에 대해서 뼈저리게 아파야 정신을 차리고 같은 실수를 반복하지 않을 거라고 봅니다. 그래서 그것을 기억하자고 얘기하는 건데요. 한쪽에서는 기억하지 말자고 하는 세력도 분명히 있죠. 빨리 망각시킴으로써 과거 다른 사람들의 희생을 통해 얻은 이익을 유지하려는 거라고 해석할 수밖에 없습니다.

지 　시사만평을 그린다는 것은 지나간 일을 해석하는 면도 있지만, 앞으로 일어날 일들을 예상하고 고민하는 과정도 포함하는 것 같습니다. 세월호와 관련해서 갈등이 증폭되고 고통이 심화되고 있는데, 그걸 풀려면 어떻게 해야 된다고 보십니까? 지금 상황을 정치권이 풀기는 힘든 것 같은데, 그래도 결국 정치의 몫일 수밖에 없겠죠. 정치권에 대한 기대치가 매우 낮아요. 아파서 쓰러져 있는 사람들이 있는데 방치하고 잊자는 분위기 같기도 하고. 겉의 상처만 봉합하고 가면 상처가 곪아 결국 터질 텐데요.

박 　가장 막중한 위치에 있는 대통령이라든가 집권당, 행정부에서 보여주는 모습들이 워낙 소통이 안 되고 일방적이에요. 그게 오랫동안 지속되다 보니까 국민들이 많이 지친 것 같아요. 보통 몇 번 시도해보다가 결국 포기하게 되고, 그 자체를 인정하게 되는 수순으로 돌입하게 되는데, 지금이 그 상황인 것 같습니다. 매우 답답한 상황이에요. 그렇더라도 지금이 과거 박정희 정권 시절처럼 독재 시대는 아니거든요. 그 딸이 집권하고 있을 뿐이지, 사회 시스템이라든가, 이미 우리가 민주화 과정을 통해 이루어놓은 것도 있고, 분명 과거 독재 시대하고는 다른 부분이 있습니다. 우리가 시민사회의 일원으로서 할 수 있는 부분들이 많이 있다고 봅니다. 각자 맡은 역할에서 작은 적폐라도 떨쳐버릴 수 있는 것이 큰 용기라고 생각하거든요. 이를테면 신문사의 신문기자들에게 어떤 민원이 들어왔을 때 그것을 떨쳐버리려면 큰 용기와, 개인적 불이익이 따를 수도 있지만 그러한 행동이 쌓여야 사회적 모순이 극복되어 나갈 수 있다고 생각하거든요. 일단은 그런 노력들이 필요하다고 봅니다. 작은 것에서부터 시작하면 결국 우리의 이익에 부합하는, 많은 노동자의 이익에 부합하는 정치인을 뽑는 것도 이루어질 수 있고요. 저는 그렇게 봅니다. 우리가 살던 대로 살면서 갑자기 어느 날 하루 선거를 통해 세상이 바뀐다고 생각하지 않아요. 우리가 살아가는 삶이, 생활 자체가 조금씩 진보해야 선거 과정을 통해서도 진보적이고 새로운 길을 가게 만들 수 있는 정치 지도자를 뽑을 수 있다고 생각합니다.

지 「오마이뉴스」와의 인터뷰에서 '뭔가 새로운 변화를 보여줘야 할 것 같다'고 하셨는데, 어떤 의미인가요?

박 그건 거기서 물어봐가지고. (웃음) 20년이 됐으니까 새로운 게 없냐고 해서.

지 처음에 '장도리'라고 이름 지은 이유가 뭔가요?

박 그 질문을 많이 받아요. 사석에서도 많이 받는 질문인데요. 오랜 준비 기간이 없었어요. 회사에서 급하게 주문하는 바람에 급하게 지은 측면이 있는데, 사실 지금 생각하면 장도리라는 이름이 그렇게 마음에 들지는 않아요. 이름에 대한 질문이 많다는 것은 사람들이 장도리라는 이름을 명확하게 느끼지 못한다는 뜻이잖아요. 예전 고바우 영감 같은 경우는 영감님 이름이구나, 이런 생각이 드니까 굳이 질문을 할 필요가 없죠. 왈순아지매도 '이건 아줌마 이름이구나' 하고 캐릭터 이름으로 받아들여지죠. 장도리에 대해서는 뭔가 많은 의미를 담고 있는 이름이라고 생각하는 것 같아요. 그 점에 대해서는 미스가 있었다는 생각이 들어요. 그런데 처음에 부르기 쉽고 친근한 이미지를 생각하다가 장도리라는 연장의 이름을 빌려서 지은 것이에요. 그때 당시 네 컷 만화, 신문 만화, 다른 데 연재됐던 만화들의 트렌드였기도 하고요. 친근하고 서민적인 이름의 주인공을 쓰는 게 당시 시사만화의 트렌드였죠. 저도 그 흐름에 맞춘 거예요.

지　장도리는 못을 뺄 수 있잖아요. 누군가 그렇게 해석했더라고요. 장도리는 사람들 마음속에 응어리진 것을 빼주는 것 같다고요.

박　제가 의도해서 그렇게 지은 것은 아닌데 꿈보다 해몽이 더 좋다고, 그런 식의 해석들도 많이 하더라고요. 장도리라는 이름을 가진 연장은 굉장히 작은 도구이지만 못을 박고 빼는 기능을 가지고 있기 때문에 의자도 만들고, 집도 짓고, 아주 쓸모 있는 연장임에는 틀림이 없죠. 그래서 만화 자체가 부정적이지 않고, 긍정적인 의미를 갖게 하려고 노력하고 있습니다.

삼성을 위한 나라

> "삼성 중심의 자본 권력이 무소불위의 영향력을 행사하고 있는 시대에 만화라는 것이 큰 무기가 될 수 있다."

지　경향신문이 예전에 한화 계열사이기도 했고, 내부 환경 때문에도「장도리」에 변화 내지는 제약이 요구되었을 것 같습니다.

박 제가 경향신문에 입사했을 때가 YS 말기였어요. 이후 IMF를 계기로 이른바 독립 언론의 길을 걷게 됐죠. 한화하고 결별하고. 제가 처음에 연재하던 초창기 시절에는 한화 계열사로서 경향신문이 운영되고 있었는데요. 지금 생각해보면 그때 제약이 꽤 있었어요. 이를테면 당시 재벌이라는 단어를 못 썼어요. 만화에서 재벌이라는 단어를 쓰면 편집국장이 재벌을 지우고 대기업으로 고치라고 했습니다. 김영삼 정권 시절에도 독립 언론 이후에 제가 작업했던 것만큼 자유로운 표현을 하기가 힘들었어요.

지 지금도 소재의 제약이 있나요? 삼성 관련 기사 같은 경우 광고와 맞물려서 제약이 있었던 경우가 있죠.

박 우리나라 산업구조 자체가 IMF를 계기로 해서 그때 많은 기업들이 도산을 하고, 대기업들의 구조 자체가 재편이 됐어요. 오히려 삼성 중심으로 재편되었단 말이에요. 그것도 김대중 정부, 특히 노무현 정부를 거치면서 삼성의 영향력이 엄청나게 커지지 않았습니까? 일단 신문의 운영 자체가 광고로 운영이 되고, 광고에 큰 영향을 받고, 광고의 많은 부분에서 삼성이 영향력을 행사하고 있기 때문에 조심스러울 수밖에 없습니다. 실제로 만화를 그릴 때 광고국에서 수정 요청이 있기도 했어요. 그래서 조금 수정을 한 적도 있었고요. 일단 그 이전에 제가 조심스러워요. 경향신문에서 월급을 받고, 연재를 하고 있고, 신문이라는 구조 자체가 현재 삼성 중심의 한국의 산업구조에서 자유로울 수 없기 때문에 고려해야 될 부분이 많이 있습니다. 만화라는 것이 어떻게 보면 다른 방식으로는 깰 수 없는 그런 구조 내에서, 과거 군사독재 시절에도 기사로 표현할 수 없는 것들을 만화로 많이 표현했거든요. 그런 것처럼 삼성 중심의 자본 권력이 과거 독재 권력처럼 무소불위의 영향력을 행사하고 있는 시대에도 만화라는 것이 큰 무기가 될 수 있다고 생각합니다. 은유적이거나 우회적으로 표현하면서도 핵심을 얘기할 수 있는, 다른 기사나 다른 방법으로 표현할 수 없는 것들을 만화로 표현할 수 있는 방식이 분명 있었고, 저는 그걸 찾아왔죠. 그것을 작가가 어떻게 기술적으로 잘 표현하느냐. 그것이 성공적인 경우에는 광고국이든 어디든 항의를 받지 않으면서도 얘기할 수 있는 것들을 얘기할 수 있는 측면이 분명히 있습니다.

지 가끔 일탈을 하는 재벌들, 대한항공 조현아 전 부사장 같은 경우는 처벌을 받기도 하지만, 실제로 더 많은 경우에 선출되지도 않았으면서 정치권력보다 더 큰 권력을 더 오래 유지하는데요. 심지어 세습되기도 하고. 그걸 비판할 수 있는 언론들의 흐름들은 거의 사라지고 있는 상황입니다. 계란으로 바위 치는 느낌이 들 것도 같은데요.

박 지금 대기업, 특히 삼성을 중심으로 하는 거대 자본권력들을 비판할 수 없는 조직들은 거대 언론 단체, 매스컴들이죠. 방송 또는 주요 중앙 언론, 신문들인데요. 그게 그럴 수밖에 없는 것이 거대 조직을 움직이려면 많은 자본이 필요하고, 많은 자본은 삼성 중심의 기업 광고가 있지 않으면 운영될 수 없기 때문에 계속 그렇게 돌아가는 것이라고 생각하거든요. 반면에 지금은 소규모 언론사라든가 개인 미디어들이 많은 활동을 하고 있고, 재벌들에 대해서도 비판적 목소리들을 낼 수 있는 거죠.

지   예전에는 공중파 방송에서 「미디어 비평」 같은 프로그램을 통해 언론끼리 서로 비판하고 견제하는 모습이 있었는데, 지금은 그런 모습도 없어지고 언론이 카르텔을 형성하여 정치의 시녀가 아니라 어떻게 보면 정치권력과 동업자 같은 관계를 형성하고 있습니다. 거기에 대한 문제 제기를 몇몇 언론인들만 하고 있는 상황입니다.

박   공중파가 결국 그런 모습을 보임으로써 시청자나 독자들에게 외면 받을 수밖에 없다고 생각합니다. 실제 영향력 감소로 이어질 수밖에 없다고 봅니다. 어쨌든 지금 거대 매스컴뿐만 아니라 다양한 군소 미디어들이 많이 활동하고 있는 것을 저는 희망적으로 보고 싶은 생각이 있습니다.

소통하며 성장하는 장도리

"독자에게 손가락을 깨물린 사건 이후로 만화를 그릴 때 여러 가지로 좀 더 깊이 생각하게 됐다."

지   비판하기 어려운 다양한 성역들이 있는데요. 정말 어렵다고 생각하신 부분이 있다면요?

박 앞서 이야기했지만, 어떤 집단주의적 사고가 지배적인 경우에 다른 목소리 내기가 굉장히 힘듭니다. 예를 들어 황우석 사태 때라든가 월드컵이라든가 큰 규모의 국가주의적이고 민족주의적인 감수성들을 자극하는 일들이 있을 때 다른 시각에서 실체를 이야기하는 것들이 많이 힘들었고요. 그리고 이미 얘기했지만, 지난 대선처럼 두 진영으로 갈려 첨예한 대립 구조가 형성된 가운데 제3의 목소리를 내야 할 때가 힘든 순간이었습니다.

지 '나는 공산당이 싫어요'라고 했던 이승복 어린이를 학살한 무장공비와 시위대를 진압하는 전경을 대비하는 그림을 그렸다가 전경 부모님으로부터 손가락을 깨물리는 봉변을 당하셨죠. 그 후 여러 고민을 하셨다 들었습니다.

박 그 사건 이후로 배운 것도 많이 있고 느낀 것도 많이 있습니다. 과거 이승복 어린이가 '공산당이 싫어요'라고 말했다가 변을 당하고, 그것과 대비해서 지금도 비슷한 일이 일어난다는 내용이었어요. 나는 광우병 소가 싫은데 그 말을 못하게 하고, 전경들이 구타를 하고, 폭력적인 진압을 한다. 그러니까 공산당이 싫다는 말도 못하던 시절이나 광우병, 미국 소가 싫다고 하지 못하는 시절이나 정도의 차이는 크지만 비슷한 양상이 아니냐는 것이었어요. 제가 깊이 생각하지 못한 부분이 뭐냐 하면 우리나라의 6·25 전쟁은 모두에게 큰 트라우마를 안긴 대사건이에요. 그 이후에 받은 교육도 말이 교육이지 권력에 의해 제2의 폭력이 행사됐던 것이거든요. 그렇기 때문에 전후 세대들이 가지고 있는 상처들이 굉장히 커요. 공산당이라든가 무장 공비에 의한 일련의 사건은 굉장히 조심스럽게 언급해야 되는 것이었죠. 그런 트라우마들을 인정하고 관련 표현을 할 때는 조심스러워야겠다. 그런 깨달음을 얻은 사건이었습니다. 당시 어머님들은 사실 어떻게 보면 제가 의도한 것과 다르게 해석하셨어요. 저는 전경이 아니고, 정권을 비판한 것이었는데, 어머님들은 전경이 무장 공비랑 비유된 것이 굉장히 기분 나빴던 거죠. 게다가 한창 미국 소 수입에 대한 시위가 격화됐던 시절이니 그 시위가 더 격화됨으로써 전경으로 복무중인 아들들이 진압 과정에서 다칠 것이 우려되어 결국 그렇게 항의 방문까지 하게 된 것인데요. 만화를 그릴 때 그러한 부분을 분명히 고려해야 된다고 생각합니다. 그 이후로 만화를 그릴 때 여러 가지로 좀 더 깊이 있게 생각하는 입장이 됐다고 봅니다.

지 오른손잡이냐, 왼손잡이냐 물어보고 손가락을 깨무셨다면서요. (웃음)

박 해명을 했는데 전혀 먹히지 않았어요. 어떤 어머님이 '만화를 그릴 때 오른손으로 그리느냐, 왼손으로 그리느냐?' 하고 물어보시더라고요. 그래서 '오른손을 쓴다'며 내밀었더니 바로 무시더라고요. 다행히 옆 아주머니들이 말려서 큰 상처는 입지 않았는데요. 저는 그때 손이 아프다기보다는 마음이 많이 아팠어요. 아까도 얘기했지만, 역사적으로 그동안 우리 국민들이 입은 상처, 아들들을 전경으로 보내고 어떤 피해는 입지 않을까, 매일 걱정해야 되는 우리나라의 현실들이 굉장히 마음 아프게 다가왔습니다.

지 그 외에 만화를 그리다가 항의를 받고 곤란했다든지 힘들었다든지 하는 부분이 있었나요?

박 황우석 사태 초창기 때 「PD수첩」에서 줄기세포에 대한 실체를 탐사보도 하면서 일각에서 다른 목소리들이 조금씩 나왔어요. 국익 이데올로기가 지배적인 상황에서 다른 목소리를 낸다는 것이 지금의 종북주의, 반국가주의, 반국민 이런 취급을 받는 상황이었기 때문에 목소리 내기가 참 힘들었는데요. 그럼에도 불구하고 용기를 가지고 저도 만화로 언급을 했습니다만, 그때 반응이 즉각적으로 오더라고요. 인터넷이 활성화된 시절이 아니라서 전화로 항의가 많이 왔어요. '황우석을 사랑하는 모임'이라든가 이런 커뮤니티에서 전화를 했던 것 같은데, 그때 반응이 굉장히 격렬했어요. 테러 조심해라, 이런 반응들이 있었거든요. 지금 현실이 굉장히 고통스럽기 때문에 장밋빛 미래를 보여주는 황우석 박사에 대한 기대감이 굉장히 컸던 것 같아요. 그 기대감을 깨뜨리기 싫은 모습들이 아니었나, 그렇게 생각하고 있어요.

지 여러 가지 생각이 많이 드셨겠네요. 권력에 대한 비판은 즉각적으로 문제가 되지는 않지요. 온갖 성역을 다 건드렸던 「PD수첩」 피디조차도 '그 전에 힘들었던 것의 열 배는 힘들었다'고 하더라고요. 그만큼 당사자들한테는 어마어마한 부담과 압력으로 다가왔다는 건데요. 희망이 깨진 것에 대한 분노도 있었겠지만, 기본적으로는 선한 마음을 가지고 한 것일 텐데, 그게 언론을 막는 역할을 했어요.

박 그때「PD수첩」의 모습이 진정한 언론의 자세가 아니었나 싶어요. 만약에 그런 기능들이 작동하지 않았다고 하면 전혀 이성적인 고찰이나 판단 없이 감성적으로, 애국주의의 일방적인 방향으로 흘러가서 그것이 결국 히틀러 시대에 나치들이 지배했던 전체주의 사회로 흘러가게 되죠. 그런 것을 막을 수 있는 것이 언론이었다는 것을 증명해준 사건이라고 생각할 수 있죠.

지 이준석 전 새누리 비대위원이 '기왕이면 잘 그려달라'고 한 적이 있죠. 그런 요청을 하는 사람이 많나요? (웃음)

박 예전에는 선거를 앞두고, 특히 대통령 선거 같은 큰 선거를 앞두고 후보자가 만화가들을 불러 같이 식사하면서 잘 그려달라고 부탁하는 일이 종종 있었어요. 특히 이회창 씨가 대통령 선거에 나왔을 때 만화가들이 이회창 후보의 특징을 뾰족한 이미지, 날카로운 이미지로 그리는 데 대해 불만을 많이 가졌던 것 같아요. 이회창 후보가 당시 김대중 후보, 노무현 후보와 붙었었거든요. 김대중 전 대통령과 노무현 전 대통령의 서민적인 이미지에 비해 귀족적이고 날카로운 이미지였기 때문에 언론에 그렇게 비치는 것이 조심스러웠던 모양이에요. 만화가들한테 부드럽게 그려달라는 당부를 많이 했죠. 저는 당시 이미 부드럽게 그리고 있었기 때문에 특별히 더 부드럽게 그릴 만한 여지도 없었고요. (웃음) 이번에 이준석 씨는「경향신문」사이트 '장도리' 코너에 댓글로 달았더라고요. '저 좀 잘 그려주세요' 하고, 같은 댓글을 두 번씩이나 달았어요.

(웃음) 이준석 씨가 발언한 것이 약간의 파장을 일으켜서 뉴스가 된 적이 있는데, 제가 그걸 가지고 만화를 그렸어요. 거기에 엑스트라 급으로 나온 거거든요. 비중 있게 나온 것은 아니고. 젊은 청년의 이미지로 간략하게 그렸는데, 자기 페이스북하고 연동이 되게 댓글을 달았어요. 네티즌들 사이에서 좀 회자가 되었죠. 반응들이 참 재미있었어요. '그 정도면 잘생기게 그렸는데 뭐가 불만이냐' 이런 반응들이 많았습니다. (웃음)

지금, 여기, 우리의 이야기

"사회 곳곳에 잠복해 있는 문제들을 끄집어내서 만화로 보여주는 일들이 의미 있다고 생각한다."

지　한국 사회는 워낙 다이내믹한 데다가 특히 MB 정권이나 박근혜 정권에서 쉴 새 없이 일이 터지니까 소재가 고갈될 리는 없지 않나, 이런 얘기도 있습니다. 정치적 상황이 암울하기 때문에 더 각광받지 않나, 하는 평가도 있거든요. 시사만화가상을 1회, 5회 두 번이나 받으셨어요.

박　시사만화의 소재가 되는 정치사회적 문제들이 이명박, 박근혜 대통령이 집권하면서 갑자기 하늘에서 뚝 떨어진 것은 아니거든요. 그 전부터 우리 사회에 이미 잠복된 문제들이고, 다 주변에 있었던 문제들이에요. 과거에 그린 「장도리」를 보면 지금 벌어지고 있는 일들과 비슷한 소재가 굉장히 많아요. 지금 주목을 받는 것은 사람들이 피부로 느끼기 때문이라고 생각합니다. 그때 당시에는 잠복되어 있을 뿐이었고, 이제 수면 위로 떠올라 실질적으로 고통을 준다는 것이 그 차이점이라고 생각하거든요. 이명박 전 대통령이나 박근혜 대통령이 당선된 현실 자체가 우리나라의 현실이고 대한민국의 실체이기 때문에 그 정치 세력들이 주도하고 있는 우리 사회에서 나타나고 있는 모습들 역시 기존에 이미 다 있었던, 잠복해 있던 문제들인 거죠. 그렇게 해서 어떻게 보면 지금 시사만화에서 언급하고 있는 문제들이 주목받는 상황은 만화가가 이끌어낸 것이 아닙니다. 문제를 피부로 느끼게끔 하는 상황이 독자들을 이끌고 있습니다. 오히려 그런 문제들을 피부로 느끼지 못하는 시절의 만화가라든가 사회문제를 얘기하는 작가들의 역할이 크다고 봅니다. 문제의식을 느끼게 하는 행위가 의미 있는 일입니다. 이를테면 아까 얘기했지만, 황우석 사태 때 이것이 애국의 길이요, 장미빛 전망이라고 생각하는 사람들 가운데서 언론이나 만화, 또는 다른 업종에 종사하고 있는 사람들이 잠복해 있는 문제들을 끄집어내어 보여주는 그런 일들이 의미 있는 일이라고 생각합니다.

지　민주화 정권에서 만평을 그리는 것과 보수 정권에서 만평을 그리는 것에 아무래도 차이가 있을 것 같은데요.

박　민주화 정권 시절, 이를테면 문민정부 이후 우리 사회에는 큰 변화가 생겼고, 여러 가지 진보된 모습이 보였습니다. 하지만 많이 미약했다고 생각해요. 근본적인 문제들이 해결되지 않고 겉으로만 변화되는 것들이 있지 않았나. 그렇기 때문에 결국 근본적인 문제들은 해결되지 않은 채 개혁이라는 것들이 성과 위주, 겉보기 위주로 이루어지면서 우리가 지금 과거 회귀적인 모습들을 보이고 있다 생각하는데요. 그렇기 때문에 소위 민주화 정권으로 정권 교체가 되고, 김대중 정부가 들어서고, 노무현 정권이 들어선 시절에도 지금 만화에서 다루는 소재하고 큰 차이점은 없었다고 봅니다. 근본적으로 만화에서 다루는 문제들이 다르지 않아요. 다만 아무래도 이명박 정부나 박근혜 정부 들어서서 서민들이 겪는 고통이 심화되고, 재벌 위주의 경제정책이 심화되면서 고통이 가중되고, 그런 문제들을 다루기에 급급하게 된 측면은 분명히 있다고 봅니다. 워낙 큰 문제들을 다뤄야 되기 때문에 우리 사회의 여타 중요한 문제들을 다루기 힘든 측면은 분명히 있습니다.

지 보수 쪽에서는 우리가 잘살게 됐고 인권 등 나아진 부분이 많은데 왜 부정적으로만 보느냐고 하지 않나요?

박 우리가 사회를 얘기할 때 지금 상황을 얘기하는 것이 중요하다고 생각하거든요. 과거와 비교해서 지금이 과거보다 잘살지 않느냐, 북한보다 잘사니까 된 것 아니냐, 이런 얘기들은 사실 무의미하다고 생각해요. 인간의 행복이나 불행에 있어서는 지금 상황이 중요합니다. 지금 상황에서 겪는 고통이나 문제에 대해 얘기해야지, 과거의 상황과 비교하는 것은 지금의 구조적인 모순을 해결하는 데 전혀 도움이 되지 않는 얘기들이라고 생각합니다.

지 사람들에게 인생관 이런 것이 있듯이 시사만평관이 있으신가요? 시사만평에 있어서 가장 중요한 것은 무엇이라고 생각하십니까?

박 보통 시사만화로 장르 구분이 되는데, 저는 그 구분 자체가 좋은 구분은 아니라고 생각해요. 어떤 만화든지 시사적인 문제를 다룰 수 있으니까요. 신문에 연재되는 만화에서만 시사적인 내용이 다루어지는 것은 아닙니다. 과거 정치, 사회, 현실적인 문제를 만화에서 다루기 힘들었던 시절, 신문에 연재되는 만화들은 우회적으로나마 그런 문제를 다룰 수 있었기 때문에 신문에 연재되는 만화가 시사만화로 구분되었다고 생각하는데요. 지금은 시절이 달라져서 어떤 만화든지 시사적인 문제를 다룰 수 있어요. 따라서 저는 시사만화라는 구분을 할 필요가 없는 시대가 됐다고 생각하고 있어요. 신문에 연재되는 만화라고 구분할 수 있지만, 신문에 연재되는 만화만 시사만화라고 하는 것은 무리한 구분이라고 생각합니다. 흔히 웹툰 작가로 구분되는 주호민 작가라든가 윤태호 작가라든가 최규석 작가 같은 분들을 중심으로 많은 작가들의 만화가 시사적인 문제를 많이 다루고 있어요. 결국은 시사만화가 지향해야 될 부분이라기보다는 만화가 지향해야 될 부분을 얘기한다면, 지금 이 시대에서 우리에게 필요한 문제가 뭐냐 하면 그동안 우리나라에서는 만화 장르가 굉장히 천대를 당하고, 무시를 당하고, 주류 문화로 대접 받지 못한 게 사실입니다. 그렇기 때문에 만화를 보고 즐기는 사람은 많지만, 진지하게 만화를 분석하고 평가하는 일은 별로 없었어요. 아무런 견제 없이 일본 만화를 모방하는 경우도 많았고, 그냥 일본 만화를 직수입해서 방송에서 보여주는 일들도 많았기 때문에 우리 현실을 담는 작업들이 많이 부족했어요. 그러다 보니까 만화를 많이 보고 자라온 세대들 중에는 일본 만화들을 주로 본 이들이 있어 은연중에 일본 도쿄 거리라든가 일본 사람들의 패션, 일본적 언어와 사고방식에 대해서는 익숙한 반면, 우리 사회가 안고 있는 문제라든가 우리가 향유하고 있는 문화적인 배경들에 대해서는 오히려 낯설게 느끼는 사태까지 발생하는데, 이건 굉장히 큰 비극이라는 겁니다. 그런 어려운 상황 속에서도 많은 만화가 선배들이 고군분투하여 한국 만화를 키워왔고 이제는 많은 웹툰 작가들이 활동함으로써 우리 모습들을 그리는 작가들도 굉장히 많아졌는데요. 굉장히 고무적이라 생각하고요. 현실을 더 담아낼 수 있는 만화 작업들이 좀 더 많이 필요한 시점이라고 생각합니다.

20년 후 꽃중년을 기대하며

"현재의 역사를 그리는 작업들, 웃기면서도 슬프고 고통스러운 우리 현실을 기록하는 작업들을 하고 싶다."

지   웹툰 시장도 커졌습니다. 만화도 많이 나오고요. 다음 한류는 웹툰이라는 얘기도 있어요. 원래 극화를 지망하셨잖아요. 웹툰 해보실 생각은 없으신가요?

박   제가 사회 활동을 해야 되는 나이에는 우리나라 만화 시장에 대한 전망이 그렇게 밝지 않았어요. 그리고 그 후에는 거의 몰락의 길로 접어들었죠. 만화잡지도 폐간이 되고요. 한국 만화는 망했구나, 이런 생각이 들 정도였어요. 그럼에도 불구하고 만화에 대한 애정이라는 것을 버리기는 쉽지 않아서, 제가 극화 만화를 꿈꿨었는데요. 어떻게 보면 제가 그 꿈을 어느 정도 접은 거죠. 그때 당시에. 그래서 신문 만화를 그리는 월급쟁이의 길을 걷게 된 건데요. 뭔가 안정된 길을 사실 걷게 된 거죠. 어떻게 보면 정통 만화가의 길에서 탈출한 것이고요. 그런데 비슷한 시기에 만화를 시작한 분들, 윤태호 작가라든지 몇몇 작가들이 있는데요. 그 암울한 전망에도 불구하고 꾸준히 작업을 하고, 지금 웹툰이라는 장르가 번성하게 되는 시대까지 꾸준히 고생하면서도 역경을 헤치며 만화 작업을 한 분들에게 제가 굉장한 존경심을 가지고 있습니다. 저는 회피하고 탈출한 셈이니까요. 「장도리」를 연재하면서도 극화 작업에 미련이 있어 『만화 박정희』 작업을 한 적도 있습니다만 지속적으로 해온 작업이 아니라 지금 보면 많이 부족하고 부끄러운 수준입니다. 하지만 아직 스토리만화에 대해 애정이 있고 언젠간 다뤄보고 싶은데, 결국 저의 노력과 실력에 달린 문제겠지요.

地　강도하 작가, 강풀 작가, 윤태호 작가 등이 각 시기별로 웹툰의 발전을 이끈 부분이 있는데요. 박순찬 화백도 자기 분야에서 꾸준히 해옴으로써 대중들에게 시사만화를 각인시켜 주고, 생명력을 유지시켜 주고 계십니다. 그동안 어떤 부분에서는 잘했던 것 같다고 자평을 해보신다면요?

박　꾸준히 독자들과 소통을 유지해왔다는 것을 긍정적으로 평가하고 싶어요. 독자와 소통하려는 노력들을 많이 했어요. 그 덕분인지는 몰라도 여타 커뮤니티라든가 이런 곳에서도 독자들이 「장도리」에 대해 많은 관심을 보여주고, 저는 작품으로 얘기를 하고, 독자들은 그것에 대해 반응을 보여주면서 오랫동안 소통해올 수 있었던 것을 보람으로 생각하고 있습니다.

지   하지만 전반적으로 시사만평이라든가 이런 데 대한 관심이 줄어들고 전망이 썩 좋지만은 않은 상황인 것 같은데요.

박   아까도 얘기했지만, 시사만화라고 장르를 구분한다는 것이 지금 무리가 있고요. 시사만평에 대한 관심이 줄었다는 얘기는 신문 만화에 대한 관심이 줄었다고 해석하고 싶은데요. 그 이유는 이미 신문이라는 자체가 과거하고는 다른, 독자들이 생각할 때는 다른 의미거든요. 이를테면 실제 종이 신문을 구독하는 독자가 많이 감소하고 있습니다. 주로 뉴스를 접하는 게, 신문을 접하는 것도 인터넷이라든가 모바일을 통해서예요. 지금은 기사가 중요한 것이지, 신문 제호가 중요한 시대는 아니라고 생각합니다. 과거에는 내가 보고 싶은 신문을 돈 주고 몇 십 년 동안 구독하지 않았습니까? 신문 하나 정하면 바꾸는 게 쉽지 않았기 때문에 신문사 간 경쟁이 있었죠. 자전거를 줘서라도 독자를 빼오는 것이 아주 큰일이었어요.

지   지국장 간에 칼부림이 나기도 했지요.

박   그 시절에는 신문에서 시각적으로 돋보이는 만화에 대해 '이런 만화가 있다'고 보여주는 것도 큰 의미가 있는 일이었거든요. 신문 간의 경쟁 구도 안에서는. 당시에는 만화가들도 몸값이 높았어요. 실력 있는 만화가를 스카우트하려 애썼고, 만화에 대해서 중요하게 생각했어요. 물론 상업적으로 중요하게 생각한 거죠. 부수 확장의 측면에서요. 지금은 신문 간의 경쟁 시대가 아니에요. 종이 신문 부수를 늘리기 위한 노력 자체는 이미 의미가 없어요. 그런 상황에서 만화에 대한 의미는 달라진 거죠. 신문에 연재되는 만화도 분명히 달라지고 있고요. 아까도 얘기했지만, 신문에 연재되는 만화만이 시사적인 것을 다루는 시절이 아니에요. 오히려 시사적인 소재를 다루는 만화들이 늘어난 지금, 시사만화가 과거에 비해 번성하고 있다고 할 수 있습니다.

지 미디액트에서 6개월 정도 다큐멘터리영화 공부도 하셨는데요. 요즘 영화 작업은 안 하고 계신가요?

박 2007년도인가 미디액트에서 6개월 동안 독립 다큐멘터리 과정을 수강하고, 졸업 작품으로 17분짜리 다큐멘터리를 만들었는데요. 아마 만화가라면 거의 마찬가지라고 생각하는데요. 만화를 그리는 사람들은 대부분 다 영화에 관심이 있고, 영화감독을 꿈꾸는 사람들도 많이 있을 겁니다. 제작 과정이 비슷하거든요. 차이라면 만화는 혼자 하는 작업이고, 영화는 팀 작업이에요. 하지만 인물들을 캐릭터로 만들어서 그걸 영상으로 풀어내는 작업이라는 점은 공통점이죠. 이때 영화에서는 배우가 연기를 하지만, 만화에서는 작가가 다 연기해야 합니다. 그래서 어쩌면 만화 작업이 좀 더 어려운 측면이 있습니다.

소설하고 비슷한데, 소설보다 노동량이 많지 않습니까?

박 노동량이 많고, 시각적으로 풀어내야 되기 때문에 형태라든지 이미지를 만드는 게 어려워요. 그래서 만화를 그리는 사람들은 대부분 영화에 관심이 많고, 영화 하나쯤 만들면 좋겠다고 생각합니다. 그런 생각을 가지고 있다가 '실제로 한번 해보고 싶다'는 생각이 들어 그 과정에 들어간 거죠. 제작 과정도 궁금하고요. 원래는 극영화를 생각하고 있었는데, 부담스럽기도 하고, 다큐멘터리반이 마침 그 시기에 개설되어 있어서 한번 들어봤죠. 그런데 역시 힘은 들었지만 중요한 경험이었고 재미난 경험이었어요. 만화 그리는 데 많은 도움이 됐다고 생각합니다.

지 어떤 의미에서 그랬나요?

박 다큐멘터리를 만들 때 보면 취재할 것도 많고, 어떤 사안을 여러 각도로 보는 자세가 필요한데요. 정치, 사회, 현실적인 문제를 다루는 시사만화의 경우에는 다큐멘터리와 흡사한 점이 많다고 생각합니다. 이를테면 극화가 극영화와 비슷하다고 하면 제가 하는 작업은 다큐멘터리와 흡사한 점이 많죠. 서로 공통된 부분도 많아요. 만화를 그리는 데도 도움이 됐던 것 같아요. 취재라든가 이런 것들을 좀 더 명확히 하게 되고, 사안에 대해서도 깊이 있게 바라보는 자세를 가지게 되었어요.

지 다른 시사만화도 많이 참고하시나요? 지난번에 굽시니스트가 질문하고 박 화백이 대답하는 대담을 「씨네21」에서 봤어요. 그분도 독특하지 않습니까? 젊은 분이 본격 시사만평을 그리는 것은 드문 일이죠.

박 저는 시사만화를 구분해서 자세히 보고 그러지는 않아요. 만화 전반적으로 두루 보고, 가능한 많은 만화를 보려고 해요. 굽시니스트 만화는 여러 만화 중 하나이기도 하지만 다루는 소재들이 정치사회적인 문제들인 경우가 많기 때문에 그래도 많이 보는 만화에 속합니다. 굉장히 재미난 접근을 많이 하고, 패러디라든가 표현 방식이 재미있어요. 그런 만화들이 많이 나와야 된다고 생각해요. 다양하게. 우리가 만화 침체기를 워낙 오래 걸어와서, 그리고 그 전에는 일본 만화의 수입이 주류였고 우리의 문제들을 다루는 작업들이 그동안 등한시되었기 때문에 장르도 그렇게 많이 발달하지는 못했거든요. 일본이나 만화가 많이 발달한 나라를 보면 SF도 있고, 판타지도 있고, 폭력물도 있고, 학원물도 있고, 정치사회적인 문제를 다루는 만화도 있고 굉장히 많은데요. 우리는 사실 그렇게 다양하게 발전하지 못한 측면이 있습니다. 그리고 만화의 구분에 대해서도 문제가 있는데, 이를테면 교양만화라는 구분이 있지 않습니까? 그 말도 저는 달갑지 않게 생각하는데요. 그러면 다른 만화는 비교양만화이고 몰상식한 만화인가? 교양만화 또는 학습만화라는 말 자체도 그렇게 긍정적인 단어는 아닙니다. 만화 자체를 생활에 도움 안 되는 쓸모없는 존재, 교양을 쌓고 공부하는 데 방해되는 존재로 보는 시각이 깔려 있는 단어거든요. 시사만화라는 단어에도 원래 만화는 시사적인 것이 아니고, 허황된 얘기를 다루는 것이라는 시각이 은연중에 깔려 있는 것이라고 생각합니다. 교양만화나 시사만화라는 장르 구분 자체는 진정한 장르 구분이 아니라 의도가 깔려 있는 구분이기 때문에 달갑지 않아요. 정치사회적인 문제를 다루는 만화든, SF만화든 굉장히 다양한 만화들이 나와야 된다고 생각합니다.

지 추천해주실 만화가 있다면요?

박 저는 개인적으로 일본의 데즈카 오사무의 『불새』를 감명적으로 읽었어요. 주변 사람들한테도 많이 추천하는 만화입니다. 그리고 래리 고닉이라는 만화가의 『세상에서 가장 재미있는 세계사』라는 만화도 특이하고 재미있는 만화인데 잘 알려지지 않은 것 같아 따로 추천드리고 싶습니다. 하지만 만화에 대한 취향은 사람마다 달라요. 추천이라는 게 큰 의미는 없다고 생각합니다.

지 앞으로 특별한 계획이 있으신가요?

박 계획을 세워봐야 실행에 옮기지 않으면 무의미하고, 그래서 계획을 잘 세우지 않는데요. 그래도 올해든 내년이든 그동안 제가 단행본 때 했던 표지 작업하고 그런 연장선상의 작업들을 좀 더 추가해서 전시회를 구상하고 있습니다. 올해든 내년이든.

지 전시회를 하면 판매도 하게 될 텐데, 어떻게 보면 예술이기도 하지만 작가의 작품 가격으로 급이 매겨지는 부분도 있는 것 같습니다. 처음 해보시는 거라 기분이 묘할 것 같아요.

박 판매까지는 제가 잘 모르기 때문에 생각해본 바는 없어요. 일단은 아까도 얘기했지만, 우리 현실을 그리는 작업들이 좀 많아지면 좋겠다는 바람이 있는데요. 미술 역시 그렇거든요. 한국 미술이라고 하는 것이 전 세계적으로 내놓을 수 있는 것들에는 어떤 것이 있나, 우리 모습을 그리는 미술 작업들을 그동안 얼마나 해왔나, 이러한 질문을 해볼 필요가 있다고 생각합니다. 우리가 외국의 사조를 따라가기만 하고, 외국의 것을 흉내 내기만 해온 것이 아닌가, 반성이 좀 필요하다고 생각하고요. 우리 모습을 그리는 작업들, 우리 시대를 기록하는 작업들을 하고 싶은 생각이 있습니다. 그런 것들을 알릴 필요가 있어서 전시회를 할 필요가 있다고 생각합니다.

지　마지막으로 해주실 말씀은요?

박　제가 하루하루 마감을 하다 보니 어느덧 20년을 채우게 됐는데요. 사실 정치사회적인 문제를 다루는 만화가 재미있을 수만은 없어요. 웃프다는 표현을 많이 하시는데, 웃기면서도 한편으로는 굉장히 슬프고, 우리 고통스러운 현실을 드러내는 것이기 때문에 봤을 때 씁쓸한 기분이 남을 수밖에 없는데요. 그럼에도 불구하고 관심을 가지고 우리 현실을 보고자 하는 독자들의 모습이 저는 사실 건강하다고 느껴지거든요. 우리가 좋은 것만 볼 수는 없습니다. 재벌 회사에서 만드는 광고에는 굉장히 아름다운 모습도 많고, 보면 눈이 즐겁지만 그것들은 우리 현실을 다룬 것이 아니잖아요. 우리 현실에는 고통스러운 면도 분명 존재하고, 그걸 지적하는 것이 뼈아픈 고통이 될 수 있습니다. 그런 것들을 과감하게 그리려고 합니다. 사실 그리는 것보다 그런 만화를 보는 것에도 용기가 필요하다고 생각합니다. 그런 만화들을 지지해주고 애정을 가지고 보는 독자들에게도 존경의 마음을 보내드리고 싶고, 계속 우리 현실에 대해서 관심을 가지고 애정을 가져야 그 현실의 문제점들을 고쳐나갈 수 있는 것이 아닌가, 이런 생각을 하고 있습니다. 앞으로도 지속적으로 관심을 가져주셨으면 좋겠습니다.

'홍대 마녀' 오지은

"나만이 할 수 있는 것을 하라.
그러면 어떻게든 된다."

지승호,
THE INTERVIEW

오지은

솔직하고 자기고백적인 가사로 동세대 많은 여성들에게 공감을 얻고 있는 싱어송라이터. 2006년 듀오 '헤븐리(heavenly)'로 살롱 바다비, 클럽 빵 등에서 공연 활동을 시작하였고 그 해 가을, 제17회 유재하 음악경연대회에서 동상을 수상하였다. 2007년 1월, 데뷔 앨범 1집 『지은』을 발표하고 7월에 「EBS 스페이스 공감」 최초의 헬로루키로 선정되었으며, 2009년에 2집 『지은』을 발매했다. 2010년에는 '오지은과 늑대들'을 결성해 2011년 『오지은과 늑대들』을 발매하였다. 2013년, 세 번째 솔로 음반 『3』은 높은 완성도로 각계각층으로부터 찬사를 받았다.

INtro

오지은의 2집 『지은』이 나오자 유희열은 그녀를 '홍대 여왕'이라 불렀고, '언니네 이발관'의 이석원은 그해 발매된 음반 중 오지은 2집을 최고의 음반으로 꼽았습니다. 그 앨범에 수록된 「날 사랑하는 게 아니고」는 2013년 「대중음악 SOUND」 지에서 선정한 인디음악 명곡 100선에 선정되기도 했습니다. 「W」 지는 '투명한 심장에서 뽑아내는 솔직한 사랑 노래. 얼음이었다가 불꽃이었다가 하는 변화무쌍한 온도를 머금은 오지은의 음악은 특히 또래 여자들의 지지와 공감을 보태 인생의 BGM이라는 평을 받아왔다'고 평했습니다. 직설적이고 솔직한 그녀의 사랑 노래는 열렬한 지지자를 몰고 왔으며, '홍대 마녀'라는 별명을 선사함과 함께 뜨거운 논쟁의 대상이 되기도 했습니다. 음악평론가 차우진은 '오지은이란 음악가의 등장은 지난 10여 년간 한국 인디신의 토대가 질적으로나 양적으로나 팽창한 결과라는 점에서, 또한 그녀의 등장과 함께 10년 전처럼 여성 음악가에 대한 관심이 환기되었다는 점에서 간과할 수 없다. 또한 같은 맥락으로 그녀가 종종 '인디'에 대한 논쟁의 핵심이 된다는 점 또한 의미심장하다. 단언하건대, 오지은은 성공한 음악가다' 이렇게 평했습니다.

1집, 2집, 그리고 3집

"3집에는 센 노래를 뒤에 넣었다. 아마도 사람들이 1, 2, 3번 트랙만 듣고, '뭐야, 오지은 손톱 빠졌네'라고 하지 않을까."

지 『3』 발매 기념 쇼케이스에서 타이틀 곡 「고작」에 대해 이렇게 말씀하셨어요. '박찬욱 감독의 복수 3부작처럼 1집 「화」, 2집 「날 사랑하는 게 아니고」에 이은 완결 같은 느낌의 곡이다. 사랑이라는 감정을 가장 어둡게 바라보고 싶었다.' 비유를 굉장히 잘하시더라고요. 인터뷰마다 1, 2, 3집을 다르게 비유하셨어요.

오지은(이하 오) 운이 좋게도 인터뷰를 많이 한 케이스인데, 로봇과 탁구 치는 것도 아니고… 항상 다르게 바라보려고 노력했던 것 같아요. 그랬으니 일관성이 없겠죠. (웃음)

지 일관성이 있던데요. (웃음) 사랑이라는 느낌에 대해서 1, 2, 3집에는 어떤 차이가 있나요?

오 여자가 나이를 먹은 거죠. 사랑에 대해서 많이 기대하다가 점점 안 하게 되는 과정을 정말 추할 정도로 부끄럽게, 솔직하게 그리려고 했던 것 같아요. 그런데 제 앨범은 제가 프로듀싱을 하니까 프로듀서로서 3집을 이렇게 내는 것이 전략적으로 좋지 않을 수도 있겠다는 생각을 했어요. 요즘 아무도 그렇게 절규하는 사랑 타령 같은 것을 안 하니까. 그런데 1, 2집을 낸 사람으로서의 의무감 같은 것, 내가 너무 좋아하고 얘기하고 싶었던 유치한 세계를 이제 완결 지어야겠다, '고작'이라는 말로. 그래서 '행복하게 살았습니다. 사랑이 최고야' 이런 게 아니고, 20대 때 세상의 전부였다고 생각했던 것이 아무것도 아니게 느껴졌던 경험에 대해서 쓰고 넘어가야겠다. 나중에 내가 이것을 뒤집더라도. 이런 생각이 들어서 아주 유치한 완결을 한 거죠. (웃음)

지 역설적으로 그게 더 슬프게 느껴졌다는 사람들이 많은데요. 그게 '고작'이라니, 하고.

오 그게 슬펐어요. 슬프더라고요. 사랑이 떠나는 것보다, 사실은 내게 고작, 아무것도 아니었던 것을 가지고 내가 몇 년간 그랬던 것이 아닌가 하는 것에 두둥, 했던 것 같아요. 가치가 큰 것이었다면 배신을 당해도 나름 의미가 있었다고 판단할 수 있을 것 같은데요. 이건, 사실은 뇌내 망상 같아서 슬펐죠.

지 「10아시아」 인터뷰를 보니까 1집은 '헤어져서 아파…'의 느낌이고, 2집은 '아, 이렇구나. 사랑이란 게…'의 톤이고, 3집은 '지금 생각해보니 그랬던 것 같아…' 정도로 표현할 수 있다고 하셨는데요.

오　잘 정리했었네요. 거칠지만. (웃음)

지　'네이버 뮤직'에 3집 노래 하나하나마다 지인들이 코멘트를 했더라고요. 쟁쟁하던데요. 김애란, 한효주, 최강희, 정재형, 김연수, 주호민, 이택광, 김윤아, 윤병주, 조원선, 윤성현, 이석원, 정지찬.

오　지금 들어보니 남의 일처럼 우아, 그러는 느낌인데요. (웃음) 트위터 덕분 아닐까요? 아주 친한 사람들도 있고, 제가 그냥 리스펙트하는 사람들도 있어요. 아직 개인적으로는 만나보지 못했어도 온라인을 통해 우정을 나눈 분도 있고요. 제가 어떤 사람이 좋다는 생각이 들면 그 사람한테 말 거는 것을 주저하지는 않는 스타일이에요. 물론 그 사람이 제 노래를 좋아한다는 약간의 정보를 얻게 된다면, 이후 '어머, 저도 좋아합니다'를 잘하는 스타일이죠. (웃음) 그다음에 그 사람의 멋있고 좋은 점을 얘기하는 것도 좋아해요. 저도 해놓고 보니까 놀랐어요. 다시 모으려면 힘들지 않을까요? (웃음) 감사할 따름입니다.

지　고찬용, '서울전자음악단'의 신윤철, '디어클라우드'의 용린과 이랑, '스윗소로우'의 성진환, '랄라스윗'의 박별, 이상순, 'MOT'의 이이언, '로다운30'의 윤병주, 정인, 린 같은 쟁쟁한 뮤지션들이 3집에 세션으로 참여했는데요. 음악적으로 요구해야 하는 부분에 대해서 어떻게 소통하셨나요? 도착점을 먼저 얘기하신다고 들었습니다만.

오　네. 예를 들어 이런 설명이에요. 이 사람은 되게 슬픈데, 표정은

변하고 싶지 않은데, 주먹은 쥐고 있어야 돼. 이런 얘기를 했을 때 20대 음악 전공자들은 아마 이게 뭔 소리인지 모를 거예요. 세션계에 뛰어든 지 얼마 안 된 사람도 나중에 어디 가서 '오지은이랑 했더니 주먹을 쥐라고 헛소리하더라' 이럴 수 있는데요. 정말 경지에 오르신 분들은 '아, 슬픈데, 표정은 무뚝뚝한데, 주먹을… 아, 알겠습니다. 해볼게요' 이러세요. 그래서 '이거구나. 역시 나의 망상은, 로망은 현실이었다. 이룬 자들은 이렇게 하는구나' 하고 저의 유치한 설명을 그만두지 않는 거죠. (웃음) 이 상황에서 어떤 톤으로, 뭘 걸고, 몇 비트로 어떻게 해주세요, 하고 기술적으로 자세하게 들어가 버리면 잘해봐야 1+1=2가 나오는 것 같아요. 그런데 추상적으로 설명하면 3이 나올 수 있다고 생각해요. 물론 저의 역량 부족도 있는데, 음악적으로 용어를 잘 알지 못하니까요. 3이 나오는 순간을 못 잊어서 계속 그렇게 하고 있는 것 같습니다.

지 　『3』에 수록된 「물고기」에 대해 이석원 씨는 '8분이 넘도록 숨죽여 듣게 되는 아름다움과 긴장이 공존하는 대작'이라고 표현했어요. 김윤아('자우림') 씨는 「Curse Song」을 듣고 있자니 곡 안에서 폭발하고 있는 그녀의 어두운 에너지에 짜릿한 것도 잠시, 왠지 남이 알아서는 안 될 비밀을 엿들어버린 듯한 죄책감이 듭니다. 제가 오지은을 사랑하는 이유가 이 곡 안에 가득합니다'라고 네이버 뮤직에서 평했습니다. 2011년 5월 15일 일기에 '아주 좋아하는 어떤 (슈퍼스타는 아닌) 밴드의 보컬 겸 리더가 아주 좋아하는 어떤 (타이틀 곡은 아니었던) 곡의 작곡가임을 알았다. 이 짜릿함. (둘은 전혀 접점이 없어 보였는데!!!) 그러고 보면 나는 보통 슈퍼스타가 아닌 밴드를 좋아하고 앨범에선 타이틀 곡이 아닌 후반곡을 좋아하는구나'라고 쓰셨는데요. 그 두 곡이 거기에 해당되는 것 같습니다.

오 제가 좋아하는 전형적인 8, 9, 10번은 아닌데요. 그 자리에 그런 노래를 넣은 것은 1, 2집의 전략과는 되게 다른 것이었어요. 1, 2집 때는 1번을 듣고 나서 2, 3, 4번까지 듣게 하는 것이 목표였는데, 지금은 그렇게 호객 행위를 하지 않아도 되지 않을까 생각한 거죠. (웃음) 몇 년간 되게 많이 들은 말이 '편안한 노래들이 뒷부분에 있어요'예요. 앨범을 내고 편안한 노래들이 1년 뒤에 알려지는 거죠. '오지은 사이코인 줄 알았는데, 공감 가는 노래도 하네'라고 해요. 그게 억울한 면도 있었어요. 제가 어두운 면은 더 가치가 있고, 담담한 면은 가치가 없다고 생각하는 것도 아니고, 그냥 다 제 노래라… 물론, 처음에 선보일 때는 가장 센 것을 하게 되잖아요, 사람이. 그래서 1집에는 「화」를, 2집에도 센 것을 앞에 배치했는데요. 이제는 굳이 그렇게 잔머리를 쓰지 않아도 되지 않을까 싶어서 (센 것을) 뒤에다가 넣었는데, 잘못된 전략이었던 것 같기도 하고요.

지 무엇 때문에요?

오 아마도 많은 사람들이 1, 2, 3번만 듣고, '뭐야, 오지은 손톱 빠졌네'라고 했겠죠. 뭐, 어쩔 수 없는 것으로. (웃음)

8할은 가사를 쓰는 것

"사랑을 하면서 마주치는, 결코 아름답지만은 않은 순간들에 꽂혔다. 내가 듣고 싶은 노래를 만들고, 내가 듣고 싶은 말들을 가사로 썼다."

지 네 번째로는 좀 다른 느낌의 곡을 하겠다고 하셨는데요.

오 사랑 얘기가 아니지 않을까요? 그런데 적어도 3년 뒤가 될 것 같아요. 그동안은 음악을 안 한 사람들의 기분으로 조금 살아보려고요. 왜냐하면 제가 음악 하는 사람으로 살던 시절… 말이 이상하네. (웃음) 제가 음악 하는 사람 모드일 때는 매사가 음악이라서 음악을 잘 즐길 수도 없고, 결국 되게 스트레스를 받는 거예요. 너무 잘하고 싶은 영역이니까 다른 음악을 마음 편하게 들을 수도 없고, 뭔가 계속 음악 할 건수를 찾아야 되고, 그 와중에 방송도 해야 되고… 굉장히 피곤한 상태였는데요. 잠깐 안 그러고 살면 새롭게 볼 수 있게 되는 것들이 있을 것 같아서 감히 그렇게 하고, 요즘 글을 쓰고 있습니다.

지 2011년 11월 2일 일기에 '글을 보면 볼수록 고치고 싶어지는데, 이러다 글과 음악을 대하는 자세가 같아지지 않을까 걱정이 된다. 왜 걱정이 되느냐 하면 내 몸은 하나고 생각하는 용량도 보잘것없는데 글마저 음악처럼 된다면 난 정말 둘 다 할 수 없게 돼버리기 때문이다. 그래서 되도록이면 글은 즉흥적으로 경쾌하게 써서 음악을 만드는 과정과 균형을 맞추려고 했는데 어째 바람직하나 괴로운 길로 가고 있는 것 같아서 진심 걱정된다'고 하셨잖아요.

오 　요즘 거기에 굉장히 관심이 있어요. 저 혼자 관심 있는 것 같아서 어디에 쓰긴 뭐한데요. 음악 하는 사람과 글 쓰는 사람은 약간 메커니즘이 다른 것 같아요. 운동선수로 비교하자면 쓰는 근육이 다른 것 같고요. 음악의 경우는 5분짜리 노래를 만드는 데 30분이 걸리기도 하거든요. 30분 동안 약간은 이성적이지 않은 상태로 멜로디랑 가사를 스스로 검열하지 않고 막 쏟아낸 다음에 이성을 가지고 그걸 편곡한다든지, 그 이후에 그것을 노래로 만드는 과정을 겪는데요. 글은 전혀 그렇지 않아요. 음악과는 다르게, 새벽 4시에 잠깐 뿜어내는 것이 가장 좋은 방법은 아닐 수가 있는 거죠. 그렇죠? (웃음)

지 　번역도 하시고, 에세이집 『홋카이도 보통열차』도 내셨어요. 재미있던데요. (웃음)

오 　재미는 있죠. 다시는 못 쓸 책이 아닐까요?

지 　「100beat」와의 인터뷰에서 '가사가 늘 작업의 씨앗이 된다'고 하셨는데요. 음악 작업 순서는 어떻게 되나요?

오 　가사가 80% 정도 되는 것 같은데요. 70, 80% 정도.

지 　모티브가 되는 것은 아무래도 예전의 경험들인가요?

오 　경험과 경험에서 파생된 생각이겠죠. 만드는 사람이라면 꽂히는 것이 있잖아요. 80년대 LA메탈 밴드라면 맥주 마시고 여자랑 노는 것에 꽂혔을 것이고, 레이지 어게인스트 더 머신이면 사회적인 문제에 꽂히고요. 제가 꽂혔던 것은, 이건 얘기를 하고 넘어가야겠다고 생각이 든 것은 결국 사랑하는 데 결코 아름답지 않은 순간들인 것 같아요. 제가 듣고 싶은 노래를 만들었어요. 제가 듣고 싶은 말들을 가사로 쓰고.

지　보통 일반적인 사랑 노래 가사들과 달라서 반응도 극단적이었던 것 같습니다. 어떤 분들은 '아, 이거 내 얘기다' 그러기도 했지만 대중가요 가사 치고 사랑에 대해 너무 직설적이고, 어둡고, 세다고 하는 분들도 있었던 것 같습니다.

오　두 반응 다 좋은데요. (웃음)

지　오키나와 게스트하우스에서 「고작」, 「물고기」를 완성하셨는데 한국에서는 막히는 감정들이 있었나요?

오　막히더라고요. 30대 초반에 막혔던 경험 없으세요? 20대에는 생각이 여기저기로 뻗치다가 언젠가부터 점점점 그 원이 내부에서만 돈다고 생각된 적 있지 않으셨나요? 그런 타이밍이 저는 3집을 만들 때 왔던 것 같아요. 예전엔 어떤 기분이 들면 '나 지금 이런 기분이야' 이런 얘기를 실제로도 했고 노래로도 했던 것 같은데, 2집에서 3집 사이의 4년 동안 '자신의 기분을 세상에 쏟아낸다'는 (식의) 젊은이가 할 법한 것들을 슬슬 안 하게 되고 못하게 되어서 그것을 받아들이고 나름의 창작 방법 같은 것을 찾는 데 시간이 좀 걸린 것 같아요.

지 「테이블보만 바라봐」는 당시 남자 친구인 성진환 씨와 같이 부르셨어요. 기존의 곡들과 좀 다른 느낌이고.

오 사실 저는 안 부르고 싶었어요. (웃음) 지금도 그 생각은 마찬가지인데, 그 친구가 노래를 정말 잘해요. 그래서 프로듀서로서 어쩔 수 없이 부른 거죠. (웃음) 저는 외간 남자랑 하고 싶었는데, 아쉽습니다. 1집의 「사계」, 2집에도 그렇고, 흐름을 깨는 노래들이 있어요. 앨범의 통일성보다 지금 내가 하고 싶은 말에 더 방점을 찍는 굉장히 이기적인 태도인데요. 그것을 결국 3집에서도 해버렸네요. (웃음) 제가 엄청 버릇이 나쁜 프로듀서인 거죠. 완전히 어두운 노래로 앨범을 다 채우는 데 대한 공포가 좀 있어요. 저는 어두울 때 더 어둡고 싶어서 음악을 하는 것이 절대로 아니거든요. 우울할 때 제 우울한 노래를 들으며 카타르시스를 느끼는 것도 좋은데요. 그 다음날엔 제 실없는 노래를 듣고 괜찮아지면 좋겠어요. 우울할 때도 괜찮을 때도 함께하고 싶은 이기심. (웃음)

지 지금 말씀하신 것처럼 한 번씩 빠져나가는 트랙 같은 앨범이 '오지은과 늑대들' 앨범이었던 것 같습니다. 2집까지 너무 디프레스되었던 감정을 끌어올리기 위한 작업이었나요?

오 혼자서 작업하는 것이 힘들었어요. 그래서 밴드에 대한 단순한 부러움? 그리고 당시 연주해주던 분들과 합이 잘 맞아서 기왕 이렇게 할 거면 밴드로 합시다, 그렇게 된 거죠. 이 분들이 세션이라는 이름 뒤에서 명예를 얻지 못하고 있다는 느낌이 있었어요. 이 사람들이 자기 연주를 이렇게 잘합니다. 제 사람들이 이렇게 잘합니다, 이런 것을 보

여주고 싶은 순진함이 있었네요. 시대의 흐름과는 전혀 상관없는 짓을 했습니다. (웃음)

지　솔로 활동과는 여러 가지 차이가 있었을 것 같은데요.

오　음악을 즐겁게 할 수 있구나, 하는 루트를 알았어요. (다만) 그게 나한테는 송충이의 솔잎은 아니구나, 하는 생각이 들었어요. 재밌었지만 무대에서의 파괴력은, 결국 제가 웅크리고 어두운 것을 부르는 거랑 (『오지은과 늑대들』에 수록된) 「넌 나의 귀여운!」을 부르는 것을 객관적으로 봤을 때 오지은 솔로가 파괴력이 훨씬 크구나, 그리고 더 오래할 수가 있구나, 하는 생각이 들었어요. (그런데) 밴드의 1/n이 되는 것에 대한 로망은 지금도 있어요. 저의 제일 큰 로망은 모든 것이 세팅된 곳에 탬버린만 하나 들고 가면 되는 여자 보컬이 되는 것인데, 아무도 써주지 않더라고요. 아쉽습니다. 잘 칠 수 있는데, 분량 상관없이. (웃음) 코러스 걸, 이런 게 로망입니다. 진심으로. 비꼬는 것이 아니고.

지　우울한 감성의 사랑 노래가 많은데, 결혼으로 음악적 변화가 있을 거라고 생각하십니까?

오　아마 있긴 하겠죠. 라이프 파트너가 생긴 거니까. 하지만 좋은 일이 있다고 해도, 햇볕이 아무리 강하다고 해도 응달은 응달인 것 같아요. 햇볕이 전혀 없이 계속 응달이고 비만 내리는 상황과 햇볕이 있는 상황에는 큰 차이가 있겠지만, 응달은 응달이어서, 그래서 밸런스를 맞춰주고, 저한테 햇볕을 쬐어주는 역할을 해주는 것이 더 고마운 일인데요. 그래도 결국, 구원은 <u>스스로</u> 해야 되는 것이라 가끔 일광욕하는 기분으로 신세 지고 있습니다. (웃음)

지   어리석은 질문이었네요. 결혼이란 자체가 뭔가 변화를 주기는 하지만, 사람이 근본적으로 바뀌지는 않겠죠.

오   그러니까 수많은 중년 여성과 남성들이 그렇게 방황하고, 외로워하고, 허무해하는 것 아니겠습니까? 그 역할이 되어보진 못했지만, 미루어보건대, 약간 15도 다른 곳을 보고 있는 것 같은. (웃음)

'홍대 마녀'라는 닉네임

"처음엔 너무 강한 프레임이라 경계했다. 지금은 재밌게 생각하고 있다. 누가 가져가면 좋겠지만, 막상 가져가면 섭섭할 것 같다."

지   「누가 너를 저 높은 곳에 올라가도록 만들었을까」는 2012년에 발표한 위안부 피해 할머니들을 위해 만든 컴필레이션 음반 『이야기해주세요』에 수록된 것을 3집에 다시 실은 것이고, 2집의 「작은 자유」는 프리티베트운동을 보면서 쓴 곡입니다. 사회적인 이슈에 대해서도 계속 관심을 갖는 것 같습니다. 트위터를 봐도 그렇고요.

오   (사회적 이슈에 대한 언급을) 안 하려고 하는데, 요즘 안 할 수가 없네요. 자꾸 하고 그러면 안 되는데. (웃음) 진짜 콘크리트 층을 깨려면

많이 때리면 안 되거든요. 교묘하게 쳐야 되는데, 자꾸 실패하고 있는 것 같아요. (웃음)

지 '시나위'의 신대철 님도 페이스북에서 사회적인 얘기를 강하게 하시더라고요. 한국에서 뮤지션으로 살아가는 데는 불리한 행보일 수 있거든요. 외국에서는 예술가들이 정치적 의사를 표시해도 문제가 되지 않지만 우리나라에는 '음악이나 해라' 이러는 사람들도 많고요.

오 누가 정치 얘기를 해도 이상한 쪽으로 흐르는 현 사태라서요. 하지만 합리적으로 사회가 바뀌면 좋겠어요. 공식적으로는 얘기하기가 그렇지만, 합리적인 얘기라면 그냥 국민으로서 할 수 있지 않을까 해요. 저는 크리스천이 아닌데요, 제일 좋은 전도는 '믿어' 이러는 것이 아니고, 자기가 되게 잘살고 있는 모습을 보여주면 자연스럽게 전도가 되는 거라 하더라고요. (그래서) '이렇게 하는 게 좋지 않을까?' 하는 것을 살짝 흘리는 것으로 충분할 것 같아요. 왜냐하면 제가 그런 얘기를 계속 세게 하면 사람들이 저를 뮤트하기 시작하겠죠. 제 말에 어차피 찬성할 수밖에 없는 몇 백 명만 좋아요, 좋아요, 하게 되면서 그 세력은 몰락하게 되는 것 같아요. 저는 합리적으로 사회가 바뀌는 것에 관심이 굉장히 많습니다. 하지만 음악적으로 뭘 표현하는 것은 교묘하게 하고 싶어요. 어느 쪽 사람이든 상관없이 다 동의하고, '그러게. 그러니까 바뀌어야겠네' 하고 생각할 수 있게. 가랑비에 옷 젖듯.

지 아무리 음악적으로 그렇게 하더라도 일단은 정치적인 스탠스라는 것이 있기 때문에… 어떻게 보면 「작은 자유」 같은 것을 중국에서 들으면 기분 나빠서 입국 금지를 시킬 수도 있잖아요. (웃음) 본인이 의도하지 않았다 하더라도요.

　오　그럴 수도 있겠네요. 아쉽네요. 어쩔 수 없죠. (웃음)

　지　여성 싱어송라이터라는 단어에 대해 불편한 시각이 있었던 것 같습니다. 예전에 「브뤼:트」라는 잡지에서 시와, 한희정 님하고 세 분이 대담하시면서 그런 말씀을 하셨어요. 싱어송라이터면 싱어송라이터지.

　오　남성 싱어송라이터 특집은 안 하잖아요. 어릴 때는 '소녀시대' 세워놓고 다리 비교하는 느낌이었어요. 아마도 평론가들이 거의 남자이기 때문에 그렇겠죠. 웃기는 것은 소비자들이 여자라는 거죠. 거기서 재미있는 지점이 발생하는 게 아닐까 싶어요. 우리끼리는 아무렇지도 않게 받아들이는 것이 새삼 분석되고, 뭔가 우리가 듣기에는 어이없는 질문을 받게 되는 경우가 있어요. 여자에게 갖고 있는 환상과 편견 같은 것을 프레임으로 뒤집어씌우는 느낌이 들죠. 성녀 마리아 또는 창녀 마리아. 전 일단 마녀로 분류되다 보니 마녀스럽지 않은 음악을 할 때는 '마녀가 왜 이런 음악을 해' 하는 반응이 나오는데, 사실 제 음악을 듣는 여성분들은 굉장히 자연스럽게 받아들여요. 전부 우리 자신이니까. 언젠가 '왜 맨날 사랑 얘기를 해요?'라는 질문에 '맙소사, 젊은 여자한테 사랑 말고 뭐가 중요합니까?' 하고 대답했어요. 'LA메탈 밴드가 맨날 맥주 좋아, 여자 좋아 하는 건 멋있고 왜 이건 안 멋있어요?' 한 적도 있고요. (웃음) 하지만 어느 시대라고 그런 편견이 없었겠어요. 유해지고 있

습니다. 다 감사할 따름이죠. (웃음)

지 　레이블 입장에서 홍대 여신, 홍대 마녀 이런 이미지를 어느 정도 홍보를 위해서 쓰기도 했을 텐데, 그게 빛과 그림자가 있지 않습니까?

오 　저희 회사랑 저 같은 경우에는, 사실 저는 해피로봇레코드를 나왔는데요… 아직 업계에 제대로 발표하지 않았지만 4월로 계약이 만료돼요. 다시 혼자가 되는데, 저희 회사 같은 경우에 그걸 경계하는 스타일이었어요. 너무 강한 프레임이라. 일단은 어쩔 수 없이 '홍대 마녀'라는 닉네임을 거부하지 않고 받아들일 수밖에 없었죠.

지 　지금은 '홍대 마녀'라는 닉네임에 대해서 어떻게 생각하세요?

오 　재밌게 생각하고 있습니다. 누가 가져가면 좋겠지만. (웃음) 이런 얘기를 하면서도 막상 가져가면 섭섭하겠죠.

지 　1집 만드는 과정에서 방 라이브나 제작 방식에 대해 얘기가 많이 나오는 바람에 스트레스를 많이 받으셨죠?

오 　제 생각에는 타이밍이 이상했던 것 같아요. 방 라이브도 홍대에 공연 보러 온 사람들 스무 명 남짓, 그것도 제가 누군지 모르면 당연히 안 오는 것이고요. 그리고 사실 그 기원은, 제가 새벽 3시쯤 곡을 쓰면 외국에 사는 친구하고밖에 연락이 안 돼요. 약간 친구한테 부리는 재롱이랑 비슷했던 거죠. 자료도 용량이 크잖아요. 그러니까 '유튜브에 올릴 테니까 봐. 겸사겸사 다른 사람도 보겠지'라는 느낌으로 올리게 된 거예요. 초반에는 회사 들어가기 싫으니까 스스로 제작했던 것이고, 외로우니까, 돈을 미리 받아서 하는 거니까 투명성을 위해 작업기를 올리고, 그냥 있기 뭐하니까 방 라이브를 올렸던 것인데요. 여러 가지 시각이 있었지만 제가 다이렉트로 느꼈던 것은 '가지가지 한다'는 반응이랑 그때는 아직 자체 제작이… 뭐라고 할까, 제가 조금 잘됐다고 얘기하기는 그렇지만, 제가 조금 되고, 장기하가 되고 나서부터 자체 제작에 대한 인식이 바뀌었지. 그 전에는 '너는 어디 회사도 못 들어가서 그러고 앉아 있니? 너는 CD를 직접 가져와서 판다며?' 이런 시각이 컸어요. 아니, 이게 직업이고, 자기 앨범을 있는 힘껏 열심히 만들어 파는 것이 직업인의 할 일인데, 이 세계의 우아함은 무엇인가, 하는 생각도 들었고요. 한동안은 그 과정에 대해 얘기를 하고, 음악 얘기는 뒤늦게 나온 것 같아요. 저는 1집이 되게 평이 안 좋은 앨범인 줄 알았어요. 2집 인터뷰를 하는데 다들 1집 얘기를 해서 '아니, 2년 전 이야기를 왜 하시나요?' 그랬죠. 지금은 유해져서 '아, 예' 하지만요. 그때는 뭔가 당황스러웠던 것 같아요. 어린 마음에. 지금은 다, 감사합니다. (웃음)

지　그때 올렸던 유튜브 영상 가끔 보시나요?

오　안 보죠. 그런데 지우지 않는 것이 약간의 예의라고 생각해서 지우지는 않는데, 안 봅니다.

지　아무래도 보게 되면.

오　젊겠죠. 되게. (웃음) 아우 젊네, 기타를 저렇게 못 치는데 저렇게 했어, 이런 생각만 하게 되겠죠. 마치 엄마한테 일하고 있는 것을 보여주면, 엄마가 일은 안 보고 '니가 얼굴 살이 빠져가지고' 이렇게 받아들이는 것처럼. 그런데 갑자기 남 생각하듯이 생각해보면 좋고도 무모한 행동이었던 것 같아요.

동방신기도 아닌데

> "초반 1,000장 팔고 끝날 줄 알고 '죽기 전에 1,000장 팔자!' 했는데, 생각보다 금방 매진. 세컨드 에디션을 찍다 보니, 에디션이 네 개다."

지 1집 때 소속사에 들어가지 않은 이유에 대해 '간섭이 없는 상태에서 내가 할 수 있는 한계까지 음악을 만들어보고 싶었다'고 했는데, 성격 자체가 남한테 휘둘리는 거 싫고, 이런 부분이 강한 성격인가요?

오 휘둘리는 것이 싫었다기보다 아직 내 음악에 완전한 자신이나 확신이 없는 상태에서 남이 끼어들면 이도 저도 안 될 것에 대한 공포감이 있었어요. 죽이 되든 밥이 되든 내가 완결을 지으면 뭔가가 작든 크든 완결성이 생길 테니까, 하는 마음이었던 것 같고. 홍대 여신이 될까 두려운 마음도 있었던 것 같아요. 사실은 될 수 있으면 되는 것도 좋죠. 만약 제 목소리가 그렇게 예쁘고, 청아하고, 특히 남자들한테 위로가 되고 그러면 그건 빨리빨리 걸어야 되는 길인 거죠. 그런데 (실제로 저는) 그걸 못하는데 억지로 (홍대 여신을) 하게 되는 것에 대한 공포가 있었어요.

지　2007년 2월 17일 일기에 그렇게 쓰셨어요. '이번에 낸 저의 1집
은 제가 2년간 정성스럽게 만든 노래들을 정성스럽게 편곡하고, 또 긴
시간 동안 녹음하고 녹음비가 없어서 평소에 제 음악을 좋아해주시던
분들에게 모금을 받아서 더 나은 사운드를 내려고 미국 측 스튜디오와
수십 번 메일을 주고받으며 정확하게 184일 동안 그 앨범 하나에만 매
달려서 시간과 돈과 모든 것을 투자한 저의 자랑스러운 앨범입니다.' 자
비출판했다고 하면 편견을 갖게 되잖아요.

오　편견이 생기죠. 음질이 나쁠 것이라든지… 음질 엄청 좋은데!
(웃음) 만약 앨범이 망했으면 제가 상처를 많이 입었을 텐데, 결국 많이
팔렸어요. 저는 1집부터 전업 뮤지션이 될 수 있었던 엄청 흔치 않은 케
이스라서 그 어떤 불평도 말할 수 없었던 것 같아요. 그 정도의 섭섭함
으로는. 이쪽 음악을 안 듣는 사람도 제 CD를 사고 방명록에 구구절절
비밀 글을 쓰시거든요. 방명록이 전부 비밀 글들인데, A4 두 장씩 써요.
엄청나죠. 모두들 첫머리가 '제가 원래 이런 글을 써본 적이 없는데요'
예요. 그렇게 들어줬다는 데 대해서는 어떤 상황이어도 '고맙습니다'라
는 말밖에 할 수 없죠.

지　유통망도 열악한 상황인데 향뮤직에서만 몇 천 장이 나갔죠?
한 군데서 그렇게 많이 팔리기가 힘든 일인데요.

오　감사합니다, 향 사장님. 보은해야 되는데. 그때 도와주신 분들
이 많아요. 향 사장님도 그렇고, 도토리 시절이라 싸이월드가 음원 쪽에
서는 강세였는데, 싸이월드 뮤직에서도 회사가 없는 인디뮤지션 유통

을 다이렉트로 도와줬어요. 지금은 대행하는 데가 있는데요. 그땐 아무 것도 모르니까. 그때 뮤직 팀의 과장님께서 음원을 할 수 있게 해주셨어요. 갑자기 딴 얘기지만, 그때 싸이월드 도토리 하나가 500원이었잖아요. 곡을 하나 팔면 유통사랑 나누고, 회사랑 나누고, 뭐랑 나누고, 뮤지션이 굉장히 적게 가져갔을 텐데, 저는 다이렉트여서 350원을 가져갔어요. 아마 아이튠즈가 그렇게 하고 있는 것 같은데, 이 비율을 되찾으려면 데모를 해야 되나, 그러고 있죠.

지 DSP미디어에 잠시 계셨죠?

오 심지어 SM에도 있었어요. 아마 그래서 처음에 제가 회사 안 들어가고 혼자 있었던 것 같아요. 여기는 진짜 눈 뜨고 있는 사람 코를 베어 가는 세계더라고요. '내가 이 사람들이랑 계약을 하고 데뷔를 하고, 음악을 하면 내 청춘과 이름값이 완전히 없어지면서 뭔가 많은 것이 망가지겠구나' 하는 생각이 들어서 요리조리 빠져나갔던 것 같기도 해요. 그들도 그렇게 적극적으로 계약을 하려고 했던 것 같진 않아요. (웃음) 간만 보다가 '말자' 그렇게 된 거죠.

지 「GQ」에 '동방신기도 아닌데 같은 앨범을 네 개의 에디션으로 발매한 인디뮤지션이 있다'는 기사가 나간 적이 있어요.

오 어떤 의도가 있어서 그랬던 것은 아니에요. 맨 처음 버전 1,000장, 그걸 팔고 끝날 줄 알았어요. 그래서 '죽기 전에 1,000장 팔자' 이런 느낌이었는데, 그게 다 팔렸어요. 근데 그게 혼자 작업을 했다니까 호

기심으로 사보자는 사람들의 변덕일 것 같아서 6개월인가를 더 안 찍고 버텼던 것 같아요. 다시 찍으라는 말이 계속 있어서 그때부터 세컨드 에디션을 찍고, 그다음에 해피로봇레코드 에디션이 나오고….

지　해피로봇레코드에서 나오면?

오　사운드니에바로 돌아갑니다. 다시 혼자가 되는 거죠. 해피로봇레코드에는 혼자 해봤으니까 시스템에 들어가 보는 것도 좋겠다 싶어서 갔던 거예요. GMF(그랜드민트페스티벌) 계약을 하러 갔는데, 거기 여직원들 전원이 제 CD를 샀다는 얘기를 듣고 계약하고 싶다 했더니 '혼자서 잘하시는 분이 저희랑 왜 하세요?' 하는데, 되게 기뻤어요. 이 사람들은 나를 혼자서 잘하는 사람으로 인정해주는구나, 날 믿어주는구나, 하고 생각했죠. 레이블의 대표면 자기의 로망을 위해서 뮤지션에게 뭔가를 강요할 수도 있거든요. 재미 겸 등등으로. 그런데 해피로봇레코드의 경우에는 감사하게도 얌전히 돈만 대준 경우라고 해야 하나? 2집의 경우 마스터링한 이후에 처음으로 했던 말이 '오지은 씨, 수고하셨습니다'였으니까요. 물론 이런 패턴을 싫어하는 스태프도 있었겠지만 항상 이종현 대표는 절 믿어줬어요. 앨범 세 장을 했으니까, '할 만큼 했으니 어차피 한동안 창작도 못할 테고, 머리만 커가지고 회사의 인력만 낭비시키는 것 같아요. 쏜애플과 솔루션스에 집중하시는 것이 좋지 않을까요? 사랑합니다!' 하고 나왔죠. (웃음)

타지에서 할 수 있는 것들

"한국에서는 할 수 없었던 솔직한 얘기들을 오히려 낯선 타국에서 할 수 있었다. 운이 '몰빵'된 것 같은 귀중한 여행이었다."

☒ 4집은 3년 정도 걸릴 것 같다고 하셨는데요. 계획하는 부분이 있으신가요?

☒ 더 이상 마음에 대해서 얘기를 안 하지 않을까요? (웃음) 『홋카이도 보통열차』 말씀하셨을 때 다시는 쓰지 못할 거라 말씀드렸고, 그 생각은 그 책을 쓸 때도 했어요. 창작자가 소비자와 갖고 있는 거리감이라는 것은 정말 중요하잖아요. 그런데 그것을 최대한 없애는 이상한 짓을 그간 해왔던 것 같아요. 그것도 너무 오래. 이제는 안 그래야겠죠. 그래서 아마도 진동하는 살냄새 같은 것을 싫어했던 사람들한테는 제가 이제부터 할 앨범이 훨씬 좋을 거예요. '아, 이제 정신 차렸네' 이럴 거예요. 다른 부분을 좋아했던 사람들한테는 뭔가 섭섭함이 있겠죠. 되게 예의 바른데 뭔가 거리감이 느껴지는 게 있을 테고요.

☒ 결혼하더니 변했다고 할 수도 있겠죠. (웃음)

☒ 결혼보다는, 앨범을 세 장이나 냈으니 할 일은 다 한 것 같아요. 그리고 소설가들이 처음에는 다 자전적 소설을 쓴다는 얘기가 있잖아요. 전업 소설가가 되려면 점점 자기가 창작하는 세계랑 자기 경험이나 생각 같은 것, 독자와의 거리를 잘 유지해야 되듯이 저 또한 그래야겠

죠. 오래오래 하려면. 계속 사생활을 팔 순 없죠. (웃음) 이상한 비유일 수 있지만, 세 번 홀딱 벗었잖아요. 이제 적당히 입을 것은 입고 만나도 되지 않을까, 하는 마음입니다. (웃음) 그래서 더 아마 깊이 갈 수도 있을걸요. 어쩌면. 희망입니다만.

지 말씀하시기를, 많은 분들이 방명록에 비밀 글로 자기가 겪었던 일들을 얘기하고, 음악을 들으면서 굉장히 많이 위로받기도 했다는 건데요. 라디오 프로그램 등을 통해서 카운슬링도 많이 하셨죠? 제가 들어보지는 못했는데, 여러 부류의 카운슬러 중 어떤 스타일인가요?

오 이입을 많이 하는 스타일, 옆집 언니 스타일입니다. '내가 진심으로 너의 입장이라면 이럴 것 같아' 식의, 카리스마 없는 스타일이죠.

지 산문집 『홋카이도 보통열차』 서문에 '나는 지상낙원에 다녀온 것도 아니고 놀라운 체험을 한 것도 아니다. 그냥 기차를 타고 홋카이도를 한 바퀴 빙 돌았다. 기차에 앉아 나와 음악, 나와 사람들, 나와 세계에 대해서 원 없이 생각했다. 돌아와 보니 내 생각의 각도가 아주 조금 바뀌어 있었다. 여행이 없었어도 비슷하게 흘러갔을 수 있지만 그 여름의 홋카이도가 내 각도를 바꿨다는 사실은 분명하다. 아주 약간, 설령 1도 정도만 바뀌었을 뿐이라 해도 계속 걸어나가면 나중에는 큰 차이가 생긴다'라고 쓰셨습니다. 그때의 경험이 음악이나 인생에 어떤 변화를 가져왔나요?

오 그 나이(20대 후반) 때의 여행에서만 얻을 수 있는 부분인 것 같아요. 지금은 제가 북극으로 여행을 가도 느끼지 못할 마음일 텐데요. 그 나이에는 생각이 엄청 많잖아요. 그리고 나이가 드는 것에 대해서 아직 전혀 모르지만 조금은 알고 싶어 하는 단계이고요. 나이가 들면 새로운 깨달음이나 새로운 것을 얻는 게 아니라, 쓸데없는 것을 조금씩 줄여나가는 것 같아요. 예를 들면 '왜 나는 이렇게 음악을 했는데, 저렇게 받아들였을까' 하는 식의 섭섭함에 너무 꽂히면 좋은 부분에는 시선을 못 돌리게 되잖아요. 그런 류의 어리석음을 아주 조금은 덜 수 있는 여행이었어요. 떠나기 전에는 '공연 망했어', '왜 이 사람은 이런 식으로 평했을까' 같은 것에 많이 꽂혔거든요. 홋카이도에서는 음악이라는 것은 엄청 좋은 것이고, 놀랍게도 내가 지금 그것을 하고 있고, 돌아가서도 할 수 있으니 '와, 놀랍다' 그런 생각이 새삼 들었어요. 게다가 '이런 깨달음을 얻다니!' 하는 호들갑을 떨 수 있는 나이였고요. (웃음) 이것을 글로 남기는 작업이 유치하기도 하지만 막상 그 나이 20대 아이들한테는 도움이 되겠죠. 앨범들도 그래요. 내가 하는 것이 되게 유치한 일인데, 이걸 내가 지금 해야 고통받는 아이들이 생수 한 모금을 꿀꺽하겠구나, 하는 생각이 들어요. 그때는 뮤지션으로서의 '가오'를 생각하지 않고 살았던 것 같아요.

지　　여행을 자주 하시는데, 여행이 음악에는 어떤 영향을 주나요? 그동안에 받았던 여러 가지 긴장감이라든지 스트레스를 푸는 면도 있는 건가요?

오　　아무래도 한국에 있으면 아무것도 안 해도 일이 있어요. 라디오를 한다든지, 해피로봇레코드 같은 경우 제가 여기에 빨리 들어간 편이라 뭔가 왕언니 역할을 해야 될 것 같고, 가끔 글을 쓰는 오지은이어야되고… 이런 것이 열심히 하는 만큼 힘들어서요. 여행을 가면 민박 집이나 게스트하우스 같은 데서 그냥 남의 얘기 듣는 걸 좋아해요. 여기 계속 있다 보면 사람이 착각하게 되는 것 같아요. 다들 저한테 질문을 하시잖아요. 그러니까 제가 갖고 있는 생각이나 음악관이 굉장히 대단하고, 남에게 말할 가치가 있는 것으로 착각하게 돼요. 자꾸 나가서 내가아무것도 없이 남들과 테이블에 앉아 있을 때 얼마나 말을 재미없게 하고, 내가 얼마나 별 볼 일 없는 인간인지 알아야 되는 것 같아요. (웃음)

지 기차 여행에서 만난 할머니한테 위안을 받는 일도 생기고요.

오 네. 되게 솔직한 얘기를 오히려 할 수 있게 돼요. 여기서는 '음악하는 것 너무 힘들어서 안 하고 싶어'라고 얘기하면 그걸 다들 너무 크게 받아들일 거 아니에요. 그 할머니는 그렇게 안 받아들이셨죠. 되게흔치 않은 경험을 했네요. 운이 '몰빵'된 것 같은 여행이었습니다.

소녀, 너바나에 빠지다

"초등학교 때 제일 많이 들었던 것은 비틀즈나 카펜터스. 중학교 때부터 너바나에 빠졌다. 그 영향이 결국 앨범에도 남아 있다."

지 음악을 하겠다는 결심은 어릴 때부터 자연스럽게 하게 됐나요?

오 저는 음악을 자연스럽게 들었어요. 운이 좋은 스타일이라. 부모님이 되게 음악을 좋아하셔서 남들은 뒤늦게 찾아 들어야 됐던 것들을 어릴 때부터 들으면서 자랐어요. 초등학교 때부터 「Stairway To Heaven」은 서정적이구먼, 이랬어요. (웃음) 지금 돌이켜보면 경외감 없이 모든 음악을 평등하게 들었어요. 지금도 발끈하게 되는 것이 있는데, 외국 유스호스텔에서 만난 우아한 할아버지가 무슨 음악을 좋아하냐고 해서, 요즘은 그런 질문에 마지막 들은 음악을 얘기하거든요. 너무 많으니까… 카펜터스라고 얘기했더니, '그런 거 좋아한다고 얘기하면 안 되지. 뭐 이제는 말해도 되려나?' 그래서 발끈했어요. 저는, 음악은 음악이지, 어떤 시대에는 그게 유치하게 평가되고 시대가 지났으니까 마스터피스가 되고, 그게 지금도 너무너무 싫거든요. 그런 식으로 음악을 바라보는 것이. 그건 결국, 이걸 얘기하면 현재 내가 잘난 척을 할 수 있고, 이걸 얘기하면 내가 격이 떨어지고, 이런 식으로, 음악을 액세서리로 쓰는 거잖아요. 음악 본질과 전혀 상관없이. 아름다운 멜로디나 가사와 상관없이. 그래서 저는 마니아의 의견보다 '전, 그냥 들어요' 이런 사람의 판단을 신뢰하기도 해요. 여하튼 그런 프레임 없이 모든 음악을 공평하게 들었어요. 그게 좋았는지 나빴는지 모르겠지만, 엄숙함 같은 것이 없어진 것에 대해서는 좋은 영향도 있지 않았을까, 하고 자체적으로 판단하고 있습니다.

지 다양한 장르의 음악을 들으셨던 것 같습니다.

오 초등학교 때 제일 많이 들었던 것은 비틀즈나 카펜터스였어요. 악기가 적고 멜로딕하면서 편곡이 적은 곡, 이런 것을 그때부터 많이 좋아했던 것 같아요. 중학교 때부터 너바나에 빠졌고요. 제 앨범의 어쩔 수 없는 부분 같은 것은 90년대 중반에 음악 하다가 기타 부수고, 결국 죽는 지경까지 가는 부류의 사람들한테 영향을 받았어요. 그래서 '나는 아직 너를 노래한다'는 등 그런 류의 21세기 쿨한 사람들한테는 코웃음 당할 만한 것들을 계속 하게 되는 것 같아요. 저는 그걸 90년대의 망령이라고 부르는데요. 그랬던 것 같습니다.

지 코트니 러브를 롤모델로 삼는다는 얘기도 몇 번의 인터뷰에서 하시던데요.

오 멋진 여자죠. 전혀 따라 하지 못했습니다. (웃음) 그렇게 살 수 있으면 좋을 텐데. 남편이 커트 코베인일 때는 그 사람이 프로듀서인 앨범을 내고, 남편이 죽고 나서는 전 남친인 빌리 코건과 앨범을 내고, '아, 이게 인생이구나' 싶었는데요. 진실은 '노가다'도 이런 '노가다'가 없죠. 세션들에게 커피 사면서 '아메리카노가 좋으세요? 아, 카페라테였나요? 죽을죄를 졌습니다' 이런 인생을 살고 있죠. (웃음) 또 '세션비 30만

원입니다. 많이 못 드려 죄송합니다' 이런 인생을 살고 있는데, 저는 그런 제 인생을 좋아합니다. (웃음)

지 중학교 때 나우누리 '메탈체인' 동호회에서 활동하셨다면서요. 자우림 김윤아, '노이즈가든' 윤병주 씨도 회원이었다고 들었는데, 알고 있었나요?

오 알고만 있었어요. 윤아 언니 같은 경우에는 '안녕하세요?' 하면 '니가 걔구나. 중학생이구나' 이런 느낌이었고, 윤병주 씨 같은 경우, 제가 어린이다 보니까 대기실 같은 데 들어갈 수 있었어요. 윤병주 씨 손가락 푸는 거 보면서 '와, 손가락 짧고 두꺼운데 짱 잘 친다! 짱' 그랬죠. (웃음) 그때 모던록 소년·소녀들이 얼마나 많았겠어요. 중학생한테 줄 관심이 있었을까요? 그만큼 애정 주신 것도 감사하죠. 오히려 센 음악 하시는 언니, 오빠들이 저를 거두셨어요. 모던록 하시는 분들은 스스로의 슬픔과 아픔, 우울이 너무 커서 '어, 안녕' 하고 자기 갈 길로 사라지는 느낌이었고요. '아이고, 이 중학생. 나중에 술 담배 하면 큰일 난다' 이러는 메탈 하는 언니, 오빠들과 어울렸는데요. 다운피킹을 하면 뭐해, 지금의 음악에 하등 도움이 안 되는데. (웃음)

지 1996년 중3 때 'Rumple stilt skin'이란 밴드에서 리드보컬로 노래를 부르기 시작하셨죠.

오 그때는 신(scene)이 막 부글부글하던 시기라 '누가 보컬 구한대' 그러면 불러보고 '하자' 그랬어요. 지금은 뭘 하는 게 되게 진지하잖아요. 과정도 그렇고, 직업이니까. 그때는 막 섞여 있었던 것 같아요. 프로, 아마추어, 즐거움, 진지함, 수많은 것이 다 섞여서 부글부글했던 초창기였던 것 같네요.

지   그때 경험들이 생각나시나요?

오   그때 첫 공연 관객이 400명이었어요. 아마추어 밴드들이 공연해도 관객 400명이 들던 시절이었죠. 그때 세트리스트가 열 몇 곡이었나… 얼떨결에 했겠죠. 중학생이었으니까. 그게 결국은 이후 공포심을 많이 줄여주지 않았을까요? 머리 크고 나서는 오히려 알기 때문에 두려워할 수 있는데 모르는 상태에서 한 번 해버렸으니까. '아, 하면 되는구나' 하는 마음을 품었을지도 모르겠네요.

지   고등학교 때 5인조 밴드에 들어가서는 음악에 회의를 느꼈던 것 같습니다.

오   다들 되게 진지한데, 그것을 실제로 구체화시킬 수는 없는 상황이었어요. 그때 멤버들이 저 빼고 다 20대였는데요. 저는 음악을 하고 싶어 하는 사람이 있고, 음악을 하는 사람이 있다고 생각해요. 누가 음악을 하고 싶다고 하면, 그 사람은 그냥 무대에 선 자기 자신의 모습을 사진 찍히고 싶다든지, 아니면 유명세라든지, 음악을 한다고 했을 때 주변의 따뜻한 반응이라든지 이런 것을 원하는 경우이거나 아니면 자기가 지금 하고 싶어 미치겠는 게 있는데 음악으로 표현하지 않으면 안 되겠어서 음악을 하는 경우인 거예요. 그 둘은 거리가 많이 떨어져 있죠. 전자에 해당되는 단계가 아니었나 싶어요. 나는 음악을 하고 있어, 하지만 실제로 작업은 진행되지 않는 거죠. 나쁜 것은 아니에요. 그런데 그게 후자가 되기까지는 많이 멀죠. 그 거리를 좁히려면 독해지든지, 감성이 흘러넘치든지, '똘끼'가 넘치든지, 뭐든 있어야 될 텐데, 그게 아니었던 거죠. 뭔가 오히려, 제가 지금 생각해보면 당시에 굳이 필요가 없는 준비를 너무 많이 했던 것 같아요. 누구의 창법을 따라 해보라든지, 어떤 것을 카피해보라든지 그러는 게 저한테는 되게 부담이 되었어요. 그런데 프로를 준비중이니까 잘해야 되잖아요. 동호회 같으면 이 노래도 합주해보자, 이런 식으로 즐거움과 음악이 같이 있을 텐데, 갑자기 의무가 주어져서 힘들었어요. 그래도 계속 했네요.

지 어떻게 보면 그 과정이 음악을 잠깐 포기하는 계기가 되기도 했죠. 지나고 보면 필요한 과정이었을 수도 있고요.

오 제가 저를 전자로 판단하게 된 계기였던 것 같아요. 나는 음악을 할 수 있는 사람이 아니라 음악 필드 언저리에 있다고 '자백'하고 있는 사람이구나, 관둬야겠지…. 건방지다는 생각이 들어서 관뒀는데 결국 다시 노래를 하게 됐네요. (웃음)

유재하 음악경연 대회가 남긴 것

"평가당하고 싶었다. 동상을 타고, 조금의 정통성이 생긴 것도 있지만 덕분에 상금 200만 원으로 앨범을 시작했다."

지   어느 기사에 보니 실연의 아픔을 잊기 위해 작곡을 시작했다고 나오던데요. 첫 곡이 「오늘은 하늘에 별이 참 많다」인가요?

오   아닙니다. 그건 어쿠스틱 기타를 처음 사고 쓴 곡이에요. 첫 곡은 「작은 방」이었어요. 누가 버린 건반을 주워 와서 썼어요. 악기 살 돈도 없고, 실연당해서 미치겠는데 당시에는 고시원에 살아서 소리를 낼수도 없고 해서 연극연습실 같은 데를 한 달에 5만 원인가 주고 빌려 거기서 소리 지르다 오고, 방에 돌아와서는 악기가 없으니까 상상으로 곡 써서 녹음하고… 헝그리한 시절이 있었네요.

지   2006년 건반 정재희와 함께 듀오 걸밴드 '헤븐리'를 결성해 클럽 빵과 살롱 바다비에서 활동을 시작하셨죠. 그분하고는 어떻게 만나셨나요?

오   친구 후배인데, 건반을 아주 잘 쳤어요. 같이 유재하 음악경연대회에 나갔죠.

지   제17회 유재하 음악경연대회에서 「Love Song」을 불러 동상을 수상했죠. 동상을 받고 활동할 수 있는 폭이 넓어진 것인가요?

오 그랬을까요? 그러게요. 뭔가 조금은. 밑천 없는 애한테 정통성 같은 것이 생겼다고 볼 수 있겠죠. 유서 깊은 레이블에서 나온 것도 아니고, 누군가 극찬을 한 것도 아니고, 진짜 근본이 없는데, 유재하 음악 경연대회 동상 정도면 아주 근본이 없는 것은 아니구나, 하는 생각을 할 수도 있을 테죠. 그걸 노린 건 아니고요. 단지 평가당하고 싶었어요.

지 상금 200만 원으로 앨범 시작하신 거죠?

오 네. 그랬죠. 200만 원 받아서 100만 원씩 나눴습니다. (웃음)

지 노래에 어울릴 법한 세션을 직감적으로 선택하고, 그것이 주효했다는 표현도 나왔는데요. 세션맨을 고르는 기준이 있나요?

오 세션은 음악이랑 매치해요. 어떻게 연주되는지는 그 사람 성격인 것 같아요. '돌아이' 같은 노래는 '돌아이'가 치는 게 맞고, 사려 깊은 노래는 사려 깊은 사람이 치는 게 맞고요. 3집 같은 경우도 이 노래는 윤병주 씨뿐인데, 이 노래는 신윤철 씨네, 이런 게 딱딱 있죠. 망상이 현실이 된 것은 두고두고 박수 칠 일이에요. (웃음)

지 세션맨하고 잘 맞고 결과도 좋은 곡은 어떤 곡이었나요?

오 고를 수가 없으니 생뚱맞은 데서 얘기하자면, 1집 건반을 박소정 씨라는 분이 쳐주셨어요. 「화」 건반이 원테이크였거든요. 가장 설명 못하고 가장 다듬어지지 않았던 시절에 저에게 플러스알파를 준 분인데, 지금은 결혼해서 남편분 직업 때문에 미국에 계세요. 한국에 돌아오면 같이하고 싶은 마음이 되게 커요. 그냥 광기이기만 해도 안 되고, 결국은 이 광기가 남을 공격하는 류의 광기가 아닌, *스스로가 고꾸라지는* 느낌의 광기인 거잖아요. 약한 거랑 또 그런 광기 자체가 갖고 있는 파워를 같이 드러내는 연주를 해야 되는데, 설명부터 이미 많은 연주인들은 비웃을 것이고. 안 비웃고 연주해주는 분이 있어서, 해주셨던 거죠.

지　2집 타이틀 곡인 「날 사랑하는 게 아니고」는 MOT의 이이언 씨와 한 달 동안 메신저 등을 통해 음악 파일을 주고받으면서 합일 지점을 만들었다고 했어요. 이이언 씨하고 서로 의견이 다른 부분도 있었다는 건데요.

오　그럼요. 마법처럼 모든 것이 흘러가지 않아요. 마법은 사실 착각과 사기일 수 있어요. 정말 깊은 데까지, 똑같이 깊은 지점에 가려면 정말 사전 준비를 많이 해야 되는 것 같아요.

지　음악적인 작업을 같이한다는 것이 정서적으로 긴밀하게 교류하는 과정일 텐데요. 서로 상처를 받을 때도 있을 수 있고. 밴드 하다 보면 음악적 견해 차이로 많이 갈라서잖아요. (웃음) 서로 존중하는 마음이 있어야 오래 갈 수 있을 텐데요. 초기에는 그런 부분에서 많이 미숙했다고 하셨죠?

오　엄청 미숙했죠. 제가 연주인들을 많이 고생시켰어요. 기술적으로 어려운 건데도 '하면 되잖아' 그러고. 무식하니까 할 수 있는 말들을 많이 했어요. 그래서 절 미워하게 했죠. (웃음) 미안할 따름입니다.

지　　그런 것은 경험을 통해서 극복한 건가요?

오　　아니요. 똑같이 어려운 것을 시키는데, 미안해하면서 시키죠. (웃음) 예를 들면 템포 60인데 기본 리듬만 쳐라, 이건 드러머한테 고문이에요. 예전에는 드러머한테 '60 해줘' 얘기하고, 걔는 그냥 '아, 오지은 짜증 나' 했다면, 지금은 '진짜 미안한데, 60으로 한 번 갈까'라고 해요. 그러면 걔도 '예, 누나. 제가 연습해서 할게요'라고 해주죠. 제가 복이 참 많죠. 아메리카노를 잘 사다 준 덕분인 것 같습니다. (웃음)

지　　2집에서는 밴드 편성을 기본으로 변화했어요. 1집에서 혼자 하다 보니까 못했던 것들을 시도하신 것 같은데요.

오　　정답입니다. 1집에서는 못했던 것이 많죠. 이제 회사도 있고, 세션을 쓸 수 있고, 세션비를 줄 수 있기 때문에 엄청난 일을 했죠. 아, 이거구나, 하고. 그래서 많이 한 얘기지만, 1집은 표지가 흑백이고, 2집은 컬러다, 이 말을 많이 했어요. 할 수 있는 것은 실컷 다 했던 것 같아요. 연주인들도 고삐 풀린 망아지들처럼 확 연주해주고 그랬네요. 당시 상황 때문에 세션비를 많이 주지는 못한 게 마음에 걸리지만요.

투명한 심장에서
뱉어내는 사랑 노래

"친구에게도 숨겨야 되는 감정들을 솔직하게 노래로 얘기해주기 때문에 내 또래 여성들이 좋아해주는 것 같다."

🔲 　2집이 나오고 유희열 씨는 오지은 씨를 '홍대 여왕'이라 부르고, 이석원 씨는 그해 발매된 음반 중 오지은 2집을 최고로 꼽았어요. 가장 좋아하는 음반은 어떤 건가요?

🔲 　3집이 아닐까요? 3집을 직전에 냈으니까. (웃음) 덜 부끄럽죠. 1, 2집은 지금 저에게 부끄러운 포인트들이 있어서 '이런 얘기를 민망하게 잘도 했구나' 싶어요. 물론 스스로가 시켜서 했지만. 3집은 상대적으로 덜 민망한데, 또 4집이 나오면 그걸 더 좋아하지 않을까요?

🔲 　가장 좋아하는 노래는 3집에 있겠네요?

🔲 　「고작」에서 새로운 가능성을 봤어요. 만들면서도 '이건 분명히 나를 비꼬고 싶어 하는 사람들한테는 정말 떡밥이겠구나' 하고 생각했어요. 왜냐하면 요즘 모든 메이저 가요나 이쪽 바닥을 통틀어서 이렇게 열혈인 음악이 없어요. 지금 그걸 하면 쪽팔리다는 뜻이겠죠. (웃음) 하지만 저는 아까 계속 말씀드린 의무감 때문에 그걸 했어요. 그래서 거기에 '맞아! 진짜, 고작이야' 이런 반응이 있으면 감사히 받아들이자, 오해가 있더라도 듣는 사람들은 들을 테니까, 그런 생각이었어요. 오히려 1, 2집 때는 저를 모르다가 이 노래로 영업이 된 사람들이 있다는 것을 최

근에 알고 고마워졌어요. 「심연의 하늘」이라는 웹툰이 있어요. 토요일에 네이버에서 연재되는 재난 웹툰이에요. 어느 날 눈을 떴더니 합정역이 무너져 있고, 깜깜한 가운데 벌레들 수천 마리가 달려들고, 사람들이 죽어 있고, 이런. 거기에 「고작」을 테마 송으로 쓰겠다고 해서 '아, 예. 쓰세요' 이랬는데, 그걸 듣고 '뭐야, 이 사람 누구야'라고 받아들인 경우가 생겼어요. 이쪽(인디신) 음악 안 듣는 분들이겠죠. 3집이면 새로운 리스너들을 유입시킨다는 것이 진짜 어려운 일이라고 생각해요. 얼떨결에 됐다는 생각이 들어요. 수많은 중2들의 주제가가 될 수 있을지, 참 귀추가 주목됩니다. (웃음) 저한테는 아픈 손가락 같은 노래입니다.

지　영향을 준 뮤지션이라면 누가 있을까요?

오　너바나가 있을 것이고요. 90년대 중반 외국에서 여성 싱어송라이터들이 엄청 나왔어요. 다 영향을 받은 것 같습니다. 앨라니스 모리셋을 보고 '저렇게 격하게 해도 1,000만 장이 팔리는구나. 아싸, 나도' 이런 생각을 했고요. (웃음) '이런 가사를 쓰시고 괜찮았어요?'라는 질문을 처음 듣고 놀랐던 것이, 그런 생각을 해본 적이 한 번도 없거든요. 좋은 선례가 90년대에 정말 많았던 것 같아요. 피제이 하비나 주얼, 이런 여자의 광기나 여자의 뭐랄까, 담담함이나 이런 것을 다양한 사운드로 내서 소비가 됐던 시대에 제가 10대였기 때문에.

지　「W」지는 '투명한 심장에서 뱉어내는 솔직한 사랑 노래. 얼음이었다가 불꽃이었다가 하는 변화무쌍한 온도를 머금은 오지은의 음악은 특히 또래 여자들의 지지와 공감을 보태 인생의 BGM이라는 평을 받아왔다. 그런 여성 리스너들에게 오지은의 음악이란 내가 나이 먹을 때 함께 성숙해가는 친구인 동시에, 고군분투하던 단짝이 성공해서 더 큰 물에서 놀게 된 모습을 지켜보는 보람도 준다'고 평했는데요. 이런 감성은 어디서 나오나요?

오　모두가 원래 갖고 있지 않을까요? 최근에 몰랐던 사실을 알게 된 것이 많은데요. 남들에게는 이것이 숨기고 없애려는 감정이었더라고요. 그런 기분이 들어도 혼자 삭이든지 빨리 다른 것으로 덮으려 하죠. 그런데 저는 이런 감정이 사이클로 오면 파고들어서 결과물을 내야 된다는 생각이 컸거든요. 그건 90년대 뮤지션들 덕분일 수도 있는데요. 그래서 '넌 어떻게 이런 얘기를 해?' 하고 물어본다는 것이 놀라웠고, 「W」지의 평처럼 또래 여성들이 좋아하는 것은 친구들에게도 숨겨야 되는 감정을 노래가 얘기해주기 때문이겠죠. 그리고 「서울살이는」 같은 보편적인 노래도 있어요. (웃음) 비율을 보면 반반일 텐데요.

지　친구들한테도 숨긴다는 것은 얘기하고 나면 서로 뻘쭘할 수 있다는 건데요. (웃음)

오　예. 전 친구들한테도 항상 그런 얘기를 하고 살아서 그게 얼마나 민폐였는지 최근에야 알았어요. (웃음) 친구들한테 미안한 얘기를 많이 했어요. 약간 밸런스가 안 좋은 사람이 아니었나, 반성하고 있습니다.

지　예전에는 음악 하는 분들이 감성적이고 그렇다 보니까 사회적 분위기가 그래서 그런지는 몰라도 감정을 폭력적으로 표출하던 시절이 있었잖아요. 그런데 크게 문제가 안 됐어요.

오 20세기의 마지막 낭만 아니었을까요? 저희가 그러고 다니면 88만 원 세대가 저희를 화형하려고 들지 않을까요? 내가 이렇게 힘든데, 너희도 같이 힘들고, 힘든 내가 위로받을 음악을 만들어내라. 그러지 않을까요?

지 밴드 활동을 다시 하고 싶은 생각은 없나요?

오 해주겠다는 사람이 있어야 하죠. 언젠가 할 수 있으면 좋겠는데, 왠지 시기가 지난 것 같아요. 문제 되는 발언이지만, 제가 해보고 싶은 밴드의 무언가는, 저도 이제 20대 여성을 보고 있으면 약간 바라보기만 해도 '하' 이렇게 되는 게 있어요. 아직 거기까지 생각하지 않은 사람이 주는 편안함 같은 것이 있더라고요. 그런 아이가 나긋나긋하게 밴드에서 노래하는 것과 나는 아직 너를 노래한다는 둥, 「고작」으로 진이 빠진 사람의 나긋나긋함은 약간 다를 거라. 제가 만약 밴드 멤버라면 그냥 철 모르는 20대 여자애랑 할 것 같아요. 그 아이가 치는 탬버린이 더 경쾌할 것이고요. (웃음) 섭섭하지만, 현실을 인식해야 되지 않겠습니까? 쉬워 보여도 내 인생의 1, 2년을 써야 되는 일이라 기회비용으로 봤을 때 다른 일을 하는 게 나을 수 있겠죠. 하지만 누군가 같이 해줄지도 모른다는 가능성은 항상 마음에 품고 있습니다.

> "팬의 남자 친구들이 '여자 친구가 오지은 노래 듣는 게 너무 싫었는데 헤어지고 나니 이제 제가 듣네요' 한다."

지 아티스트로서의 지향점이 있나요? 어떤 아티스트로 기억되고 싶으신가요?

오 현재의 솔직함을 솜씨 좋게 풀어낼 수 있는 사람이면 좋지 않을까요? 그때만 할 수 있는 뭔가를 계속 할 수 있다면 좋겠는데, 그러려면 나이가 들어도 그만큼 팔려야 된다는 거라… 더 잘해야 되겠죠. 한동안 쉬는 것도, 제가 음악 기본이 굉장히 없는데, 아주 나이 많이 들어서까지 음악을 계속하려면 제가 이제 기본을 알아야 되겠다는 생각이 들더라고요. 9년 만에 든 한심한 생각입니다만, 그게 갖춰지려면 3년은 필요하지 않을까, 하는 막연한 생각이 들어서요. 이제 운발이 다한 거죠. 여기까지 읽고 '4집 엄청 재미없겠네. 오지은 장점 잃겠네' 이렇게 생각할 수도 있을 텐데요. 그건 뚜껑을 열어봐야 알 일이고요. (웃음)

지 오히려 30대, 40대, 50대의 사랑이 더 깊을 수도 있다고 하잖아요.

오 그렇죠. 그래서 이소라 언니나 김윤아 언니, 조원선 언니 같은 분들이 좋은 등불이 되어주시죠. 외국의 수많은 나이 든 창작자들도 좋은 귀감이 되어주고. 결국 저도 몰랐던 것이 너무 많았는데, 이제 조금 알 것 같아요. 그걸 음악으로 풀 수 있다면 얼마가 팔리든 괜찮지 않을까… 하지만 불처럼 뿜어냈던 사랑 얘기만큼의 파괴력이 있으려면 정말 열심히 해야 되겠죠. 밋밋한 얘기들로 그렇게 되려면.

지　앞으로 앨범 내면서 같이하고 싶은 연주자들이 있나요?

오　3집 때 다 했어요. 할 만큼 해서 이제 반대로 4집에서는 제가 연주하는 비율을 늘리고 싶네요. 다른 분들이 도와주셔서 장식이 됐던 부분을, 운이 좋았던 부분을 스스로 할 수 있게 되면 좋지 않을까 생각합니다.

지　곡을 써서 다른 분들한테 주고 싶은 생각은 없으신가요?

오　있죠. 오지은과 늑대들스러운 곡을 쓰면, 예를 들어 주니엘 같은 친구 있잖아요. 저 아이가 부르면 예쁘겠다, 그런 아이들에게 주면 좋지 않을까. 주니엘 씨의 생각은 잘 모르겠지만.

지　시와 씨의 1집 『소요』를 프로듀싱하셨는데요. 그런 작업들을 다시 할 생각이 있으신가요?

오　그렇네요. 이제 할 수 있겠네요. 여유가 되니까. 사람들이 좋아할까요? 제가 좋을까요? 시와 씨 앨범 프로듀싱이 좀 극단적으로 됐잖아요.

지　살롱 바다비의 공연 때 가장 편안함을 느낀다고 하셨는데요. 아무래도 거기가 처음 했던 곳이어서 그럴까요?

오　1년에 한 번 정도 하는데, 친정이라고 표현하기도 하고… 그쪽에서 고맙게도 '바다비의 딸'이라고 불러주기도 해요. 스무 명만 들어갈 수 있는 좁은 공간에서 누군가가 집중하고, 들어주는 기운이 되게 중요해요. 대화랑 비슷해서요. 거기서 내가 여기까지 집중할 수 있구나, 하는 경지에 몇 번 갔던 것 같아요. 제 한계치 같은 것. 훌륭한 곳이에요. 그런 곳들은 계속 전설이 되어야죠.

지　공연을 하면서 그 태도에 대해 많이 생각하는 것 같던데요. 책에는 '나는 지금까지 어떤 라이브를 해왔나. 나는 관객들에게 무엇을 전달하려 했나. 과연 내가 라이브가 무엇인지 알고는 있었나. 나 혼자만을 생각한 것은 아니었을까. 노래는 살아 있다. 살아 움직여서 듣는 사람에게 흡수된다. 나는 사람들에게 흡수되었나. 사람들의 마음에 가 닿을 수 있도록 그들을 배려했었나. 노래를 부르는 순간만큼은 그랬을지도 모르지. 하지만 노래와 노래 사이에서 나는 서툴렀다. 공연을 구성하는 데 있어 노래와 노래를 잇는 순간 역시 부르는 순간만큼 중요한 법인데, 나는 그걸 배려하지 못했다. 무대에서 나는 쇼를 하지 않았다'고 하셨습니다.

오　그런 솔직한 얘기를… 그래서 그 책이 놀라운 책이에요. (웃음) 지금은 많이 능숙해졌어요. 사람들에게 칭찬도 들었어요. (웃음) 옛날엔 제 음악을 누군가가 4~5만 원 주고 들으러 와 집중해준다는 사실이 고마워서, 어린애가 그 고마움에 꽂혀서 흥분한 거예요. 주절주절 얘기하게 된 거죠. 그것보다 쇼를, 오지은 단독 공연을 프로듀스하는 사람으로서 절제해야 되는 부분이 많은데, 절제가 많이 부족했었고. 되게 많이 반성한 부분이에요. 지금은 앨범보다 흐름에 훨씬 더 신경 쓰는 것 같아요. 그런데 주접은 떨고 싶으니까 노래 다 끝내고 앵콜 때 '자, 이제 주접을 떨겠습니다' 하는 느낌으로 하죠. (웃음) 중간에 주접을 떨면 감상이 흩어지잖아요. 제가 어두운 노래를 계속하면 힘드니까, 저도 약간 리프레시를 멘트로 했던 거예요. 그런데 그게 관객에게는 와창창인 순간인 거죠. 「화양연화」의 애절한 신에서 개그를 치고 만 거예요. 그런 데서 개그를 치려면 정말 치밀해야 되는데, 미숙했죠.

지 앵콜 곡으로는 주로 어떤 곡을 부르세요?

오 「오늘은 하늘에 별이 참 많다」를 주로 부르는 것 같은데요. 다 같이 많이 부르고, 저는 울곤 하죠. (웃음) 왜냐하면 부를 때 관객들 표정이 좋아요. 그 전까지는 집중을 해야 되고, 또 관객석이 깜깜하기도 해서 사람이 안 보여요. 혼자 아무도 안 보는 방에서 절규하는 느낌으로 노래를 하다가 앵콜 때는 관객석의 불을 켜요. 그러면 다들 진짜 엄마 미소로 저를 바라보고 있어요. 그때 「오늘은 하늘에 별이 참 많다」를 부르기 시작하면 저는 '항복' 이런 느낌이죠.

지 쭉 같이 온 팬들도 많을 것 같은데요. 팬들은 어떤 의미인가요?

오 먹고 살게 해주는 감사한 분들이죠. 너무 그렇게 얘기했나? (웃음) 그런데 그게 너무 커요. 신성한 기분이 들 정도예요. 뭐가 있을까요? 저는 팬이라는 표현을 잘 못 써요. 그냥 리스너라고 하는데요. 아마 그들도 그렇게 생각할 거예요. 아까 방명록 얘기했다시피 가수 홈페이지를 찾아오는 게 처음인, 자존감 강한 분들이 많아요. 감히 팬이라고 부를 수 없고. 자주 쓰는 표현인데, 같이 가는 사람이라는 표현도 써요. 우연히 파장이 맞아서, 잠깐 맞았다가 떨어질 수 있잖아요. 한 시기에 관한 것이라. 한때는 오지은을 많이 들었는데, 하면서 참 그 시절에 저랑은 맞았었는데, 하면서 파장이 확 달라질 수도 있는데 계속 같이 갈 수 있는 분들이 계세요. 제가 엄청 운이 좋은 거죠.

지　팬들이 볼 때는 뮤지션하고 팬이 성격이 비슷하거나 같이 가거나 하는 부분이 있잖아요. 뮤지션마다 공연 분위기가 다를 수 있고요.

오　분위기가 참 달라요. 저한테 팬심이 없어요. 다른 팀들이나 다른 뮤지션들은 단독 공연을 하면 선물을 엄청 받아요. 저는 어떤 느낌이냐 하면, 선물을 들고 왔다가도 저한테 직접 주는 게 아니고, 다시 가지고 가요. '언니, 선물 가져왔는데 못 뵐 것 같아서 그냥 다시 가져왔어요' 그래요. 저랑 갖고 있는 마음의 거리가 엄청 가까운 거죠. 그건 제가 아마도 헐벗은 음악을 해서일 테고요.

지　수위실에 맡겨두라고 하셔야죠. (웃음)

오　안 맡기는 거예요. (웃음) 뭔가 제가 뮤지션으로서 리스너들한테 아마 여기까지는 안 들키지 싶게 지쳐 있는 부분이나 상처 입은 부분을 귀신같이 알아서 실드를 쳐주더라고요. 멋있는 사람들입니다. 미녀가 많아요. (웃음) 남자 친구들은 뒤에 얼빠진 표정으로 가방 들고 있고.

지　남친들이 들으러 왔다가 깜놀하겠네요.

오 되게 싫어해요. 인터뷰에도 많이 얘기했는데, '오지은 노래를 듣는 여자 친구가 너무 싫었는데, 헤어지고 나서 들으니 이제야 알겠습니다. 이제 제가 듣네요'라고들 해요. '뭐, 날 사랑하는 게 아니고?' 이러다가 '니가 그런 외로움을 느꼈구나' 하면서 6개월 뒤에 혼자 보러 오고.

지 결국 그런 노래를 들으면서 사랑에 대해 성숙해지기도 하고.

오 감사하게도 그런 루트를 타주시는 거죠.

나는 운 좋은 전업 뮤지션

"앨범에 대한 조급함은 없다. 낸다고 대박 나는 시절이 아니기 때문에, 정성스럽게 내 아카이브를 만든다는 기분 좋은 강박이 있을 뿐이다."

지 일찍 데뷔했지만 나만의 목소리를 찾는 데 10년이 걸렸다고 하셨어요.

오 밴드를 시작한 것은 중학교 3학년인데, 처음 곡을 쓴 것은 스물네 살이라… 10년이 걸렸죠. 인생을 건다고 얘기하긴 그렇지만, 인생을 걸어서 얘기하고 싶은 건수를 드디어 찾았던 거예요. 그것을 함으로써 나 자신도 치유 받는… 이런 표현 쓰기 싫은데 어쩔 수가 없네요. 그러니까 오래할 수 있고, 나한테도 남에게도 의미가 있는 이야깃거리를 찾은 거네요.

지 　음악 활동을 오래하셨지만, 순탄했다고만은 볼 수 없죠. 데뷔 앨범도 어려운 과정을 거쳐서 냈고, 2, 3집도 꽤 시간이 흐른 후에 나왔잖아요. 그다음에 더 좋은 것을 보여주기 위한 스트레스도 많았을 것 같고, '계속할 수 있을까?' 하는 생각도 있었을 것 같고요. 그걸 버티게 해준 동력이 뭔가요?

오 　그게, 그렇지가 않았어요. 초반에는 그냥 앨범을 만들어내는 것에 급급했다가 앨범을 찍고, 제가 1,000장을 찍었으니까요. 박스 열 개가 제 방 천장까지 닿아 있었어요. 죽기 전에 저걸 다 팔고 죽었으면 좋겠다고 생각했는데, 그게 운 좋게 포털 메인에 소개가 됐어요. 그때 앨범이 무섭게 팔린 거예요. 그 이후에 그 상황 자체를 의심하다가 요청이 계속돼서 다시 찍어볼까 하고 찍었더니 향뮤직에서 이게 팔린 거예요. 이건 운이 좋다고 해석할 수밖에 없죠. 물론 서러웠던 시절도 있지만, 다른 뮤지션들의 초반에 비해서는 별것도 아닐 테고요. 결국은 되게 빨리 전업 뮤지션이 됐고요. 2집은 해피로봇레코드가 지원을 해주니까 마음껏 만들었어요. 다음 앨범이 사랑받지 못하면 어떻게 하지, 이런 불안감은 전혀 없었어요. 그러면 안 내면 되니까. 다음 앨범은 내가 오케이할 수 있는 수준까지 올라갔을 때 내면 되니까 거기에 대한 불안은 없었어요. 심지어 제 나이 치고 많이 낸 것 같아요. 그리고 아마도 미숙한 것이었을 텐데, 큰 사랑을 받기도 했으니까 거기에 대한 책임감, 나의 '자백'이나 허영심이나 그런 것이 아닌, 뭔가 진짜 되게 많이 불순물이 걸러진 음악을 해야겠다는 강박은 있지만, 그것은 기분 좋은 강박일 테고. 창작의 고통 이런 것보다, 해나가는 것이 육체적으로 힘들었던 것 같은데요. 제가 운이 좋은 경우라 긴 말을 할 수가 없습니다. 그냥 정신 없이 하다가, 음악 자체를 해내는 게 힘드니까 힘들어 하다가 정신 차려보니까 좀 고맙고, 그리고 다시 힘들게 하다가 정신 차려보니까 고맙고… 그렇게 해온 거죠. 그리고 곡이 쌓이면, '얘기하고 싶은데, 잘 안되네' 하다가… 앞만 보고 달려온 느낌이에요. 한동안 말 안 할 수 있으면 좋지 않을까, 하는 생각을 합니다.

지   하지만 프로라면 기다리는 사람들을 위해 어느 정도 정기적인 활동도 필요할 것 같은데요.

오   그런 얘기를 안 해요. '언니, 걱정되니까, 얼마든지 기다릴 수 있으니까 정말 마음에 드실 때 내세요.' 이런 말을 많이 해요. 왜냐하면 일기를 보면 고생하고 있는 게 많으니까.

음악을 시작하는 사람들에게

"정신 똑바로 차리라고 하고 싶다. 그리고 나만 할 수 있는 것을 하면, 어떻게든 하면 된다는 말을 건방지지만 하고 싶다."

지   그동안 낸 앨범들이 음악 인생에서 각각의 의미가 있을 것 같은데요.

오   1집은 제가 뮤지션이라는 것을 스스로도 확신 못하던 시절에 내가 하는 음악이 세상에 의미가 있을 수 있구나, 하는 것을 처음으로 알게 해준 앨범이고요. 2집은… 되게 조그마한 정점 같은 거 아니었을까요? 한 시절의, 20대의 제가 멋모르고 많은 것을 하고 그것을 사람들이 좋아했으니까요. 그때는 시절도 좋았거든요. 2009년에는 1만 장 넘게 팔린 앨범들이 꽤 있었어요. '브로콜리 너마저'라든지, 언니네 이발관 5집이라든지. 3집은 제가 결론짓고 문 닫고 나가는 것 같은 느낌의 앨범이죠. 기운 뻗쳐서 한 음악이 1, 2집인데 그 기운이 지나간 후에 그 기운에 대해서 생각하는 것이 3집이라 힐끗 듣기에는 아까도 말씀드린 것처럼 '오지은, 발톱 빠졌네' 할 수도 있지만 사실은 그게 아니고, 너무 많이 긁어서 발톱이 뭉개진 거죠. 공격력은 적어 보일지 몰라도 처참한 것은 더 심하지 않나 하는 생각이 들어요. 그래서 저는 3집을 생각하면 되게 슬퍼요. 남 얘기하듯이 '아, 슬퍼. 아, 슬퍼서 듣고 싶지 않아' 하는 거죠. 『오지은과 늑대들』은 잠시 제가 음악을 즐겁게 할 수도 있구나 생각하게 된 계기였어요. 원래 그렇게까지 할 생각이 아니었는데, 다들 연주력이 너무 뛰어나서 올림픽을 한 것 같은 앨범이 됐어요. 그런 앨범이 한국에 잘 없는데, 되게 유니크한 앨범을 냈던 것 같아요. 언젠가 재평가 받을 것을 노리고 있습니다. 아, 얼마 전 NHK 한글 강좌 주제가가 됐어요. 이상하죠? 진작에 끝난 팀인데 어떻게 알고… 왜? (웃음)

지　오지은에게 음악이란 뭔가요?

오　감사한 직업이죠. 직업은 내가 되고 싶다고 되는 게 아닌데 이게 됐다는 것은, 내년에 10년 차이지만 아직도 신기한 일이고. 그래서 똑바로 해야겠다는 생각을 계속 하게 되는 것 같습니다. 몇 명이 동의를 할지 모르겠지만 의무감 같은 것이 있네요. 뭔가 있다면 음악으로 그것을 표현해 남겨야겠다고 하는. 제가 리스너 입장이기도 해서 그런가 봐요. 내가 이런 타이밍에 이런 음악을 들었으니까 음악은 이러이러한 힘이 있고, 그러니까 나도 이런 순간에 이런 음악을 남겨야겠다는 생각이 기본적으로 있는 것 같아요.

지　요즘은 어떤 음악들을 들으세요?

오　오늘 듣고 나온 것은, 일본에 피치카토 파이브라는 밴드가 있는데요. 무명 시절이 있어요. 여자 보컬이 들어오기 전 무명 시절이 있는데, 그때 천재 두 명이 같이 밴드에 있었거든요. 보컬도 천재, 키보드도 천재. 그 천재들이 젊은 시절에 부딪혀가며 만든 음악을 계속 들었어요. 가사는 이렇게 써야 되는데, 하면서. (웃음)

지　일본어를 잘하시니까 일본 노래 들을 때 가사가 들린다는 것도 유리한 점이겠네요.

오　그렇죠. 일본 음악 산업이, 한국은 허리가 몇 번 꺾였잖아요. 허리가 안 끊긴 상태이고, 시장에도 돈이 도니까 뮤지션들이 점점 더 멋있는 것을 할 수 있는 상황이 되는 거죠. 그러면서 더 멋있어지고, 후배들이 보고 배워서 더 멋있어지는 것이 있어요. 보면 록이라는 것은 원래 서양 음악인데, 결국 그것을 아시아적으로 되게 잘 만들었어요. 가요도 그렇고, 록도 그렇고. 많은 장르들이 그렇게 해서 되게 요령적으로 배울 것이 많아요. 록 하는 사람들은 영어로 가사 쓰는 사람들도 많잖아요. 힙합도 한국어로 라임을 개발한 것이 얼마 안 됐듯이 록의 문법으로 동양의 정서를 '기깔나게' 담는 뮤지션들이 많아요. 제가 일본어를 할 수 있어서 그걸 아는 것이 조금 이득이 돼요.

지 일본의 뮤지션들이 활동하는 환경하고 한국의 뮤지션들이 활동할 수 있는 환경이 조금 다를 텐데요.

오 슬픈 얘기죠. 저희는 까놓고 얘기하면 화전민 상태예요. 논밭은 전부 불탔고, 몇 개 씨앗 나는 거로 나물 해 먹고 사는…. 2009년까지만 해도 안 그랬어요. 작은 텃밭 정도, '우리 자급자족해요' 그 정도는 됐어요. 그래서 문학계나 영화계에 부러운 점이 많아요. 권위도 살아 있고, 팬층도 있고, 영화는 보고 나서 재미없어도 '그러려니' 하잖아요. 책도 사놓고 안 읽기도 하잖아요. 그런데 CD를 산다는 것은 그 음악이 미친 듯이 좋아서 '내가 진짜 하나 사준다' 이런 느낌이에요.

지 문학 쪽도 팔리는 쪽만 팔려서 영화계를 부러워하기도 합니다. 영화가 문화 쪽에서는 갑이에요.

오 그래도 한 번에 굴릴 수 있는 자본의 양이나 실패 후 다시 주어지는 기회 정도는 화전민인 저희와 다르죠. 음악은 앨범 하나를 내는 데 상당한 자본이 필요하잖아요. 다음 기회를 갖기가 상대적으로 힘들어요.

지 한국에서 뮤지션으로 산다는 것에 대해 생각을 많이 하셨을 것 같은데요.

오 저는 운이 좋다고 생각하려 노력하는 스타일이에요. 그런데 여자 싱어송라이터로서 얘기해본다면 여기 신의 소비자들은 거의 여자잖아요. 신을 평가하는 사람들은 거의 남자이고. 평가에서는 디스어드밴티지가 있고, 소비자한테는, 여자가 여자 좋아하는 것보다 여자가 남자 좋아하는 것이 훨씬 간단하잖아요. 충성심도 더 높고. 그러니까 여자 싱어송라이터들이 상대적으로 힘들어졌죠. 제가 생각하기에는 그래요.

지 음악을 시작하는 분들한테 해줄 말씀이 있을까요?

오 정신 똑바로 차리라고 하고 싶은데요. 그리고 나만 할 수 있는 것을 어떻게든 하면 된다는 말을 건방지게 하고 싶습니다. 왜냐하면 유재하 음악경연대회를 동문들이 운영하게 되면서 데모 같은 것도 많이 듣게 됐어요. 제 앞가림만 하려 노력하던 시절을 지나서 최근 음악을 새로 시작하는 사람들의 음악을 듣게 됐는데, 그들은 나만 할 수 있는 것, 나만 말할 수 있는 감성에 대한 생각은 잘 안 하는 것 같더라고요. 아무래도 정규 교육을 먼저 받으면 유려한 코드라든지, 안정된 보컬이나 발성에 치우치게 되어 방구석에서 음악 연습을 많이 하겠죠. 인생에 모험이 없으니까 얘기할 거리가 없고요.

지 음악을 독학으로, 정규 교육 안 받고 음악 하는 사람들이 많잖아요. 정규 교육을 받기보다 자기가 하고 싶은 얘기를 다른 경험을 통해서 얻은 사람들이 성공하는 경우가 예술에 있어서는 더 많은 것 같습니다.

음악을 하는 사람들에게 어떤 경험들이 필요하다고 생각하세요?

오 음악은 하면 할수록 새로워요. 제가 밴드 한답시고 중3 때 음악하는 언니 오빠들 얘기하는 데 가서 앉아 있고, 심지어 '음악을 잘하려면 어떻게 해야 되나요?' 하고 질문하던 시절이 있었어요. 세상에. (웃음) 지금은 성함도 기억 안 나는 머리 긴 분이 '많이 채여보고 많이 차봐라'라고 대답했거든요. 맞는 말인 것 같아요. 그게 저한테 주술처럼 작용돼서 '나는 사랑에 대한 것에서는 나를 지키기 위해 뒷걸음질 치지 않고, 불구덩이에 항상 뛰어들어야 하는구나, 음악을 하는 사람이라면' 이런 생각으로 수많은 흑역사를 쌓고, 그걸 음악으로 만들었네요. 그런데 그걸 지금 생각해보면 주저하는 마음이 또 음악이 될 수 있는 거라서요. 결국에는 자기 마음을 잔인할 만큼 현미경처럼 들여다보는 게 음악을 한다면 할 수 있는 뭔가가 되겠죠.

한국 인디신의 여성 싱어송라이터

> "계속 앨범을 내고 버텨온 것에 대한 자부심은 없다. 내 앨범이 평가의 대상이 된다는 것 자체로 꿈을 이뤘다."

지 자학도 많이 하고, 반성도 많이 하신다고 했는데… 그러면 나는 어떤 사람인가, 하는 생각도 많이 하셨을 것 같아요. 이런 사람이다, 하고 규정한다면요?

오 그게 사실 요즘 제 화두인데요. 20대에 제가 어떤 사람이라고 규정했던 것이 30대에 와서 다 깨진 것 같아요. 내가 어떤 사람이라고 얘기하는 순간 거짓말이 되는 것 같고요. 결국 누굴 만날 때는 활달했다가 어떤 사람을 만날 때는 소심했다가 어떤 때는 능숙했다가 그런 거잖아요. 그런데 객관적으로 바라봤을 때 '아, 내 우울의 절대치는 남들에게 '너도 그렇잖아'라고 얘기하면 안 되는 것이구나. 몇몇에게만 통용되는 거구나' 하고 어쩔 수 없이 인정하는 부분들이 몇 개 생긴 거죠. 그렇습니다. 글을 쓰는 사람이 더 자신을 잘 알아야 되는 것 같아요. 노래하는 사람은 오히려 약간 객관적이지 않게 자기감정에 취해서 할 수 있는 부분도 많거든요. 음악은 약간 이상할 때 잘할 수 있는 것이기도 한데, 글은 정말 정신 똑바로 차리고 있어야 오랜 시간 잘할 수 있는 것 같아서 정신 똑바로 차리려고 노력하고 있습니다.

지 2013년 여성 싱어송라이터들의 활약이 대단했습니다. 장필순, 선우정아, 강아솔, 요조, 한희정, 프롬, 타루, 최고은 님 등이 오랜만에 음반을 발표했어요. 서로 맞춰 낸 것은 아닐 텐데요. (웃음)

오 올해는 노랑이 유행이네, 이런 것처럼 뭔가 잘 모르는 지구의 섭리가 있는 게 아닐까요? (웃음) 우루루 나온 것도 사실은 신기하고, 요즘은 또 별로 없잖아요. 그렇게 하나의 세대가 될 수 있다는 것이 언뜻 봐서는 위험한 일이지만, 묶여버린다는 것이 다르게 봐서는 재밌고 즐거운 일일 수도 있지 않나, 하는 생각이 드네요. 음악을 하는 것이 너무 버티기 힘든 일이라 계속 버티고 있는 사람들에 대해 경외감이 있어요.

사람들이 아무리 오해를 해도 자신의 이야기를 하는 여성에 대해 경외감 같은 것이 있죠. 점점 창작하기가 힘들어지는데, 자기를 깎는 기분으로 창작을 해내고 있잖아요.

지 　어떻게 보면 그런 부분에서는 그룹이나 남자 뮤지션들이 소외되는 느낌도 없지 않습니다. '재주소년'이 얼마 전 5집을 냈고, '줄리아 하트' 5집도 나왔더라고요. 그런 분들은 대중들이 잘 모르잖아요. (웃음)

오 　아… 그러게요. 하지만 재주소년이 몇 석에서 공연을 할까요? 큰 데서 하지 않을까요? (웃음) 그건 그들이 오랜만에 내서 그럴걸요. 우리는 남자 뮤지션들한테 피해 의식을 가지고 있어요. (웃음) 결국은 권순관, 정준일 이런 애들이 잘되니까. 세대라고 치면 그들과 같은 세대잖아요. '노리플라이', '메이트', 정준일. 그런데 확실히 관객 동원력이라든가 그런 것에서는 차이가 있어요. 만약 관객 동원이 적다면 재주소년과 줄리아 하트는 저희보다 윗세대여서 지금 리스너들이 새롭게 음악을 접하는 데 익숙하지 않은, 그런 느낌인 걸까요? 등장이 2000년대 초·중반이었으니까. 사실 그분들이 계속 잘돼야 되는데.

지 　인디뮤지션으로서의 정체성이라고 할까요? 그런 부분에서 독립영화 감독님 중에는 '영화에 무슨 독립이 있어. 영화는 다 영화지' 하는 분들도 계시지만 독립적인 방식으로 작업하니까 그렇게 볼 수 있다는 의견도 있어요. 본인을 어떻게 정의하시나요?

오 　그걸 둘러싼 오해가 너무 많아서 제가 한 단어로 정리할 수가 없어요. 어떤 뮤지션이 보기에는 '오지은이 무슨 인디야' 그럴 수 있어요. 반면 제가 800석에서 공연을 해도 사람들이 '듣보 인디잖아' 이럴 수 있고요. 저를 둘러싸고 너무 많은 시각이 있는 이유는요, 일단 이쪽 신이 정리가 안 되어 있어요. 결국 메이저신인 김동률, 이적 같은 싱어송라이터의 후배들이 여기서 활동하게 되면서 빨리 소비되는 가요가 아닌, 싱어송라이터계의 가요가 이쪽 신에 있는 동시에 아주 실험적인 음악이나 팝 한 음악도 같이 있게 됐어요. 제 경우에는 뿌리가 이쪽 클럽인데, 가요적으로 들려서인지 제 음악을 규정짓는 것을 사람들이 난감해하는 느낌이 들었고요. 그 이외에도 누가 보기에는 되게 공감 안 가는 가사를 얘기하는 불편한 인디뮤지션일 수 있고. 반대로 누가 보기에는 '듣기 편한 음악을 하는 사람이구나' 할 수도 있죠. 게다가 누군가한테는 팝 가수랑 결혼한 아줌마일 수도 있고요. (웃음) 어쩔 수 없는 것 같습니다. 앨범을 혼자 제작했던 시절에는 인디계의 잔다르크라는 얘기도 들었거든요. 결국 음악의 본질과는 아무 상관이 없는 것 같아요. 다 여흥 같은 얘기죠. 본인이 신경 써봐야 아무런 도움이 안 되는 것 같아요.

지　　마흔 넘어서도 음악을 계속 하실 텐데, 상황이 점점 안 좋아지는 것에 대한 두려움은 없으신가요?

오　　이거보다 나빠지지는 않을 것 같은데요? 그런 막연한 생각으로 하는 거죠. TV 프로그램을 보면 전부 이쪽 신 음악을 써요. 「1박2일」이든 「무한도전」이든 「런닝맨」이든. 결국 세상에 필요한 음악인데요. 단지 사람들에게 알려지는 루트가 잘못되어 있는 거죠. 그건 제가 어떻게 할 수 없어요. 예전에 방 라이브 같은 걸로 어떻게 해보려고 했지만, 이제는 덩치가 커져서 그것도 하기 어렵고. 사람들이 음악을 필요로 하는 것만으로도 괜찮다고, 그렇게 생각하고 살아가려 하고 있습니다.

지 말씀하신 것처럼 광고 같은 데 많이 나와서 보통 이쪽 신에 있는 분들의 히트곡이 뭔지 모르다가도 들어보면 한두 곡씩 귀에 익은 노래가 있어요. 유통하는 방식에 문제가 있다는 건데요.

오 전달되는 방식이, 어떤 사람들한테는 팔자 좋은 사람들의 자아실현으로 받아들여지는 것이 오해의 한 부분인 것 같아요. 그런데 어느 창작계든, 사실 만화계도 어렵고, 문화 전반이 가지고 있는 과도기 같은 것이 아닐까요? 그러려면 몸을 낮추고, 버텨야죠.

지 영화의 경우 독립영화나 예술영화들이 아무리 잘 찍고 반응이 좋아도 스크린 수를 확보하지 못하면 흥행에 한계가 있을 수 있는데요. 음악 같은 경우는 그것보다 유통하기가 수월하지 않나요?

오 그렇긴 한데, 수익화하기가 어렵죠. 「한공주」도 잘되고, 「그랜드 부다페스트 호텔」도 잘됐어요. 약간 소비를 많이 하는 젊은이들 사이에서 독립영화를 보러 가는 것이 쿨한 행동이 된 것 같아요. 그런데 이쪽 음악을 듣는 것에는 '잘난 척하고 있어'라는 시선이 아직 있는 것 같아요. 그걸 깨는 데 여성 싱어송라이터들이 큰 역할을 했는데, 까놓고 얘기해서 거기에 대한 공치사가 없었죠. '쟤들은 말랑한 음악이고, 진짜음악은 따로 있어' 이런 식으로 취급하려 했고, 저는 그게 되게 웃기다

고 생각해요. '노가다'는 누가 뛰었는데. (웃음)

지 이런 흐름들을 어떻게 보면 버텨온 거잖아요. 평가를 못 받는데도 불구하고 계속 앨범을 내고 지속적으로 하다 보니까 '아, 이분들이 음악을 계속 하고 있었고, 음악적으로 점점 훌륭해지는구나' 하는 평가들이 많아지는 것 같은데요. 자부심 같은 것을 느낄 수도 있을 것 같아요.

오 자부심을 느끼는 순간 수많은 다른 뮤지션들이 '웃기고 있네'라고 할 것 같고요. 자부심이 있다면 앨범 네 장을 냈다는 자부심이 있겠네요. 거기까지인 것 같습니다. 남 잘되라고 한 것도 아니고, 섭섭함도 사실은 작은 것들이고, 결국은 평가를 받았다는 것 자체가 이미 특권이고, 평가의 대상이 된다는 것 자체가… 수많은 앨범이 평가의 대상도 못 되잖아요. 음악 하기 전에 제 꿈이 그거였어요. 앨범을 냈을 때 평가를 받는 것. 그러니 이미 제 꿈은 이룬 거죠.

지 마지막으로 하실 말씀은요?

오 여성 싱어송라이터들이 누구든 되게 잘됐으면 좋겠고요. 다들 되게 멋있게 잘하고 있으니까 그것만으로도 위안이 될 것 같습니다.

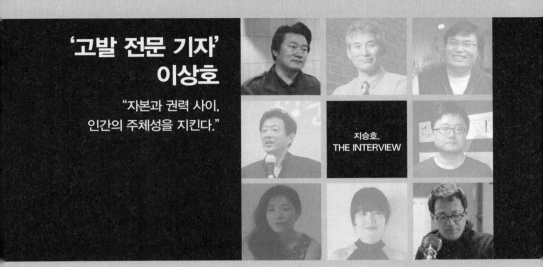

'고발 전문 기자'
이상호

"자본과 권력 사이,
인간의 주체성을 지킨다."

지승호,
THE INTERVIEW

이상호

연세대학교를 졸업하고, 1995년에 MBC 문화방송 기자로 입사했다. 입사 후 주로 「카메라출동」, 「시사매거진 2580」, 「미디어 비평」, 「사실은」, 「손바닥뉴스」 등 심층 보도 프로그램에서 탐사 전문 기자로 활동했다. 2005년 '삼성 X파일' 보도로 한국기자상을 수상했고, '연예계 노예 계약', '전두환 비자금 추적', '방탄 군납 비리', '방송가 뇌물 커넥션' 등 숱한 특종을 낳았다. 현재는 인터넷 언론인 「GO발뉴스」를 창간하여 제작하고 있다.

INtro

현재까지 80건 이상의 소송을 당한 소송 전문 기자, 고발 전문 기자인 이상호 기자를 만났습니다. 말도 많고 탈도 많았던 다이빙벨에 관한 영화를 만들어 영화감독이라는 타이틀까지 얻게 된 이상호 기자에게 왜 그 영화를 만들었는지 물어보고 싶었습니다. 배우 유지태 씨가 기자 배역을 맡게 되어 이상호 기자를 롤모델 삼아 연구한 이후 '나는 그렇게 못 살 것 같다'는 말을 했다더군요. 저 역시 그렇게는 못 살 것 같고, 그렇게 살고 싶지도 않습니다. 그는 제가 아는 가장 뜨거운 사람 중 한 명이고, 가장 눈물이 많은 사람 중 한 명이기도 합니다. 이상호 기자는 '고발은 사회에 대한 분노가 아니라 사람에 대한 사랑이 있기 때문에 하는 것'이라고 말합니다. 사회 구성원에 대한 사랑, 아무도 귀 기울여 들어주지 않는 사람들에 대한 애정이 이상호 기자가 이 일을 해온 가장 큰 동력일 것입니다. 이상호 기자는 지금까지 한국 사회를 끌고 왔던 1987년 체제의 국면이 세월호 참사로 인해 새로운 국면으로 전환되어야 한다고 자신의 소신을 피력했습니다. 물론 그와 의견이 다른 분도 있을 수 있지만, 한 번쯤 경청해봐야 할 의견이라는 생각이 들었습니다. 다른 의견들은 다른 곳을 통해 차고 넘치게 들을 수 있기도 하고요. 태준식 다큐멘터리 감독은 「씨네21」에 기고한 글에서 '다큐멘터리 「다이빙벨」은 4월16일 참사 이후 다이빙벨이라는 수중 장비의 세 번에 걸친 투입과 철수 과정을 다룬 다큐멘터리다. 팽목항에서 상주하고 있던 이상호 기자는 다이빙벨 투입 과정에 참여하게 된다. 종횡무진 팽목항을 누비며 때로는 사건에 개입해 갈등을 촉발시키기도 하고 다이빙벨의 주인인 이종인 알파잠수기술공사 대표의 증언을 실어 나르기도 한다. 그리고 이 연대기의 사이사이 '국가'의 무능, 영혼 없이 춤추는 '언론'의 생얼이 거침없이 드러난다'고 했습니다. 이상호 기자 역시 이 영화가 언론에 대한 노골적인 비판 영화라고 말했습니다.

팽목항에서
마주한 현실

"아이들이 죽어가는데 가장 본질적인 것을 아무도 얘기하지 않았다. 지금 애들이 어디 있는지, 상태가 어떤지, 어떻게 구할 것인지."

■지■ 요즘 건강 걱정하는 사람들이 많습니다. 2014년 초에 뇌경색으로 쓰러져 입원했잖아요.

이상호(이하 ■이■) 겨울을 진짜 좋아했어요. 여름에는 미쳐서 지내고, 가을, 겨울에는 생각 좀 하고 침잠하게 되니까 오히려 좋았다고. 추우니까 정신이 맑아지고 깨는 것 같고. 작년(2013년)에 한 번 넘어지고 나서 또 쓰러지니까 추운 게 진짜 무서워졌어요. 작년 이후에는 몸이 안 좋구나, 하는 생각을 많이 해요. 조심하고 있어요. 지난번에 한 번 당했기 때문에 유사한 증상이 오면 바로 컴퓨터 끄고 눕죠. 자는 게 최고니까. 혈압이 좀 오르고 어질어질하고 눈앞이 반짝반짝하고 화가 난다고 하면 바로 자요. (웃음) 바로 자는 게 제일 좋아. 그러면서 되게 조심스럽게 넘어가는 거죠.

지　그렇게 몸이 아픈데 세월호 참사가 나고 나서 바로 팽목항으로 달려갔잖아요. 어떤 심정이었어요?

이　취재하러 간 게 아니었어요. 뭘 하긴 해야겠는데 집중도 안 되고, 뭘 좀 하면 안 좋은 예우가 와서 방송 복귀는 못하고 그냥 「GO발뉴스」에 잠깐 들러 일을 좀 봐주는 정도로 지내고 있었어요. 그러다가 본 거예요. 방송하려고 내려간 것이 아니라 그냥 도저히 서울에 있을 수가 없어서 달려간 거야. 「GO발뉴스」 스태프 전원 짐 싸라고 해서 다 내려갔어요. 제가 봤을 때는 이게 단순한 교통사고가 아니라 대단히 중대한 사건이었어요. 제가 취재는 못하더라도 다 같이 내려가서 일단 좀 보자고 한 거죠. 방송을 하려고 내려간 것이 아닌 또 하나의 이유는, 취재하기 힘든 사안이기도 했지만 세월호의 엄청난 참화 앞에서 누가 말을 할 수 있는 사람이 없었어요. 정치인들이 세월호와 관련해서 입을 열기 시작한 것이 한 달 뒤였어요. 온 사람도 없었어요. 사실 박근혜 대통령이 왔을 때 '박근혜 대통령이 어려운 결정을 했구나' 하는 생각이 들었어요. 세월호 사건은 뭐라고 입을 열 수가 없는, 언어를 빨아들이는 거대한 충격의 블랙홀이었거든요. 실제 가서도 유족들을 마주할 수 없었고, 일단은 최초의 하루가 지나고 이틀이 지나면서 아이들의 생존 가능성이 상당히 떨어지는 시점이었는데도 아무도 희생자 가족이라고 하지 않았어요. 모두가 실종자 가족으로 불렸고, 피해 가족으로 불렸죠. 그런 말 한마디만 잘못, '삑사리'로 터져 나와도 그 사람은 그야말로 사회에서 매장될 정도였죠. 실제로 정몽준 씨 아들 발언이라든가 몇몇 여당 인사들의 트위터 발언에 그야말로 전 국민적 분노가 집중되는 것을 보면서 입을 열기가 두려운 상황이었어요. 저는 뇌경색으로 뇌 기능이 예전 같지 않고 집중력이 많이 떨어진 상태였기 때문에 내가 이런 위험한 상황에서 글을 쓰거나 말을 할 수 있을까, 하는 두려움이 있었죠. 그런데 가자마자 그 두려움이 없어졌어요. 제가 판단할 때 그건 학살이었거든요. 아이들이 죽어가는데 가장 본질적인 것을 아무도 얘기하지 않았습니다. 지금 애들이 어디 있느냐, 애들 상태가 어떠냐, 어떻게 구할 것이냐, 지금의 구조 방식이 옳은 것이냐, 너희들의 청사진은 뭐냐, 마스터플랜은 뭐냐, 가능한 수단은 뭐냐. 이런 기본적인 질문이 없었습니다. 상식이 무너지고 있었고, 언론을 통해서 거짓만 반복되고 있었던 거예요. 그래서 제가 입을 열 수밖에 없었습니다. 그게 욕이었어요.

지　「연합뉴스」 기자한테 했던 거.

이　개새끼라는 욕. 거짓이 진실의 옷을 입고 온갖 미디어에 넘쳐나는데 아이들은 죽어가고 있고, 부모들은 미쳐가고 있는데 거짓된 말들만 넘쳐났거든요. 제가 할 수 있는 것은 그냥 '비명' 같은 거였어요. 이건 안 된다고 하는 절규였어요. 그래서 욕을 한 거죠. 그 후 본격적으로 방송을 시작했죠. 이를테면 우리 사회에 미친 패거리즘이나 권력의 관성 이런 것이 사실은 짧은 현대사에 여러 번 있었죠. 사실 항상 양심 있는 것은 소수였어요. 1980년 전두환 군홧발 앞에는 학생들을 지켜주던 민가협 아줌마들이 있었고, 끌려가는 위안부 소녀들 앞에는 많이 배우고 깨우쳐서라기보다는 인간에 대한 측은지심에서 그들을 막아선 할아버지, 할머니들이 있었고, 사실 그런 소수의 양심들이 우리 사회에는 많있었어요. 그런 사람들을 우리가 어르신이라고 불렀어요. 어른들이라 하고. 며칠 전에 조현아 사건이요. 1등석에 누가 있었다면서. 그 사람이 말려줄 수 있었잖아요. 직원들을 불러다가 무릎 꿇리고 있으면, 최소한의 잘못을 제지하는 그런 손길. 나는 그 비행기 안에서 그 흉포한, 광포한 자본 권력을 단 한 사람도, 지나가는 행인조차도 제지하지 못하는 현실, 팽목항에 나타난 인간 말살의 현장에서 아무도 잘못되어 가고 있는 구조를 막아서지 못하는 현실이 제일 마음 아팠어요. 거기에는 단 한 명의 전문가도 없고, 단 한 명의 책임자도 없고, 단 한 명의 어른인 기자도 없었던 거예요. 아무도 말려주는 사람이 없는 현실, 대단히 절망적인 거거든요. 쌍용자동차에서 수십 명이 잘려나가 자살하고 죽어가는데 아무도 안 말려주는 현실이요. 폭력의 비인간성보다도 아무리 외쳐도 말려주지 않는 것, '거기 사람 없어요? 누구 거기 없나요?' 해도 아무도 오지 않는 현실이 제일 가슴 아픈 거예요. 그게 2014년 대한민국의 현실인 것 같아요. 아무리 슬피 울어도 위로해주지 않고, 아무리 긴급하게 '사람 살려' 하고 외쳐도 와주지 않는 것, 그게 제일 큰 문제 같아요. 그러면 정말 희망이 없지. 그런데 팽목항에서 그런 일이 일어났어요. 아이들이 죽어가는데, 우물에 사람이 빠져 있는데, 사다리를 타고 내려간다거나 어떻게든 살릴 대책이, 방법이 있어야 될 거 아니에요. 그런데 대한민국 정부는 '우물이 깊어서 애가 죽었어요. 살릴 수가 없어요' 하고 포기한 거잖아요. 살아 있을 가능성을 최대한 계산해서, 살아 있으면 어디쯤 있을 테니 빨리 거기다 사다리를 내리든지, 어른이 구명조끼를 입고 뛰어들든지, 어떻게 해야 되는 거 아닙니까? 그런데 '애들이 물에 빠졌으니 이제 죽었어요' 하는 것이 대한민국 정부의 공식 입장인 거예요. 에어포켓이 없으니 사고가 난 후 일정 시간이 지나 다 죽었다는 것이 공식 입장이고, 따라서 구조할 필요가 없었다는 것이 진리처럼 되어 있어요.

국가권력은 어떻게 진실을 은폐하는가

"정권 입장에서 다이빙벨은 성공하면 안 되는 거였다. 투입 전부터 실패라는 얘기가 언론에 도배되었다."

지 세월호와 관련된 여러 가지 관점과 얘기가 있었을 텐데, 왜 하필이면 다이빙벨을 가지고 영화를 만들 생각을 한 건가요? 논란의 요소가 많아서 처음 접근하기에는 위험한 방식일 수도 있었을 텐데.

이 저는 위험한 것만 취재해왔어요. 위험하지 않은 것은 저 말고도 취재할 사람이 많으니까요. 세월호 사건과 관련해서 전반적으로 중요한 포인트는 두 가지예요. 하나는 왜 사고가 났느냐, 다른 하나는 왜 안 살렸느냐. 왜 사고가 났나, 하는 부분에 대해서는 의혹이 다 제기됐어요. 거기에 대한 답변만 나오면 되는데, 그 부분에 대해서는 기를 쓰고 막고 있기 때문에 많은 노력을 해도 상당 부분 시간이 걸릴 것 같습니다. 1980년 광주 항쟁의 진실이 밝혀지는 데도 상당히 오랜 시간이 걸렸잖아요. 그리고 실제로 제일 중요한 발포 명령권자는 아직도 드러나지 않았잖아요. 그런 식으로 나름 중요한 진실도 밝혀지는 데는 상당 시간이 걸릴 테지만, 가장 중요한 '왜'라는 부분에 대해서는 영구미제가 될 수도 있으니 그 부분에 대해서 힘을 많이 쏟아야 될 거라고 생각합니다. 두 번째, '왜 못 살렸나?' 하는 부분은 「다이빙벨」만이 고발할 수 있어요. 왜냐하면 아이들이 20~30미터 심해의 에어포켓에 살아 있을 가능성이 있었기 때문에 살아 있는 아이들을 안전하게 살아 있는 채로 꺼내오는 방법은 다이빙벨을 이용하는 것밖에 없었어요. 따라서 다이빙벨을 이용하지 않고, 심지어 다이빙벨을 쫓아냈다고 하는 것은 아이들을 살릴 의지가 없었다는 것이고, 국가가 이 아이들을 사실상 살해했다는 것을 구체적이고 실증적으로 고발하는 것이기 때문에 저는 다이빙벨에 대한 이야기로 세월호의 가장 중요한 문제 '왜 안 살렸는가' 하는 부분을 우선적으로 고발함으로써 이후에 다른 영화들을 통해 문제 제기가 이어지는 마중물로 삼고자 했던 거죠.

지 　다이빙벨이 실패를 했고, 이종인 알파잠수기술공사 대표도 인터뷰를 통해 그것을 인정했다고 생각하는 사람들이 많잖아요.

이 　그 부분은 영화를 보면 클리어하게 해소되는데요. 안 보신 분들은 여전히 그 거짓말을 믿고 있죠. 정권의 입장에서 볼 때 다이빙벨은 성공하면 안 되는 거였거든요. 실제 그런 연유로 다이빙벨이 팽목항에 도착하기 전부터 다이빙벨에 대해서 그야말로 파상적인 공격이 있었고, 다이빙벨이 투입도 되기 전에 이미 실패라는 얘기가 전 언론에 도배가 됐어요. 다만 이종인 대표의 인터뷰 일부를 맥락과 상관없이 자기들이 하고 싶은 말을 하기 위해서 사용한 것이 문제인데, 이종인 씨는 아이들을 구하고 싶었던 것이지 해경을 고발하고 싶었던 것은 아닙니다. 이 양반은 해경과 거의 40년 가까이 일한 사람이고, 해경에 찍히면 먹고 사는 길이 끊어지는 사람이에요. 실제 팽목항에서 그런 일이 있고 나서 지금 모든 정부 일거리가 끊긴 상태거든요. 그런 입장에서 이종인 씨는 자기가 다이빙벨 투입에 대해 방해를 받고, 심지어는 살해 협박을 받고 쫓겨났다는 이야기를 편하게 할 수 없었던 겁니다. 그래서 우회적으로 돌려 말했던 것인데, 언론들은, 실패를 바랐던 언론들은 그 말의 진실을 이해하지 못했죠.

지   그 양반의 캐릭터 자체를 이해해야 그 말의 맥락을 이해할 수 있다고 하셨죠. 이종인 대표의 '사업하는 사람의 입장에서도 그렇고, 뭘 입증하고 입증 받을 수 있는 기회잖아요'라는 인터뷰 때문에 '결국 자기 사업 때문에 사기 친 것 아니냐'는 반응들이 많았어요.

이   이종인 씨가 어마어마한 방해 공작과 공격에도 불구하고 결국 다이빙벨을 투입시킨 이후에 쫓겨났잖아요. 그때 한 인터뷰인데, 기자들이 계속 왜 나왔느냐고 반복해서 물으니 자기 속내를 얘기한 거죠. 자기는 해양구조사업을 하는 사람이니까 사업상의 목적만 봐도 떠나지 않는 게 좋다, 그런데 자기를 살해하기 위해 협박하고, 나가달라 요구하는 상황에서 그런 내용을 사실대로 얘기하면 당장 해경과 해군은 수사를 받아야 되고, 그러면 어찌됐든 간에 구조에 방해가 될 수 있으니 그냥 떠나는 것이다, 이런 얘기를 하고 싶었던 겁니다. 대체로 그런 취지로 얘기를 했어요. 그런데 언론들은 자기 설명을 위한 수사 부분만 악의적으로 인용을 한 거죠.

지 그런 상황이면 이종인 대표가 해경을 고발했어야 되는 거 아닌가요?

이 이종인 씨가 해외에서 잠수 활동을 되게 많이 한 사람이에요. 제가 영화를 준비하면서 보니까 2007년에 미군 전함 USS 쿠퍼라는 배가 308미터 해저에 가라앉았어요. 그 배에 미 해군이 위령비를 세우려고 전 세계적으로 가장 훌륭한 잠수와 감압 전문가들을 다 모았습니다. 2007년에 영화도 나왔더라고요. 그 영화를 찾아서 보니까 이종인 씨가 제일 중요한 잠수기술팀장으로 활동을 했던데요. 세계적인 권위자예요. 특히 잠수와 감압에 있어서. 해외에서 많은 동료와 지인들이 해경을 고발하라고 했대요. 그런데 여태껏 어찌됐든 간에 해경이 구조를, 선내 수색을 담당하고 있었기 때문에 혹시 방해가 될까 봐 참았대요. 이제는 수색이 종료가 됐으니 민형사상 고소도 검토하고 있다 하더라고요.

지 이종인 대표는 어떻게 지내나요? 어쨌든 자기 돈으로 다이빙벨을 가져간 데다 가시적인 성과가 없었으니 보상받을 길도 없을 테고, 정부 일도 끊겼으니 개인적으로 굉장한 타격을 입었을 것 같은데요.

이 가끔 문어나 전복 채취했다며 먹으러 오라고 연락하세요. 인천에 알파잠수회사가 있어요. 작은 배 스크루에 밧줄이 끼었다거나 그런 작은 일들로 생활하고 계신다 하더라고요.

「다이빙벨」 관련해서 GV(Guest Visit, 무대 인사) 때 모실 수도 있을 것 같은데, 고사를 하시는 건가요?

대중 앞에 나서는 것에 상처를 많이 입으셔서요.

언론에 대해 공포감이 크시겠네요.

말을 하면 언론들이 마음대로 쓰니까 트라우마가 있으시죠. 사람들이 이 영화를 많이 보고 이종인 씨의 억울함이라든가 진실을 좀 더 많이 알게 되면 그때 이종인 씨를 모시고 나와서 상처 받는 일이 없도록 하고 싶은데, 지금 4만 5,000명밖에 안 본 상태에서 나머지 4,000만 명은 여전히 다이빙벨은 실패를 했고, 구조에 방해가 돼서 유가족들을 두 번 울렸고, 이 와중에 이종인 씨가 자기 사업상의 수익만 생각했다는 것이 언론에 의해서 만들어진 프레임 아닙니까? 그런 상황에서는 이종인 씨가 밖으로 나왔을 때 어떤 상처를 입을까 걱정입니다. 제 생각에는 아직 대형 극장이 문을 안 열어주는 가운데, 관객이 더 이상 크게 늘어날 것 같지는 않아요. 그래서 해외 영화제 쪽에 많이 출품하고 있어요. 대학 입시랑 똑같아서 원서는 자유롭게 낼 수 있는데, 합격 여부는 통보를 받는 거죠. 원서를 몇 군데 썼는데, 아직 통보를 받지 못하고 있어서….

어떤 영화제에 냈는데요?

제일 기대하고 있는 것은 베를린영화제예요. 다큐를 포함한 일반 영화에 있어서 영화계 내부에서는 가장 권위적인 것 같더라고요. 상업영화, 다큐 다 포함해서. 그래서 베를린영화제에 집중을 했고, 만약

베를린영화제에 초청을 받는다면 그 자리에 이종인 씨를 모시고 꼭 한 번, 이 영화가 나오는 데 있어서 가장 큰 공헌자이기 때문에 그런 영광된 자리에 꼭 모시고 가고 싶어요. 국내에서도 그런 상황이 되길 바랐는데.

진실을 알리기 위해 영화를 택하다

"아무리 외치고 트위터를 하고, 팟캐스트를 하고, 인터넷에 기사를 써도 정부가 짜놓은 프레임이 결국 승리했다."

지 제작하는 과정에서 어떻게 그렇게 비밀을 잘 유지한 건가요?

이 제일 중요한 것이 비밀 유지였죠. 사실 청와대가 영화 제작 사실을 뒤늦게 알고 완전히 뒤집혔습니다. 그래서 영화 내용을 파악하려 그야말로 정보력을 거의 다 동원하고, 부산국제영화제 쪽에는 일단 내리라고 어마어마한 압력을 넣었죠. 저는 기자 생활을 20년 넘게 하면서 보안이 제일 중요하다고 생각해왔거든요. 영화에 대해서는 저희 집사람도 몰랐어요. 어디 가서 얘기하지도 않았고. 이미 지나간 파도라고 생각했겠죠. 과거에 보도했던 내용들이니까 아마 영화로 만들 거라고는 생각하지 못했던 것 같아요. 제가 영화 일을 하던 사람도 아니고 영화감독을 꿈꿨던 사람도 아니고, 심지어 극장에 자주 가는 사람도 아니고 팩트, 사실을 추구하는 기자이기 때문에 어느 순간 영화를 마음에서 밀어내더라고요. 그래봤자 픽션인데, 그런 생각이 있어서요. 저는 로맨틱코미디만 봅니다. '저건 영화인데 마음을 따뜻하게 해줘' 이렇게 생각하게 되고 사실일 것이라는 기대를 안 하게 되잖아요.

지　정부 입장에서 허를 찔린 셈일 수도 있는데, 영화를 만들겠다는 생각은 어떻게 하게 된 건가요? 여러 가지 기술적인 부분이 필요한 데다 제작비가 다른 것을 하는 것보다는 많이 들었을 텐데요. 여러 가지 고민 끝에 결정했을 것 같습니다.

이　세월호 진실을 알리기 위해서 별짓을 다 해봤어요. 세월호가 정부에 의한 살인이라는 사실을 알리기 위해서 그야말로 별짓 다 해왔는데, 결국은 정부가 짜놓은 프레임이 승리를 했죠. '해난 교통사고인데 강한 조류 탓에 사상 최대 규모의 구조 작전을 펼쳤으나 안타깝게도 불가항력적으로 실패했다. 그래서 끝. 더 이상 얘기하지 마' 이거거든요. 그 프레임이 성공을 했죠. 해난 교통사고가 아니라 이건 국가 살인이라는 말을 하고 싶었습니다. 가장 결정적인 증거가 다이빙벨을 쫓아낸 것이에요. 성공했음에도 불구하고 실패했다 거짓말하고 있지 않습니까? 자신들이 구조에 실패했고 불가항력이 아니었다는 사실이 드러날까 봐 그러는 건데, 사실이 아니라고 아무리 외치고 트위터에 적고, 팟캐스트에서 얘기하고, 인터넷에 기사를 써도 이종인 씨랑 저는 사기꾼, 살인자로 이미 포지셔닝이 되어 있더라고요. 그런데 사실상 세월호 진실을 밝히는 데 있어 가장 중요한 부분이 '왜 안 살렸나', '왜 죽었나' 이런 부분인데, 포기할 수가 없었습니다. 우리가 찍어온 것을 어떤 식으로든 재구성해서 일반인들이 많이 볼 수 있게 하려고 고민하기 시작했어요. 특히 참사 100일째 되던 날 유가족들이 광화문에서 엄청난 비가 오는 가운데 거의 연행될 뻔한 사건이 있었어요. 단 한 줄도 기사가 안 나오더라고요. 한 컷의 사진도 안 나오고. 안되겠다, 가족들을 위해서라도 뭘 만들어야겠다고 생각해서 그때부터 편집을 하기 시작했죠. 그러면서 영화인들을 하나하나 만나기 시작했고요. 포기하고 싶은 순간이 네 번 있었어요. 안 해본 일이라 너무 힘들더라고요. 영화는 다양한 직종의 사람들이랑 협업을 해야 되는데, 제가 이쪽 생리를 모르기 때문에 작은 오해와 소통의 문제, 이런 것들 때문에 많이 힘들었어요. 그런데 단원고등학교 애들을 생각하면 내가 어떤 상처를 입고 손해를 보더라도 하자, 그렇게 마음을 되돌리고, 되돌리고 했죠. 다큐멘터리, 독립영화 제작 현실이 되게 열악하더라고요. 저는 20년 동안 방송국에서 정말 좋은 기자재와 좋은 전문가들하고 원스톱으로 일을 진행해왔잖아요. 여기는 하나하나 다 찾아다녀야 되거든요. 그런 과정에서 스트레스를 받았죠. 작업 환경이 다르니까. 방식도 많이 다르고. 거기 적응하는 것이 너무 힘들었어요.

지　세월호 참사 일반인 희생자 유가족 대책위에서 '단 한 구의 주검도 수습하지 못해 유족을 우롱하고 제품을 실험하는 데서 끝나버린 다이빙벨이 다큐로 제작돼 부산영화제에 초청, 상영된다니 유족 입장에서 분개할 일'이라는 성명을 냈죠.

이　잘 모르시니까. 잘 모르면 그럴 수 있어요. 알고도 그러면 나쁜 사람이지만, 모르고 그러실 수 있죠. 그분들을 이용하는 세력들이 나쁜 거죠. 일반 유가족들의 오해가 있었던 것이 사실이에요. 채널A라든가 그런 보수 매체들이 그 부분을 지나치게 확대 재생산하면서 세월호의 구조 실패와 정부 책임론을 방어했죠. 실제로 채널A가 일반 유가족들이랑 왔었어요. 부산영화제 첫 상영에. 영화 보고 조지려고. 그런데 영화 보니까 아무 문제가 없잖아요. 자기들 알던 것이랑 다르잖아요. 조용히 나가셨습니다. (웃음) 채널A가 대대적으로 매 시간 보도하다가 조용해졌어요. 만약 그분들 보기에 문제가 있었으면 되게 시끄러운 일이 있었겠죠. 심지어 일베도 왔었어요. 그분들도 조용히 나갔어요. 저는 팽목항이라는 곳이 워낙 정보가 없고 혼란스러운 곳이었기 때문에 충분히 그럴 수 있다고 생각해요. 하지만 그걸 악용하는 사람들이 문제라 생각하고요. 단원고등학교 유가족분들도 오셨었어요. 같은 팽목항에 있었는데 어떻게 그걸 전혀 모를 수 있었을까, 이종인 씨에게 미안하다, 우리가 「다이빙벨」을 알리는 데 앞장서겠다고 하셨어요. 실제로 그다음 주, 안산에 극장 하나를 빌려서 180명 정도 되는 단원고 유가족들을 상대로 비공개 시사를 했습니다. '이 영화가 세월호의 진실을 밝히는 데 도움이 된다. 단비 같은 영화다'라며 유가족들이 공식적으로 이 영화를 지지하고 관람 운동을 벌이기로 했죠. 개봉과 동시에 전국에서 유가족들과 함께 영화 끝나고 관객과의 대화를 계속해가고 있어요. 그런 부분들은 언론이 하나도 보도하지 않고 있죠. 유가족들을 두 번 울리는 나쁜 영화라고 비난했던 언론들이 정작 유가족들이 세월호에 관한 진실을 알리는 좋은 영화라며 봐달라고 읍소를 하고 다니는데도 그 내용은 기사로 안 쓰고 있습니다. 유가족을 두 번 울리는 영화라고 비난한 것은 결국 유가족들을 위해서가 아니라 세월호의 진실을 막는 자들을 위해서였던 것이죠. 그렇기 때문에 언론이 아니라 사악한 범죄 집단이라고 생각하는 겁니다.

지 얼마 전 「다이빙벨」 국회 상영에 대해 정치적 이용이라며 공격하는 사람들이 있었잖아요. 유가족들이 영화 끝나고 대담에 참석했는데, 참석하기로 했던 새정치민주연합 의원들조차 정치적인 부담을 느껴 상당수가 불참했다는 언론 보도가 나왔습니다.

이 영화 「다이빙벨」은 팽목항에서 있었던 진실을 담고 있는 영화입니다. 진실에는 좌우도 없고 여야도 없죠. 진실은 그야말로 초당적인 것인데요. 진실이 유포되는 것을 두려워하는 자들이 정치적이라는 레벨을 달아서 불온시하는 거죠. 그것에 새정치민주연합 의원들이 넘어갔다고 생각합니다. 적어도 세월호 진실을 밝히는 특별법이 발효된 상태에서 사실상 「다이빙벨」은 국가 살인을 증명하는 가장 날것 그대로의 중요한 자료이니까 이것을 여야 의원들이 같이 보고 알아야 최소한 특별법을 통해 진실을 규명할 것이라는 기대를 할 수 있습니다. 그 영화를 야당도 회피하고, 여당은 보지 않는 행태를 국민들이 용서하면 안 되죠. 세월호에 관련된 피해가 배상이냐 보상이냐고 하는데, 이 영화를 보면 당연히 이것은 보상이 아니라 배상을 해야 되는 상황입니다. 제일 중요한, 팽목항에서 유일하게 확보된 영상자료인데 이것을 보지 않는 것은 그야말로 현실을 회피하면서 입으로만 진실을 얘기한다는 것일 수밖에 없습니다.

지　어쨌든 지방까지 전국 방방곡곡을 다니는 걸로 알고 있는데요.

이　100번 가까운 GV를 했어요.

지　영화를 완성한 감독도 관객들과 대화를 하면 새로운 관점이 보이고, 음악을 발표해도 그걸로 끝나는 게 아니라 대중과 소통하면서 새롭게 해석되는 부분이 있잖아요. 관객과 대화를 나누면서 생각지도 못한 관점이 보였을 수도 있을 텐데요.

이　관객들을 보면서 비로소 '영화를 이래서 만드는구나' 하는 생각을 많이 하게 됐습니다. 관객들 반응을 직접 확인할 수 있어서 좋았고요. 많은 분들이 세월호 관련된 영화가 더 나왔으면 좋겠다는 요구를 하시고, 정말 많은 분들이 '그래서 어떻게 해야 되는 것이냐? 우리가 거짓된 내용을 알았으니, 언론도 못 믿고, 정치권도 못 믿는다는 것을 알았다. 그러면 대안은 뭐냐. 정말 진실은 이상호 기자 말대로 침몰하지 않는 것이냐, 우리는 뭘 해야 되느냐?' 하는 질문을 계속하세요. 야당이 제구실을 못하는 가운데 대안 세력이 없고 진실을 이끌어나갈 수 있는, 추동할 수 있는 중심 세력이 없잖아요. 팽목항에서 지금까지 유가족들이 혼자 다 하고 있는데요. 유가족들이 여론에 의해서 비난받고 고립되는 상황에 처하자, 이제는 더 이상 희망이 없는 것 아니냐, 도대체 어떻게 싸움에서 이길 수 있느냐, 이런 질문을 하시는 분들이 참 많았어요. 많이 고민스럽더라고요. 제가 정치인도 아니고 대중 운동가도 아니고, 일개 기자였다가 어찌할 수가 없어서 감독의 역할을 자임한 사람인데 되게 벅찬 질문들을 많이 받았어요. 우리가 정말 심각한 대안 부재에 시

달리고 있구나, 하는 생각을 했죠. 그래서 이렇게 말씀드립니다. 언론이 중요하다. 대안 언론을 좀 키워달라. 그나마 팽목항에서도 진실을 지킨 것은 대안 언론이다. 독립운동을 할 때 독립운동하시는 분들이 「산케이」 읽었겠느냐. 부실하더라도 타블로이드 네 페이지짜리 애국 신문을 읽지 않았겠느냐. 적어도 세월호와 관련해서 우리는 기성 언론들이 진실을 말하지 않는다는 것을 확인했으니 부족하지만, 대안 언론을 많이 읽고, 보고, 권해달라는 부탁을 일단 많이 드리게 됐습니다.

진실은 다수결이 아니다

"100명 중 한 사람만이 진실을 얘기한다고 해서, 99명의 말이 진실이 되는 것은 아니다. 나는 진실이 가진 폭발력과 확산성을 믿는다."

지 세월호 참사와 관련된 언론 보도의 문제에 대해 심각성을 많이 느꼈던 것 같은데요.

이 「다이빙벨」은 언론 고발 영화예요. 노골적으로. 심지어 「한겨레」도 예외가 아닌 상황이고, 보수 언론이야 이를테면 MB 정부하에서 특혜로 받은 종편이 자신들의 존재에 사활적으로 중요한 부분이고, 박근혜 정부 들어와서는 특혜가 유예되거나 연장되는 혜택을 누리고 있기 때문에 실제로 이 정권에 부담이 가는 것이 자신들의 사업적 이해와 무관치 않은 상황이 됐어요. 그래서 거의 부역이 아니라 동업 수준으로 언론이 정치에 개입하고 있는 상황이기 때문에 수구 매체들은 이번 세월 호와 관련된 언론 보도에서 정부 편향적일 수 있다고 생각해요. 실제로 해경의 구조 실패를 거론하지 말라고 청와대가 지시를 내렸잖아요. 그 내용은 KBS 보도국장의 양심선언을 통해 드러났고, 나아가 방송통신 위원을 통해서도 그런 언론 통제가 시도된 것이 드러났습니다. 해경은 20~30미터 바다 속에 생존해 있는 승객들을 구조하는 훈련을 한 번도 받아본 적이 없단 말이죠. 그런 단체로 하여금, 전적으로 무능한 단체로 하여금 구조를 지휘하도록 권한을 부여한 것이 청와대이고요. 바로 2선 에서 손 놓고 있었던 해군 수뇌부가 두 번이나 구조 출동을 지시했는데 좌절이 됐잖아요. 해군과 해경의 지휘 갈등 상황까지 있었단 말이죠. 그 러면 해군, 해경의 통수권자인 대통령의 결과적인 지휘 책임이 불가피 한 부분이기 때문에 해경의 구조 실패를 거론하는 부분은 청와대, 대통 령한테 직접적인 부담이 되는 겁니다. 그래서 일곱 시간 동안 어떤 보고 를 받고, 어떤 지시를 내렸느냐가 중요해지는 거거든요. 이런 가운데 수 구 매체들은 대통령과 정권의 안위를 걱정해서 해경에 대한 비판을 자 제했다고 쳐도, 「한겨레」는 의외로 해경의 구조 실패에 대해서 거의 묻 지 않았어요. 나아가 해경 자료를 근거로 다이빙벨을 공격하는 상황에 이르게 됐죠. 어떤 얘기냐 하면, 사고 직후에 에어포켓이 존재하지 않았 는데 그럼에도 불구하고 다이빙벨이라는 희망 고문 기계를 들여와 결과 적으로 구조에 실패함으로써 구조를 지연시켰고, 이 때문에 유가족에게 피해를 줬다는 해경의 논리를 그대로 받아서 다이빙벨을 공격했습니다. 심지어 그런 공격의 결과로 2014년 카이스트가 수여하는 과학저널리즘

대상을 수상하고, 과학저널리즘 대상을 수상했다고 대외적으로 떠벌리는 그런 상황이라는 말이죠. 그렇기 때문에 이번 세월호 국면에서 많은 국민들이 혼란스러워 합니다. 어떻게 전면적으로 언론이 한통속이 돼서 진실을 침몰시키고 거짓말을 할 수가 있나. 「한겨레」조차도.

이번 사안은 기득권 언론의 본질적인 부분과 더불어 해양에서 발생한 심해 사고라고 하는 접근 곤란 사건에 대한 일부 중도적이거나 진보적인 언론 데스크의 판단 미숙까지 곁들여져서 총체적으로 언론의 파국적 상황을 초래했다는 생각이 듭니다. 판단들을 잘못한 거예요. 해난 교통사고로 본 거예요. 그래서 현장에 데스크들이 거의 내려오지 않았습니다. 그냥 소수의 어린 사건기자들 위주로 사건 리포트를 하다 보니까 어떤 인과관계의 구조적인 문제라든가 생존자 구출이라고 하는 시급하고 중대한, 절체절명의 목표를 관철해나가는 힘 있는 저널리즘이 불가능했던 것이죠. 이 사안을 전체적으로 볼 수 없는 어린 기자들이 소수 내려와 먼 바다를 바라보면서 보도 자료에 의존했기 때문에 그런 일이 벌어졌는데요. 그에 반해서 저희는 바지선을 타고 어찌됐든 현장에 가장 접근해 있지 않았습니까? 다이빙벨의 전 상황을 다 지켜봤고요. 그래서 저희가 진실에 조금이라도 가까이 있었던 것이죠.

지 언론 지형 자체가 정권이나 보수에 유리한 정도가 아니라 압도적인 상황인데요. 지금 상황에서 대안 언론 몇 개가 더 생긴다고 하더라도 상황이 바뀌긴 어려운 것 같습니다. 80년대에는 광주 항쟁 관련 비디오만 봐도 끓어올라서 민주화 운동에 투신하는 분위기였는데, 지금은 거의 자포자기 상태라고 할까요? 광주를 조롱하는 얘기가 온라인에서 훨씬 공격적으로 나오고, 반대쪽은 점점 더 위축되는 부분이 있는 것 같고요. 전략일 수도 있을 것 같은데, 질리게 만들어서 아무 얘기도 못하게 만드는 상황이 왔고, 거기 눌려서 목소리를 내는 사람이 몇 사람 안 되는 상황이 된 것 같은데요. 지금 새정치민주연합의 개혁 가능성에 대해서도 회의적인 사람들이 많아요.

이　말씀 잘하신 것 같은데요. 많은 관객들이 대학 때 보던 광주 비디오를 본 것 같다고 말씀하세요. 광주 비디오가 가지고 있던 폭발력, 진실을 본 것 같다고 하는데요. 저는 극장에서 영화가 내려지는 순간 이거 가지고 옛날 광주 비디오처럼 대학으로, 공장으로, 마을 공동체로 내려갈 겁니다. 절대 포기하지 않고, 진실을 알릴 것이고요. 사실 1987년도에도 언론이 도운 것은 없죠. 오히려 광주 민주화 운동을 폭도로 매도했고, 민주화를 요구하는 학생, 시민들을 그야말로 간첩에 의해서 조종되는 반체제 세력으로 매도했던 언론들이기 때문에 언론 환경에 대해서는 크게 걱정하지 않아요. 언론이라는 것이 대단해 보여도 실제로 어느 순간 진실이 폭발적으로 퍼지면 그야말로 개혁의 대상이 되거든요. 제가 겪어본 바에 따르면 진실은 절대 다수결이 아니더라고요. 99명이 거짓을 얘기하고 한 사람이 진실을 얘기한다고 할 때, 99명의 말이 진실이 되는 것은 아니에요. 예를 들면 당시 권은희 수사과장 진술과 그 진술에 반하는 10여 명의 다른 경찰들이 있었잖아요. 다수결로 하면 권은희 경정이 거짓말쟁이가 되어야겠지만, 절대 진실은 다수결이 아니거든요. 마찬가지로 지금 세월호와 관련해서 거짓이 세상을 덮고 있지만, 저는 진실이 가진 폭발력과 확산성을 믿기 때문에 계속 영화를 알리기 위해 노력할 것이고, 현재 정치 세력이 대안이 되지 못하고 있는 부분에 있어서는 나중에 얘기하죠. 저한테 아직 묻지 않았잖아요. 구체적으로 질문을 하면 말씀드릴게요. (웃음)

인간을 구하지 못하는 사회

"자본과 인간이 동승한 배가 자본의 탐욕 때문에 침몰했는데, 국가는 자본을 구조했다. 인간 존중이라는 시대적 가치를 다시 확보해야 한다."

지　질문하겠습니다. (웃음) 현재 정치 세력이 대안이 되기 위해서는 어떤 변화들이 있어야 할까요? 지금 거의 야당이 박근혜 대통령의 백마 탄 기사가 아니냐는 만평까지 등장했는데요.

이　제가 본의 아니게 국제정치학을 전공했는데요. 사실 지금은 국제정치가 실종된 시대예요. 어떻게 보면 국내 정치에 있어서도 오랫동안 주류 정치학을 지배해온 이른바 대의제 정치 시스템의 붕괴와 그 이후에 대해서 아직 제대로 된 모색조차 안 된 단계입니다. 이게 사실은 전 지구적인 현상이기도 한데, 특히 한국에서 분명하게 나타나고 있거든요. 세월호 이후 언론의 민낯이 다 드러났지 않습니까? 세월호 이후의 언론이라는 부분에 대해서도 많은 토론이 필요해요. MB를 거치고, 부정선거를 통해 유지되던 언론 트러스트가 세월호를 통해서 민낯을 드러내고 사실상 언론이 신뢰를 상실한 가운데 다른 한 축으로는 언론을 백업하는 정보통신 시스템이 혁명적으로 변하고 있습니다. 그래서 이제 새로운 언론이 나와야 되고, 기존 언론의 트러스트가 붕괴될 것이라는 이야기는 나오지만, 구체적인 토론조차도 시작되지 않고 있는 상황이에요. 마찬가지로 한국 정치도 대의정치가 사실상 붕괴된 상태란 말이죠. 국민들의 먹고 사는 문제, 실업이라든가 노후라든가 복지라든가, 이런 문제가 해소되지 않은 상황에서 교육은 이미, 교육이야말로 혁명을 막기 위한 유일한 방법이거든요. 내가 상놈으로 지내면서도 내 자식만은 잘 가르쳐서 신분 상승을 시키든지, 아니면 꿈을 이루게 해서 질곡을 면하게 하겠다. 이런 게 사실 거의 종교적인 역할을 하고 있는 거거든요. 현세의 고통을 잊을 수 있도록. 그런데 복지의 역할과 종교의 역할 모든 것을 못하고 있는 거죠. 심각한 교육 문제라든가 하는 것을 대의제 시스템이 하나도 개선하지 못하고 있잖아요. 심지어 과정으로서의 정치, 명백한 부정선거가 있었는데도 정치권에서 해소가 못 되고 있어요. 더구나 세월호 참사같이 국가의 붕괴 위기가 보여지는 속에서도 실제로 국회가 한 일은 참사가 시작된 지 8개월 만에 미완의 법안을 하나 만든 것밖에 없어요. 사실상 대의적 시스템, 여의도적 시스템이 붕괴된 거죠. 실제로 봐도 정당 지지도 면에서 부유층이 너무 많잖아요. 비당파들이. 이런 부분에 있어서 저는 세월호 이후 한국의 대의정치, 또는 나아가서 어떤 국가적인 통치 거버넌스의 문제, 이런 것들이 대단히 심각한 질문을 던지고 있다. 따라서 이 세월호를 어떻게 극복할 것인가 하는 질문 속에 지금 우리에게 결핍된 것들, 우리가 필요로 하는 것들이 분명하게 드러남으로써 새로운 대의제, 새로운 거버넌스의 출현을 기대해볼 수 있는 것이 아닌가, 그런 생각을 합니다. 오히려 현실에 답이 없다는 것은 그만큼 새로운 대안을 필요로 한다는 것이기 때문에 이 과정 속에서 새로운 대안이 보여질 수 있지 않을까 생각합니다.

지 희망이 없는 상황이기 때문에 세월호 정국을 계기로 새로운 정치 세력이 나타날 수 있다는 건가요?

이 나타나야 한다는 것이죠. 저는 1980년 이후 오늘날까지 한국을 구동한 에너지는 1980년 광주와 1987년 민주화 운동이었다고 생각하거든요. 이른바 1987년 체제 아니었습니까? 1987년 체제가 80년대, 90년대, 2010년대까지 지속된 거예요. 저는 1987년 체제가 세월호 국면을 통해서 이른바 세월호 체제로 전환되는 국면에 와 있다고 생각합니다. 1987년 체제가 더 이상 해결을 못하고 있는 부분이니까요. 무슨 말이냐 하면, 저는 한국 정치사와 문명사에서 광주 항쟁이 가졌던 만큼의 위상을 세월호 참사가 갖게 될 거라고 생각해요. 1980년 광주를 통해서 민주주의가 얼마나 숭고한 것인지, 목숨을 걸고라도 지켜야 할 공공선이라는 것에 대한 집단적인 경험과 트라우마가 남은 거죠. 그래서 1980년 이후에 1987년을 거치면서 우리 사회는 한 단계 성숙한 거거든요. 아픔과 고통과 트라우마를 겪으면서 민주화라고 하는 한 단계 역사적 진전을 이룬 거죠. 그게 이른바 1987년 체제의 출현인데, 지금은 우리가 세월호 참사의 정확한 본질을 못 보고 있지만, 저는 단언컨대 이 고통이 이른바 세월호 체제를 구성하게 될 것이라고 봅니다. 인간과 자본의 갈

등에서 상처 받아온 인간이 침몰한 거예요. 자본이 구조되고, 인간이 수장된 사건인데, 이 과정에서 정부가 인간의 편을 들지 않은 사건입니다. 국가가 인간의 편을 들지 않은 사건인 거죠. 정정하자면, 자본과 인간이 동승한 배가 자본의 탐욕 때문에 침몰했는데, 국가는 자본을 구조했어요. 이게 사건의 본질이기 때문에 우리가 이 사건을 마주하여 진실이 드러나야만 우리 사회는 인간 존중이라고 하는 시대적 가치를 한 단계 더 성숙시키고 발전할 수 있다고 생각합니다. 한국적 민주화는 사실상 개인의 존엄이라든가 자유주의적인 동력을 통해서 확보되지 않았잖아요. 개인의 희생과 집단적 방법을 통해서 확보됐어요. 그로 인해서 자본의 문제, 인간 소외의 문제, 인간성의 침해라고 하는 문제에 봉착된 겁니다. 인간 존중이라고 하는 시대적 코드가 다시 확보되어야 하는 그런 역사적 상황이 있었단 말이죠. 그런데 세월호가 침몰하는 과정에서 그걸 보여준 거예요. 아, 우리 사회는 인간을 구하지 못하는 사회구나, 이런 통렬한 고통이 계속 드러날 겁니다. 트라우마의 본질이 뭔지 알게 되어야 합니다. 그러면서 저는 이른바 인간이 우선이라고 하는 세월호 테제가 각성되는 시기를 앞으로 몇 년 거치면서 우리 사회는 민주화 체제 이후의 새로운 인간 체제를 갖게 될 것이다, 가져야 한다, 그렇게 주장하고 싶습니다.

아무도 하지 않아서

"다른 사람이 있었으면 안 했을 것이다. 영화도 다른 매체에서 방송했으면 안 했다. 빈자리가 없으면 안 했을 것이다."

지 취재하는 과정에서 정신적인 상처를 입지는 않았나 걱정하는 사람들이 많습니다.

이 사실상 뇌경색은 몸의 병이고, 마음의 병은 있죠. 영화를 편집하고 GV하면서 300~400번을 봤을 텐데, 지금도 보면 울어요. 거의 병이죠. 그래도 저는 도망갈 데가 있잖아요. 일상으로 숨어들어 갈 공간이 있잖아요. 그런데 도망갈 곳, 한 뼘 숨을 곳 없는 분들이 단원고 학부모만 따져도 600명이에요. 직접적인 사람들만. 그런 가운데 저의 트라우마를 얘기한다는 것은 사치죠. 그냥 많이 울어요. 울고, 집에 와서 제 자식들 보면 미안하고. 저만이 아니라 우리 모두의 몫이라고 생각해요.

지 유가족들이 지금은 자기 자녀들이 어떻게 죽었는지 진상 규명을 해달라고, 한을 풀어달라고 하는 상황이니까 견디고 계실 텐데, 사실 치료를 받아야 하는 외상 후 스트레스 증후군 상태일 것 같습니다. 나중에 굉장한 문제가 될 수 있을지도 모르고, 우리 사회가 함께 치유해드려야 될 텐데, 오히려 공격을 하고 있잖아요. 유족충이라는 둥, 정치적으로 이용한다는 둥, 거액의 돈을 이미 받았다는 둥. 루머 때문에 상처를 많이 받고 있다 하더라고요.

이 정말 잔인한 세상이죠. 인간 파멸의 조짐들이 많이 보여요. 그렇기 때문에 세월호 체제가 반드시 구축되어야 한다고 생각합니다. 기본적으로 지난 YS 정권에서부터 이른바 세계화를 시작한다고 하면서 우리 사회가 아주 급속도로 변했잖아요. 대한민국 역사상 한 번도 없었던 황금만능주의시대가 시작된 거거든요. 신자유주의라는 이름으로. 그러면서 공동체와 국가가 급속도로 반인간화되기 시작했는데, 경쟁이 일상화되고 심지어 교육적 측면과 문화적 측면, 의료적 측면 같은 인간화의 가장 기본적인 영역까지도 사실상 반인간화된 상태에서 일베적 현상은 마지막 외침, 몸부림이라고 생각합니다. 이런 고통의 과정을 겪으면서 인간 회복이라고 하는 시대적 요구가 보다 주요한 의제로 떠오를 것이라 확신하고요. 이를테면 정혜신 박사 같은 경우는 팽목항에 자주 내려오셨는데요. 이런 말씀을 하시더라고요. '이분들의 트라우마를 치료한다는 것은 말이 안 된다. 이분들을 환자로 대하고 약을 주는 것이 중요한 게 아니라 기본적으로 이분들이 원하는 진실이 규명돼야 이후 비로소 트라우마에 대한 치료를 이야기할 수 있는 것이다.' 그런데 지금 새누리당과 정부에서는 그냥 이 사람들에 대해 알약 몇 알 처방해주는 대안을 생각하고 있죠. 김제동 씨의 말에 따르면, 저는 감동적으로 들었는데요. 과거에 아이들 학교 보내기 위해서 송아지를 팔면 어미 소가 그렇게 울었대요. 몇 날 며칠을 운다고 해요. 그런데 아무도 그 어미 소가 재수 없이 운다고 얘기 안 한대요. 몰래 와서 여물을 쑤어주고, 몰래 와서 쓰다듬어 주고 간다는 거예요. 자식을 잃은 어미 소한테도 그렇게 하는데, 자식 잃은 유가족들이 진실을 알려달라고 울부짖는데도 우리 사회는 여물을 챙겨주기보다 돌을 던지고 있거든요. 이것은 정말 우리 사회가, 우리 몸값이 소 값만도 못한 거죠. 인간이 도구화, 수단화되지 않고 그야말로 주인이 되는 세상, 복지를 시혜적으로 구원하는 세상이 아니라 우리가 주인으로 올곧게 서는 세상을 만들기 위한 역사적인 전환점으로서 세월호 사건에 대한 진실 규명이 반드시 이루어져야겠다고 생각하고 있습니다.

지 「GO발뉴스」 차원에서 세월호 관련하여 취재하고 있는 것이 있나요?

이 일단 저희는 영화를 만들어서 널리 퍼뜨리는 것, 해외에 가지고 나가서 영화제라고 하는 아주 확산성이 큰 언론 공간, 수십 개 나라에서 수천 명의 기자들이 오거든요. 그런 확산적 공간에서 세월호 참상을 이야기하고 한국 정부를 규탄하는 그런 역량에 일단은 집중하고 있습니다. 해외 영화제에 출품하려면 영화를 다시 만들어야 돼요. 외국인들은 세월호가 뭔지 모르고, 거기에 대해 정확한 정보가 없잖아요. 그래서 외국인들의 눈높이에 맞춰서 영화를 다시 만들고 있습니다. 사실 그런 상황이어서 여력은 없는데요. 세월호 관련 각종 의혹들에 대한 제보가 계속 들어오고 있습니다. 그런 부분들에 대해서 추가 취재를 진행하고 있고요. 다만 벽에 부딪히는 부분이 많이 있어서 조사 진행 과정에 서로 도움을 주고받으면서 좀 더 조사를 견인하는 역할을 할까 생각하고 있습니다.

지 영화에 몰두하다 보면 「GO발뉴스」의 경영 상황이 안 좋아질 수 있잖아요.

이 　전반적으로 대안 매체 전반에 대해서 지원이 많이 줄어들고 있
는 상태예요. 「뉴스타파」도 그렇지만 저희 같은 경우도 후원자에 전적
으로 의존하고 있는데, 후원이 많이 줄어들고 있는 상황입니다. 후원을
중단하는 분들을 직접 접촉해보면 생활고가 심해서 대출 부담이라든가
생계 부담 때문에 중단한 분들이 많아요. 생활이 어려운 가운데서도 후
원해주는 분들에게 죄송하죠. 여하튼 그럼에도 불구하고 대안 매체에
힘을 실어달라 말씀드리고 싶고요. 지난 반년 동안 영화에 집중해왔거
든요. 이제는 「GO발뉴스」 후원자들과 함께 대안 언론으로서의 역할을
보다 분명히 하고, 어깨에 많은 짐을 실을 수 있도록 보다 넓은 어깨 만
드는 일을 당분간 추진하고 있습니다. 인력도 좀 더 보강하고, 오히려
이런 때일수록 새로운, 더 강력한 매체를 만들기 위해서 좀 더 충실하게
노력을 계속할 예정입니다.

지 　몸도 아픈데, 그럼에도 불구하고 계속 그 일을 하는 동력이 뭔가
요? 이제 나이도 있고 지칠 만도 한데.

이 　어제 김어준 씨를 만났어요. 「다이빙벨」을 보고 이야기하는 시간
을 가졌는데, 워낙 세월호 문제가 중요하다고 생각하니까 두 사람이 같
이 협력하고 있는 상황입니다. 제가 말씀드린 두 가지 측면, 하나는 사
고 경위, 왜 사고가 났는가. 다른 한쪽은 왜 안 구했는가. 두 가지가 사
실은 연결되어 있죠. 김어준 씨는 왜 사고가 났는가. 이 부분에 대해서
주로 문제를 제기하고 있습니다. 자신을 음모론자가 아니고 합리적인

추론가라고 표현하던데요. (웃음) 추론을 열심히 하고 있고, 저는 왜 안 구했는가, 하는 측면에서 취재를 하고 있기 때문에 서로 협조할 부분이 있다고 생각해서 둘이 자연스럽게 영화를 통해서 만났습니다. 사실 그런 얘기를 했어요. 김어준 씨는 굉장히 리버럴한 사람이에요. 제가 20년 가까이 지켜보고 있는데요. 본인의 바람대로 패션디자이너가 되고 싶어 하는 사람입니다. 너무 늦기 전에 디자인드 바이 김어준 옷을 입어보고 싶어요. 저는 되게 문화적인 사람이에요. 저도 되게 리버럴한 사람이고, 시 쓰고 싶고 그림 그리고 싶고, 그런 사람이기 때문에, 다른 사람이 있었으면 안 했을 거예요. 영화도 다른 매체에서 방송했으면 안 했을 거예요. MBC 「시사매거진 2580」에서 했으면 '잘됐네' 그러고 영화 안 만들었을 거예요. 마찬가지로 「GO발뉴스」라고 하는 대안 매체로 언론의 빈자리를 메꾸는 일도 빈자리가 없으면 안 했을 거예요. 소송 당하는 일도 누군가 저들의 목소리를 들어주고 대신했으면 소송 안 당했을 거예요. 그런데 자꾸 그런 빈틈, 낮은 곳으로 자꾸 제가 떠밀려가는 듯한 느낌이 있는데, 오랫동안 그렇게 살다 보니까 이게 내 운명이고, 결국은 내가 원하니까 이렇게 사는 것이 아니겠는가, 이런 생각을 하면서 이제는 하나하나 마무리를 잘 해나가는 것이 중요하지 않나, 그런 생각을 합니다.

지 　그럼에도 불구하고 여전히 나오는 얘기들이 있어요. 소영웅주의 아니냐 이런 거. 김어준 총수도 「파파이스」에서 농담 삼아 「다이빙벨」에 대해 '이상호 기자가 너무 많이 나온다는 단점 빼고 괜찮은 영화'라고 했잖아요. 태준식 다큐멘터리 감독은 「씨네21」에 기고한 글에서 「다이빙벨」에서는 투입과정에서 드러난 국가권력의 부조리가 구체적이며 설득력 있게 제시되지 않는다. 캐릭터의 신뢰에 기댄 전략은 과연 적절한 선택이었을까, 라는 질문을 품고 있는 영화이기도 하다'라고 평했고요.

이것은 기본적으로 이종인과 이상호의 영화예요. 장르적으로 봤을 때 주인공이 이종인, 이상호인 해상 재난 버디 무비입니다. 영화에 제가 많이 나오는 것은 제가 주인공이기 때문이에요. 람보 영화에 람보가 많이 나오는 것과 같아요. 영화를 보신 분들은 그렇게 얘기하시는 분이 없어요. 김어준 씨는 영화를 띄워주기 위해 농담하신 것이고. 제가 팽목항에서 취재하는 과정에 다이빙벨을 만나 다이빙벨의 상황을 이종인 씨와 함께 헤쳐나가는 구조예요. 저는 「다이빙벨」이라는 다큐가 설명을 하거나 가르치려 들거나 또는 나열하는 것을 원치 않았어요. 그냥 이야기를 들려주는 내레이션 기법을 쓰고 싶었어요. 이야기를 들려주는 것도 아니고, 이야기를 보여주는. 그래서 내레이터도 없어요. 두 사람이 이런 상황에서 어떻게 시도하고 좌절하고, 그 와중에도 애를 썼는지 그러한 부분을 보여주고자 했던 거죠. 어떤 분은 '세월호 때 우리가 정말 맥을 못 추고, 어른들이 아무 일도 하지 못했나 했는데, 아이들을 구하기 위해 온갖 시도를 한 사람이 있었다는 점에서 희망을 느꼈다'고 하더라고요. 그렇게 만들었어요. 해상 재난 버디 무비. 벨라 타르 감독 또는 「칸다하르」를 만든 이란의 세계적인 감독 모흐센 마흐발바프, 다큐 감독인 조슈아 오펜하이머, 이 세계적인 감독 세 분이 모두 이 영화를 보고 이것은 한국 사람들은 물론이고 세계인들이 많이 봐야 하는 영화다, 역사의 현장을 보여주는 영화라고 극찬을 했어요. 이분들이 영화적으로 부족해서, 혹은 누군가한테 돈을 받아서 이렇게 얘기했다고는 생각하지 않거든요. (웃음) 저는 영화적으로 제기되는 문제에 대해서는 베를린영화제 등 해외 영화제를 통해서 반드시 다시 평가받고 싶습니다.

지 아까 정치권의 진상 규명 노력에 대해서 미미한 성과라고 표현했는데요. 앞으로 세월호 사건 진상 규명 과정은 어떻게 진행되리라 생각하세요?

이 잘 안 될 거라고 생각하죠, 당연히. 지금 새누리당이 제시한 조사위원들 면면만 봐도 새누리당이 세월호 참사를 마주하는 자세가 담겨 있거든요. 세월호 유가족들을 능멸하고 폄훼했던 사람들로 구성되어 있는 조사위원회를 보면서 세월호 진실을 조사하는 것이 아니라 오히려 세월호 진실을 요구하는 배후를 조사하는 것이 아닌가 하는 생각을 해봤습니다.

개인이 주체적으로 뉴스를 소비하기 위하여

"지금 우리들의 이야기를 대변하는 대안 언론을 지지해야 된다."

지 '이제 그만하자. 경제를 살리자. 민생이 우선이다.' 이러한 공격적인 구호들이 상당히 먹혀왔는데요.

이 현 정권이 말하는 경제라는 것은 국민경제, 국가 경제를 말하는 것이 아니라 부자 경제, 특권 경제를 말하는 것이거든요. 저들이 경제 운운할 때마다 일반 국민들의 삶은 더 힘들어집니다. 기업하기 좋은 나라로는 OECD 최고 수준이고, 실업 수준은 최악입니다. 그럼에도 불구하고 경제 운운하면서 일반인들을 더 고통에 빠뜨리고 있는 거죠. 그 경제라고 하는 오래된 몽둥이를 세월호의 진실을 주장하는 사람들한테까지 휘두르고 있는 겁니다. 이른바 특권 경제, 부자 경제, 자본에 편향된 정책 때문에 이런 세월호 참사가 발생했는데, 그럼에도 불구하고 경제라는 몽둥이를 휘두르면서 그로 인해 피해 받은 자들의 입을 봉쇄하려고 하는, 그런 폭력은 중단되어야 한다고 생각합니다. 인간을 살리지 못하는 경제가 무슨 의미가 있겠습니까?

지 당분간은 영화와 관련된 활동 때문에 다른 활동은 하기 힘든 건가요?

이 기본적으로 「GO발뉴스」 활동은 계속합니다. 2015년부터는 「GO발뉴스」 활동에 좀 더 치중할 계획입니다. 「다이빙벨」 관련 활동은 장기적인 해외 활동을 포함하는 것으로 전환시키고, 기왕 시작했으니까 다큐 작업을 좀 더 해보면 어떨까… 실제로 한국에서는 다큐라는 토양이 열악하다 보니까 제작이 잘 이루어지지 못하고 있는 환경이에요. 그런 부분에 도움을 주고 실제 세월호 문제를 포함해서 추가로 영상 작업을 해볼까 하는 생각을 가지고 있습니다. 아까도 말씀드렸지만 언론사나 방송사에서 이런 문제를 다룬다면 추가적인 다큐 작업이 필요 없을 텐데요. 여전히 대한민국의 공영 방송과 공적 영상 제작 시스템이 마비된 상태이기 때문에 추가로 다큐라는 형식의 영상 제작을 몇 편 더 해야 되지 않을까… 이를테면 내년이 삼성 X파일 보도 10주년이거든요. 과연 경제민주화는 그 이후에 도대체 어디쯤 와 있는지 하는 문제, 그런 다큐를 해보고 싶고, 그런가 하면 세월호의 의혹과 관련된 취재를 가속화해볼 계획입니다. 나아가서 제가 오랫동안 미제로 취재하고 있는 김광석 변사 사건, 김광석 타살 의혹 사건이죠. 이제 20년 정도 됐거든요. 영상으로 뭔가 나와야 되지 않을까, 생각하고 있고… 이런 부분도 제가 MBC에 있었으면 MBC에서 다 했을 텐데 그게 아니니까 어떤 식으로든 하기 위해서 지난번에 함께할 분들을 모아 영화사를 하나 만들었어요. 씨네 포트라고.

지 방송에서 세월호 얘기를 가장 많이 하는 데가 「JTBC 뉴스룸」이죠?

이 이건 좀 다른 말인데, 손석희의 뉴스라고 생각해요. 기본적으로 중앙일보는 삼성에 편향되어 있어서 그렇지 사실 상업주의적 자유 언론이거든요. 미국의 모든 언론들이 그러하듯이 자본의 성향에 따라 움직이는 자유주의 저널리즘의 성격이 있죠. 그걸 과도하게 자신들, 소수자들의 자유를 위해 활용하기 때문에 욕을 먹는 건데, 본질적으로 그런 것이 있어서 누가 가이드를 해주느냐에 따라 잘 활용될 수 있는 부분이 분명 있어요. 미국 대부분의 언론이 그렇지 않습니까? 손석희 아나운서 개인의, 언론인으로서의 능력이 작용하고 있는 것으로 생각하고, 손석희 아나운서가 나오면 언제라도 과거와 같이, 중앙일보 지면 뉴스와 같이 편파적이고 수구적인 톤으로 돌아갈 것이라고 생각하고 있습니다. 따라서 지금 손석희 뉴스에 대해 차별적, 선택적인 지지와 관심이 필요하다고 생각합니다.

지 예전에 저하고 인터뷰하면서 종편이 자리 잡을 거라고 얘기했는데, 시청률도 많이 올라가고, 특히 채널A나 TV조선 같은 경우는 보도 위주로 구성되면서 나이 드신 분들에게 영향을 끼치고 있습니다.

이 2년 전인가요? 그때 말씀드렸던 것이 종편은 지금 시청률이 미미해도 방송을 통해 반복적이고 지속적으로 메시지를 침투하다 보면 어느 순간 거기에 익숙해진 시청자의 미디어 소비 패턴 안으로 들어가게 된다, 그래서 안정적으로 발전할 것이라고 했잖아요. 제가 그렇게 얘기했을 때 대부분의 방송 기자들이 콧방귀를 뀌었어요. 그런데 지금 보세요. 뉴스를 압도하고 있어요. 이를테면 정윤회 게이트에 대해서도 공중파는 아무 역할을 못하고 있습니다. 뉴스 분량이 공중파 뉴스는 종편의 3분의 1도 안돼요. 한마디로 의제를 생산하는 기능을 못하고 있는 거죠. 실제로 이런 현상은 박근혜 정권을 거치면서 더 가속화될 겁니다. 박근혜 정권하에서 광고 직접 영업이라든가 채널 우선 배정권, 방송 발전 기금 유예 등 기존의 특권이 유지 혹은 강화되면서 종편들은 보다 더, 상대적으로 자유로운 저널리즘을 통해 권력으로부터 얻을 것은 더 얻고, 규제는 해소하면서 더 강화될 겁니다. 그러면서 MBC 민영화라든가 그런 논의들이 더 활성화되겠죠. 더 강고하고 견고한 담론 주도권을 행사하게 될 것이고, 공중파는 현재 추세대로 간다면 의제 설정 능력이 지금보다 더 축소되지 않을까 생각합니다.

지　예능이나 드라마도 그렇잖아요. 지난해 「응답하라 1994」, 올해 「미생」, 「밀회」, 「유나의 거리」 같은 케이블이나 종편의 드라마를 젊은 사람들이 모바일 등으로 보면서 영향력이 훨씬 커진 것 같습니다.

이　시청률을 계산하고 환산하는 방법도 개선되어야 하는 상황이에요. 이른바 N스크린이라고 하는 인터넷 기반의 2차 소비가 많기 때문에 종편이나 케이블이 실제적으로 공중파 시청률을 능가하는 부분이 있다, 그런 생각을 하게 됩니다. 실제로 같은 시청률이라 할지라도 구매력 있는 20, 30, 40대가 케이블이라든가 이쪽에 많이 와 있기 때문에 점점 공중파의 영향력, 시장 지배력은 감소하게 될 거예요. 이미 말씀하신 것처럼 옛날에는 MBC 드라마에 광고를 넣으려고 줄을 섰는데, 요즘은 「미생」 같은 드라마 광고에 줄을 선다고 하지 않습니까? 이런 역전 현상은 향후 2년 내 더욱 고착될 것으로 보입니다. 제가 말씀드린 것처럼 영화 「다이빙벨」을 보고 격분해서 그럼 어떻게 해야 되느냐고 저한테 따지듯 묻는 분들이 많은데요. 방법이 없습니다. 언론의 문제입니다. 인식의 문제이고, 거짓말의 문제이기 때문에 지금 우리들의 이야기를 대변하는 대안 언론을 지지해야 됩니다. 그것밖에 방법이 없어요. 하지만 이렇게 얘기하면서도 마음 한구석에는 텅 빈 마음이 있어요. 그래서 될까, 하는 마음을 저도 갖는데요. 사실은 저도 기자이면서 동시에 「GO발뉴스」나 영화를 통해 미디어 기획자로서 일정 부분 활동을 하고 있단 말이에요.

그래서 지난 대선 이후 미디어 때문에 부정선거를 막지 못했다, 미디어 환경이 이른바 기울어진 운동장론에서 제기되듯이 언론 환경이 바뀌지 않고서는 인식 시장에서 절대 승리할 수 없다는 생각을 하면서 어떻게 하면 기울어진 운동장을 평평하게 펼 수 있을까, 지난 1년 반 동안 계속 포털 개발을 했어요. 실패했습니다. 자금이 엄청나게 들어가더라고요. 돈을 많이 썼어요. 빚만 많이 지고, 사실 접었습니다. 그런데 아직 포기하지는 않고 있어요. 과거 노무현 대통령은 인터넷 게시판을 통해서 대통령이 된 사람이에요. 저는 지금도 기억합니다. 투표 당일 '투표율이 낮습니다'라고 하면 순간적으로 거의 수천 명이 보더라고요. 그런 것들을 보면서 뭔가 세상이 바뀔 수 있겠구나, 인터넷 게시판에 10대는 물론이고 40대, 50대까지 몰려갔어요. 그리고 사실상 기득권 매체, 수구 매체가 힘을 못 썼죠. 의제 설정에 있어서는. 한마디로 인터넷 대통령, 보다 구체적으로 얘기해서 인터넷 게시판 댓글 대통령이었던 거죠. 그러니까 그렇게 기를 쓰고 MB, 또 이후에 박근혜 대통령이 게시판 관리를 하고, 나아가 십알단이라고 하는 국정원까지 가세해서 사이버 댓글 쿠데타를 일으킨 것인데요. 과거에는 인터넷 매체들만 했는데, 이제는 다 한단 말이죠. 과거의 전통적인 언론 매체들이 오히려 인터넷에서 잘하고 있어요. 그래서 권력에 의해 점령당하지 않은 대안적인 미디어 공간은 팟캐스트와 SNS가 유일한데, 그 영향력이 상당히 제한되어 있죠. 여기에는 활성화된 20, 30대밖에 없어서 이게 40대, 50대, 60대로 넘어가면 SNS와 팟캐스트 비소비층을 어떻게 겨냥할 것인가 하는 문제가 발생하죠. 그런 차원에서 새로운 미디어를 고안해내려 포털, 게임에 기반을 둔 포털을 계획했었어요. 네이버, 다음처럼 일반화된 포털이 아니라 게임 원리에 의한 포털을 만들어보자고 해서 많은 시행착오를 겪었습니다. 그 이후 1년 동안은 앱을 개발해보자고 해서 다양한 앱을 개발해왔어요. 지금은 또 앱의 시대도 지났어요. 그러면 뭘까, 어떠한 가능성이 있을까. 사실 라이트 형제 이전에도 바람은 계속 불었거든요. 그런데 라이트 형제는 그 바람을 가지고 비행기를 날린 사람들이잖아요. 분명히 우리 주변에 있는 일상적인 미디어 툴, 수단, 그야말로 전면적인 확산력과 완벽한 접근성을 가진 그런 매체와 수단이 있을 텐데, 어떻게 하면 진실을 보다 넓게 펼 수 있을까 고민하다가 어쩔 수 없이 영화를 하게 된 거예요. 영화는 그런 면에서 벌써 2세기 전의 유물인 거죠. 19세기 유물을 다시 활용하고 있는 셈인데, 여하튼 계속 새로운 언론 수단, 미디어 수단 개발을 위해 시행착오를 거듭할 생각이고, 「GO발뉴스」의 틀 속에서 원 소스 멀티 유스에 대한 시도들을 다양하게 진행해보려 합니다. 그런 의미에서 당장 내년부터는 「GO발뉴스」가 주축이 돼서 1인 미디어를 네트워크화하려고요. 다양한 애플리케이션 개발자들을 지원하는 문제, 새로운 미디어 개발을 위한 일종의 포럼 등을 상시적으로 이끌어나갈 생각입니다. 셋 다 비밀인데, 다 얘기해버렸네. (웃음)

'노래하는 사람' 한희정

"내가 재미있는 일을 한다.
최대한 즐겁게."

지승호,
THE INTERVIEW

한희정

싱어송라이터. 메이저 그룹 '더더'를 통해 데뷔했다. 탈퇴한 박혜경의 공백을 메꾸며 2001
년 더더 3집 『The Man In The Street』를 냈고, 2003년에 밴드 형태로 발매한 4집 『The
The Band』로 제1회 대한민국음악상 올해의 음반상을 수상했다. 이후 '데미안'에서 활동하
던 정상훈과 함께 프로젝트 그룹 '푸른새벽'을 결성해 네 장의 음반을 발표하면서 매니악
한 팬들을 확보했고, 2008년 1집 『너의 다큐멘트』를 통해 솔로로 데뷔하였다. 작사, 작곡,
편곡, 연주, 프로듀싱까지 담당하는 다재다능한 면모를 보이며 홍대 신(scene)뿐만 아니라
대한민국을 대표하는 여성 싱어송라이터로 자리 잡았다.

INtro

　　2013년 가요계의 가장 큰 흐름 중 하나는 여성 싱어송라이터의 귀환이 었습니다. 일곱 번째 앨범으로 돌아온 장필순을 필두로 오지은, 선우정아, 요조, 타루, 프롬, 최고은 등이 앨범을 발표했고, 한희정도 솔로 2집 『날마다 타인』을 발표하여 한국대중음악상 팝 부문 후보에 오를 만큼 음악적인 성취를 인정받았습니다. '원조 홍대 여신'이라는 이미지는 한희정에게 영광이기도 하고, 굴레가 되기도 했죠. 그 이미지 탓에 음악적인 평가 면에서 다소 손해를 입는 느낌이 있었으나 2013년 발표한 『날마다 타인』을 통해 그것마저 극복해가는 것으로 보입니다. 다양한 콘셉트의 공연 역시 매진 행진을 하며 인기 공연으로 자리매김하고 있습니다. 2001년에 데뷔해 벌써 데뷔 15년 차를 맞는 한희정은 즐겁게 음악을 하면서도 음악적 고집이 대단해 보였습니다. 준비에 들어갔다는 다음 앨범이 기대됩니다.

좀 더
직설적으로

"예전과 다르게 「흙」의 가사는 직설적으로 썼다.
이제는 가사로 메시지를 전달하는 것에 관심이
더 가게 되었다."

🔲 2013년에 2집을 내고 나서 스스로 그 결과물과 반응들에 만족스러우셨나요?

한희정(이하 한) 네. 재미있었어요.

🔲 어떤 점이 제일 만족스러웠나요?

🔲 일단은 제가 음악 하는 사람이라는 것을 각인시켜 준 앨범이라만족스러워요. 음악에 있어서는 그렇게 큰 변화라든지 새로운 시도랄것이 그리 많지는 않았거든요. 있다면 스트링 편곡 정도였는데, 그것을 음악의 전면에 내세운 것은 처음이었기 때문에 그 부분에 있어서는새로운 시도라고 할 수 있지만 음악적인 면에서는 늘 해오던 방식이었어요.

지 많은 분들은 「흙」이라는 타이틀 곡과 코믹한 뮤직비디오 때문에 색다르게 느꼈던 것 같습니다. 타이틀 곡으로 「날마다 타인」과 「흙」 중에서 고민하다가 고르신 것 같은데, 팬 입장에서는 그 한 곡 때문에 앨범 전체를 낯설게 받아들일 수도 있지 않습니까?

한 그렇죠. 일단은 관심을 끄는 트랙이 필요했어요. 제가 가지고 있는 이미지 때문에 쉽게 부각되지 않을 것 같다는 우려가 가장 컸거든요. 어차피 듣는 사람들에 따라서 모든 곡들은 다르게 느껴질 것이고… 「흙」 한 곡이 유일하게 흥겨운 트랙이잖아요. 그런데도 앨범 전체를 그렇게 생각하시는 분들이 더러 있더라고요. 재밌는 반응 중 하나는 흥겨울 줄 알고 찾아서 들었는데, 곡들이 다 음산해서 무서웠다는 반응이었어요. (웃음)

지 어떤 면에서는 편하게 즐기신다는 느낌이 들지만, 팬들이 가지고 있는 기존 이미지를 배신한다는 데 대한 두려움은 없었나요? (웃음)

한 남성 팬이 줄기는 했어요. (웃음) 여성 팬의 비율이 좀 높아지기는 했는데, 저는 대중 앞에 나서는 일 자체를 불편해하기 때문에 어떤 이미지든 사실, 오히려 제 모습이 아닌 것으로 보이는 것이 가장 불편하죠. 그래서 어떻게 보면 이번 이미지가 저의 수많은 모습 중에서 가장 저다운 모습이라서 즐길 수 있었던 것 같아요. 뭐 그렇습니다. (웃음)

지 한희정 씨가 공연하는 걸 어머니가 보시고 '어떻게 저 성격에 공연을 하냐?'고 그러셨다던데… 솔로 1집 나오면서부터 앨범 재킷을 비교해보면 점점 한희정 씨 얼굴이 작아지면서 없어져요. (웃음) 데뷔 앨범에는 얼굴이 크게 나오고, 『끈』에는 엎드려 있는 모습이 나오고, 『잔혹한 여행』에는 멀리서 찍은 전신사진이에요. 2집에서는 아예 그림이거든요. (웃음)

한 하하. 그렇네요. 글쎄요. 제 무의식이 그렇게 작용했는지 모르겠어요. (웃음) 사실 일러스트를 재킷으로 쓴 것은 『끈』에서 하려고 했다가 못한 것이라… 사실 무의식과는 상관없는 일 같긴 해요. 자연스레 그렇게 흘러간 거죠.

지 첫 번째 솔로 앨범을 내실 때 처음으로 상업적인 고려를 했다고 말씀하셨는데요. 아무래도 홍대 여신이라는 이미지와 분리될 수 없었던 것 같고요. 거기서부터 조금씩 벗어나려고 했던, 그런 이미지보다 나는 음악으로 승부하겠다는 마음이 작용했던 것 같기도 합니다. 외모만 가지고 얘기되는 게 불편하니까 그걸 벗어나기 위해서. (웃음)

한 지금은 제가 드러나는 부분들에 대해 받아들이려고 노력해서 많이 편해진 상태인데요. 앨범 재킷이라는 것이 가장 쉽게 나를 알리는 매체잖아요. 그래서 첫 솔로 앨범에서는 '이런 음악을 하는 사람이다'라는 식으로 제 얼굴을 재킷에 넣었어요. 다들 못 알아봐서 그게 문제였던 거죠. 도대체 누구냐고 그러시더라고요. (웃음) 그다음 앨범들부터는 음악이랑 맞는 커버를 골랐죠.

지 「날마다 타인」에서는 관악기를 쓰다가 뒷부분에 50인조 오케스트라까지 나오는데요.

한 스트링 편곡은 오래전부터 했던 건데, 스트링만을 가지고 노래를 만든다는 것이 제게는 처음 있는 일이었어요. 그걸 또 앞쪽에 놓은 것은 사실 좀 이례적이었죠. 처음에는 피아노로 먼저 만들었다가 재미가 없어져서 첼로를 넣기 시작했는데, 재밌는 거예요. 그래서 첼로도 넣고, 바이올린도 넣고 하다 보니까 후렴구에 가서는 50인조 급이 되더라고요. 녹음한 친구가 고생 좀 했죠.

지 2013년 한국대중음악상 올해의 앨범 팝 부문 후보에 올랐는데, 기대는 하셨나요? (웃음)

한 이해가 안 돼요. 그 음산한 앨범이 어떻게 팝 앨범 후보에 올랐는지. (웃음) 노미네이트 자체가 의외였어요. 수상은 전혀, 수상 못할 거라고 생각했죠. 그냥 올려준 거 아닌가, 이렇게 생각했어요. (웃음)

지 '푸른새벽'이나 '더더' 4집에 비해서 솔로 앨범들에 대한 음악적 평가가 박했잖아요. 후보에 올랐으니 음악적으로 인정받았다는 생각이 드셨을 것도 같은데요.

한 저로서는 이해가 안 되는 부분들이 좀 있었어요. 후보의 기준이라는 것이 심사위원들 사이에서도 의견이 분분하지 않았나 싶었죠. 후보들을 쭉 보니까. 그래서 음악적으로 인정을 받았다기보다는 '구색 맞추기인가?' 하는 생각이 들어서 의외였어요. 그리고 푸른새벽 앨범도 노미네이트된 적이 한 번도 없는걸요.

지　「100beat」와의 인터뷰에서 「엄마, 이 편지는」이나 「날마다 타인」은 전과 비교해 크게 다를 바 없는 가사인 반면 「무소음」이나 「흙」은 내가 변화를 맞고 있다는 반증이 아닐까 생각한다. 그 변화를 스스로도 재미있다고 여기고 있다'고 말씀하셨는데요.

한　옛날에는 직설적인 것을 별로 좋아하지 않았어요. 푸른새벽 가사나 이후의 가사들만 보더라도 이게 도대체 무슨 말이야, 싶은 것들이 참 많았죠. 그런데 「흙」의 가사는 정말 너무 직설적이잖아요. 있는 사실 그대로를, 느낀 것 그대로를 노래하는 거니까. 「무소음」도 마찬가지고요.

지　그 전에는 경험을 은유적으로 표현했다면 이제 직유법으로 표현하기 시작했다는 건가요?

한　굳이 구분을 하자면 이전에는 언어를 어떤 메시지를 전달하는 목적으로 쓰지 않았던 거죠. 가사를 이미지나 사운드의 일환으로 생각한 거예요. 언어를 통해서 전달하는 것이 메시지라기보다는 소리, 그리고 어떤 언어에서 느껴지는 이미지, 저는 언어라는 것이 정말 신기한 게, 얘가 소리가 되기도 하고 이미지가 되기도 하고 메시지가 되기도 하거든요. 그중에서 가장 선호했던 방식이 메시지보다는 이미지나 소리였어요. 이제는 어떤 메시지에 관심이 더 가게 된 거죠. 그게 변화라고 할 수 있겠네요.

지　'가사로 이미지를 전달하려고 노력하다 보니 불친절하게 느껴질 수 있다'는 얘기를 예전에 하셨는데요. 예전에는 가사 내용보다 전체적인 느낌을 중시했는데, 이번에는 메시지를 전달하는 쪽에도 관심을 가지게 되었다…. 어떤 계기가 있었나요?

한 　계기는 시계를 산 것, 화분을 키운 것. (웃음)

지 　그 전에도 물건은 사셨을 텐데요. (웃음) 그런 것을 음악으로 표현하는 방식이 바뀐 것이고요.

한 　사실 시계는, 그 시계가 처음 산 시계예요. 그 이전에는 선물 받은 시계를 썼는데, 그 시계가 무소음이었어요. 화분은 처음 키운 것이고요.

지 　소음에 예민하신 편인가 봐요?

한 　째깍째깍 대는 소리 있잖아요. 그 소리가 나면 잠을 못 자요.

지 　소리가 나는 그 시계는 어떻게 하셨어요? (웃음)

한 　익숙해졌어요. 참 웃기죠. 익숙해지다니. (웃음)

불순한 의도로
문학에 빠지다

"가사를 잘 쓰려고 문학작품을 읽기 시작했다. 파울로 코엘료, 한강, 최승자 작가를 좋아하는데, 지금은 문학 자체가 좋다."

지   가사를 쓰는 데 영감을 주는 것들이 있나요? 아니면 가사가 잘 써지는 때가 따로 있나요?

한   가사가 써지는 순간이 있어요. 그 순간 어떤 느낌이 있는데… 말로 표현하기는 힘드네요. 물론 써야겠다, 하고 쓸 때도 많죠. 폼 잡고 있다가 그 느낌이 오면 써 내려가게 되는 것 같아요.

지   「바다가」는 허수경 시인의 시로 노랫말을 만든 거죠?

한   「바다가」와 「이 노래를 부탁해」는 가사가 먼저 있었죠. 「바다가」는 제가 좋아하는 시예요.

지   책도 좋아하고, 시도 좋아하시는 것 같아요.

한   좋아할 뿐 많이는 못 읽어요. 다독은 힘들고, 요새는 하는 일이 좀 많아져서 틈틈이 보고 있어요.

지   음악 가사와 시에 차이가 있다고 생각하세요?

한   한강 작가님은 음악에 있어 가사는 시가 아니겠냐고 말씀하셨는데, 저는 그렇게 생각하지 않아요. 어떻게 시겠어요? (웃음) 물론 시적인 가사도 있죠. 그런데 제가 쓰는 가사는 시랑 거리가 먼 것 같고, 가사는 그냥 가사인 것 같아요. 물론 「바다가」의 가사는 시를 노래로 만든 것이기 때문에 그것은 예외로 하고요. 하지만 약간의 자랑을 좀 하자면 어제 연극 연출하시는 분과 잠깐 통화를 했는데, 후배 연출가가 연출하는 「본:다」라는 연극에 제 노래 「나는 너를 본다」라는 곡을 추천해서 그 곡을 공연에 쓰고 있다는 얘기를 하시면서 『날마다 타인』 앨범 잘 듣고 있다, 왜 이렇게 글을 잘 쓰냐, 가사 보고 놀랐다, 작가 해도 되겠다고 하시더라고요. 그게 자랑입니다. (웃음) 하지만 가사는 시가 아니라는 것.

지　가사를 잘 쓰시는 이유는 아무래도 책을 많이 읽어서인가요? 홈페이지에도 보면 책 읽는 얘기가 굉장히 많이 나오고, 인터뷰 때도 그런 얘기가 많이 나오는데요.

한　그게 다예요. (웃음) 음악을 많이 들어봤다고 해서 노래를 다 만들 수 있는 것도 아니고, 책을 많이 읽었다고 해서 글을 다 잘 쓸 수 있는 것은 아니고… 그런데 일단 도움이 많이 되는 것 같아요. 학창 시절에는 문학에 크게 관심이 없는 사람이었어요. 음악을 해야겠다고 마음먹은 순간부터 많이 읽기 시작했죠. 정말 재미있더라고요.

지　어떻게 보면 가사를 잘 쓰기 위해 읽은 거네요. 파울로 코엘료, 한강, 최승자 작가 등을 좋아한다고 들었습니다.

한　전례를 찾아보기 위해, 잘 쓴 글이란 어떤 것인지를 공부하기 위해 읽은 거죠. (웃음) 그렇게 불순한 의도로 읽기 시작했는데, 지금은 문학 자체를 좋아하고 즐기고 있어요.

지 말씀하신 것처럼 학창 시절에 책을 많이 읽은 것도 아니고, 학과도 행정학과를 중퇴한 것으로 알고 있는데요. 더더 3집으로 데뷔하면서부터 가사를 쓰기 시작하셨잖아요.

한 더더 3집은 다 사랑 노래예요. 그 당시 어린 여자애가 쓸 수 있는 가사였죠. 문학적이지도 않았고, 누구나 쓸 수 있는 종류의 가사였어요. 그런 가사여야 했고요.

곡 쓰는 것이 제일 편한 사람

> "방송에 까메오로 나갔다가 '나는 왜 여기에 있나' 하는 생각을 했다. 음악 자체보다 이슈나 이벤트가 우선이 된 현실이 서글프다."

지 더더 3집 활동을 하면서 힘들었다고 하셨는데, 어떤 부분이 가장 힘들었나요?

한 잘해내지 못한다는 열등감이 컸어요. 지금은 많이 편해진 부분이 있지만, 당시에는 TV에 나가야 했고, 라디오에서 개인기를 해야 했어요. (웃음) 정말 못하겠더라고요. 많이 한 것도 아니었어요. 지금 예능에서 많이 활동하고 있는 사람들처럼 한 것도 아니었는데, 그 몇 개가 불편하더라고요. 또 그런 것들을 잘 못하니까 팀에 미안하기도 했고요. 밴드에서 프런트에 나서는 사람인데.

지　솔로 데뷔했을 무렵의 영상들을 보면 TV에서 당황스러워하고 어색해하는 모습이 보이는데, 지금은 좀 편해지신 것 같아요. 적극적으로 활동 영역을 확장할 생각은 없나요?

한　없어요. (웃음)

지　얼마 전에 보니까 「방송의 적」에 카메오로 나가셨더라고요.

한　노출시키기 위해서 나갔는데, 아니더라고요. 그들은 더 이상 저를 불러주지 않았죠. (웃음) 저 역시 정말 못하겠구나, 나는 왜 여기에 있나, 계속 그런 생각이 들었어요. 나는 집에서, 방구석에서 곡을 쓰는 것이 제일 편한 사람이구나, 하는 생각이 들었어요. 누구나 그렇겠죠. 진행하는 이적 선배님이나 다른 뮤지션들도 다 그럴 텐데, 그들은 잘하는 거죠. 방송을 즐길 줄 알고, 예능을 할 줄 아는 것인데… 글쎄요, 저도 하다 보면 늘까요? 잘 모르겠어요.

지　이적 씨나 윤종신 씨하고는 입장이 좀 다르긴 하지만, 그분들은 음악 활동을 꾸준히 하기 위해서라도 방송 활동을 하시는 것 같아요. 음악 활동을 지속적으로, 하고 싶은 음악을 하려면 하기 싫은 일도 해야 되지 않나요?

한　그렇죠. 어떻게 보면 노후 대책 같은 건데. (웃음) 글쎄요, 그런 생각이 들기는 해요. 그분들은 옛날부터 많은 인기를 얻고 있는 분들이고, 그만큼의 인기를 유지하기 위해서는 현재의 음악 시장에서, 이 시스템 안에서 많이 노출되고 많은 사람들의 입에 오르락내리락 회자되어야 하고, 나아가 그렇게 하지 않으면 안 되게 되어버렸어요. 정말 암울하게 돼버린 건데, 우리나라의 음악 산업이 이상해진 거예요. 옛날에는 음악과 음반이 먼저였거든요. 그런데 지금은 어떤 이슈나 이벤트가 먼저예요. 그분들도 그것을 알기 때문에 어쩔 수 없이 하시는 거고, 물론 하다 보니까 재밌어서 계속하시는 거겠지만, 한편으로는 서글프기도 해요.

지 예전에 '음원 시장이 거대한데, 실제적으로 뮤지션의 입지는 나아지지 않고 있다'고 하셨어요.

한 누구나 느끼고 있죠. 음악을 하는 사람들은 모두 느끼고 있어요. 다만 그것에 대항할 힘이 아직 없고, 뮤지션들이 사실 잘 뭉치지를 못해요. 개인 작업을 하는 사람들이기 때문에. 뭉쳐도 안 될 판에 안 뭉치고 있죠. (웃음) 대중에게 큰 인기를 얻고 있는 사람들이 목소리를 내줄 필요가 있다고 생각해요. 그들로서는 쉽지 않은 일이겠죠. 유명한 분들이 이끌어줬으면 하는 바람이 있어요. 후배로서, 그리고 덜 유명한 사람으로서. (웃음)

지 '페스티벌이 활성화되는 것은 좋지만 페스티벌만 즐긴다'고도 하셨습니다. 페스티벌의 활성화가 뮤지션들에게 실질적으로 도움이 많이 되지는 않는다는 얘기 같아요.

한 보탬은 많이 돼요. 설 무대가 많다는 것은 뮤지션들한테 좋은 거잖아요. 푸른새벽 할 때는 큰 무대에 섰던 적이 별로 없고, 작은 클럽에서 안 좋은 장비로 많이 했어요. 그런데 그때 공연 보러 온 사람들의 표정을 아직도 잊을 수가 없어요. 정말 음악을 들으러 온 사람들인 거예요. 최근에는 페스티벌 같은 큰 무대에서 공연할 일이 많잖아요. 관객들한테 '쟤, 뭐 재밌는 거 하려나?' 그런 기대감이 더러 보여요. 페스티벌이 많아진다는 얘기도 그런 서비스 면에서 관객들에게 즐거움을 주는 공연들이 많아진다는 것이죠. 물론 어떤 뮤지션들의 음악을 좋아해서 들으러 오는 사람들이겠지만, 놀러오는 거잖아요. 그게 나쁘다는 생각은 안 해요. 그것대로 좋은 면이 있죠. 하지만 예전과 지금 관객의 표정은 많이 달라요.

지 예전에 신해철 씨가 표현한 것처럼 음악과 음악가에 대한 리스펙트가 줄어들었다는 건데요. 예전에는 커피 한 잔을 준비하고, 진공관 앰프를 데우고, LP를 재킷에서 꺼내고 다시 비닐에서 꺼낸 후 판을 한 번 닦잖아요. 그리고 그걸 턴테이블에 올리고 20여 분을 들은 후 다시 뒤집어서 사이드 B를 듣게 되는데, 지금은 CD 시대, MP3 시대를 지나 인터넷 스트리밍 서비스를 받는 시대라 조금만 마음에 안 들면 다른 노래로 휙휙 넘겨요. 거기에 음악가들이 적응하기도 해야 될 것 같아요.

한 그 부분이 현재의 음원 시장과 관련 있어요. 너무 헐값에 팔리는 거죠. (웃음) 그건 정말 부조리한 일이거든요. 정말 이상한 상황이에요. 그런데 이상하다고 생각하지 않고, 사람들이 들어요. 심지어 뮤지션들

중에서도 그런 서비스를 받는 사람들이 있어요. 저는 안 씁니다. 한 달에 얼마 내면 100곡 다운로드, 이런 식으로 많이 하잖아요.

지　진입 장벽이 없어진 셈인데, 음악을 하고 싶으면 누구든지 음원을 만들어서 올릴 수 있으니 다양화될 것 같지만, 실제로는 듣는 것만 듣게 되잖아요. 차트 상위에 올라온 것만. 예전에 케이블TV가 처음 나와서 채널이 많이 생기니까 프로그램이 다양해질 줄 알았는데, 인기 예능프로그램만 일주일에 수십 번씩 재방을 하거든요. 채널이 많아져도 잘되는 프로그램만 사람들이 더 보게 되는 상황하고 비슷한 것 같아요.

한　채널이 많아지면 많아진 만큼 유명한 것만 유명해지는, 부익부 빈익빈이라고 할까요? (웃음) 돈 버는 사람은 돈 많은 사람이라는 얘기가 있잖아요. 그런 것처럼 채널이 많아진다고 해서 기회가 많아졌다는 것은 말이 안 되는 얘기죠. 트위터에 이이언 씨가 음원이 판매되고 있는 실정에 대해서 글을 올린 적이 있어요. '마트에 있는 모든 물건을 월 3,000원에 구입하실 수 있습니다. 아니 그게 어떻게 가능하죠?'라고요. 모든 제품이 3,000원에 판매된다면 마트 몫의 이윤을 우선 제한 후, 남은 수익을 잘게 가루 내 판매자들에게 주는 거잖아요.

지　결국은 유통업자들의 힘이 커지고 거기서는 공급하는 사람들을 쥐어짤 수밖에 없는 상황이 되어버린 건데요.

한　그렇죠. 지금은 음악뿐만 아니라 모든 곳에서 그런 식으로 되어가고 있는 듯해요.

"더더 오디션인지도 몰랐다. '처음부터 경력 있는
사람이 어디 있나? 경력은 없지만, 그래도 괜찮
으면 연락달라'고 했다."

지 2014년 4월에 '한희정 봄맞이 락스피릿 충전쑈, 돌아온 댄싱머신' 공연을 하셨잖아요. 공연 때마다 콘셉트를 바꾸려면 준비도 많이 해야 되고, 힘들 것 같은데요.

한 많이 힘들어요. 한 달 넘게 공연 생각밖에 못해요.

지 그러면 매진되어 봐야 대관료도 내야 하고….

한 그렇죠. 인건비가 안 나와요. 같이 하는 사람들 밥도 사줘야 되고. (웃음)

지 솔로 2집 앨범에 대해서는 창법이 더 성숙해졌다는 평을 듣습니다. 『잔혹한 여행』 이후 3년간 발성 연습을 한 덕이라면서요.

한 『잔혹한 여행』 앨범까지는 정기적으로 연습하지 않았거든요. 그러다 보니까 하는 것만 하게 되는 것, 그게 싫었어요. 나는 이만큼 하고 싶은데 이것밖에 안 되네… 그만큼을 극복하기 위해서 연습했죠. 목소리가 크게 달라지지는 않을 거예요. 제가 가지고 태어난 것이기 때문에. 다만 성대 자체가 근육인데 근육을 너무 방치해뒀던 것 같아요. 노래도 하면 늘거든요. 목소리도 살짝 풍부해지고, 힘이 생기고. 그래서 이번 앨범에서는 그렇게 불렀죠.

지   운동선수들도 계속 운동을 해서 근육을 유지하고, 운동마다 필요한 근육이 다르지 않습니까? 노래에 맞는 근육을 개발해야 할 텐데, 거기에 대해서는 계속 고민을 해야 되고, 내 몸에 맞는 근육인지는 본인만이 알 수 있을 것 같은데요. 계속 불러봐야 될 것 같고요.

한   그래서 더더욱 연습이 필요해요. 정말 노래를 잘했던 유명한 사람들 있잖아요. 타고난 사람들. 그런 사람들이 최근에는 잘 못 부르는 모습을 많이 봐요. 안타깝죠. 관리를 잘했더라면 좋을 텐데. 타고나는 것에는 연습해도 안 되는 게 있잖아요. 저는 연습하는 게 맞는 사람인 것 같아요. 제가 추구하는 발성은, 정말 자연스러운데 뭔가가 있는, 정말 자연스럽고 좋은데, 뭔가 느껴지는 게 있는 그런 목소리예요.

지   더더 오디션을 볼 때, 그쪽에서는 새로운 앨범을 내고 활동을 해야 되니까 경력자를 뽑으려고 했는데, '경력이라는 게 쌓아야지 있는 것이지, 처음부터 있는 사람이 어디 있나? 경력은 없지만, 그래도 괜찮으면 연락해라' 하고 메일을 보내셨다면서요. (웃음)

한   하하하. 제가 좀 당돌했죠. 그래서 연락이 왔어요.

지   리더 김영준 씨는 자신이 굉장히 좋아하는 목소리를 발견했기 때문에 1년 동안 10시간씩 트레이닝을 시켰을 거예요. 그분도 나중에 인터뷰에서 따라와 줘서 고마웠다고 얘기했는데, 당시에는 좀 막막하기도 하고 그랬을 것 같아요. 그 과정을 지금 생각해보면 어떠세요?

한 앞으로 그렇게 또 할 수는 없을 것 같아요. (웃음) 가능성을 본 거겠죠. 제가 가지고 있는 음악적인 부분을 가지고 저를 뽑은 것 같아요. 저보다 노래를 잘하는 사람은 많았어요. 프런트맨으로서 더 잘할 수 있는 사람도 있었고요.

지 사람이 자기 안에 여러 면을 가지고 있긴 하지만, 한희정 씨 같은 경우 진폭이 큰 것 같다는 생각도 들어요. 때로는 당돌하게 행동하기도 하고, 보통은 '저기는 나름 프로밴드인데' 하기도 하고요.

한 그때 더더의 오디션인지 모르고 갔어요. 음악을 하기로 마음먹은 순간 일단 밴드를 해야겠다고 생각했고, 활동을 하고 있는 팀에 들어가는 것이 빠르게 무언가를 배울 수 있는 기회라고 생각했어요. 그런데 그게 메이저 팀이라고 생각한 적은 없어요. 저는 연예인으로서의 꿈은 없었거든요. 더더는 직접 곡을 쓰고 메이저에서 활동하지만 음악적인 자부심도 있고, 내가 배울 수 있는 것이 많겠다 싶었죠. 그래서 '경력 있는 사람을 뽑는 것은 알지만, 누구는 처음부터 있느냐, 연락 달라'고 한 거죠. '제발 나를 뽑아주세요'는 아니고, '찾다가 없으면 연락 주세요' 이런 식의 내용이었어요. 일주일 만에 연락이 오더라고요. 정말 찾다가 없었나 봐요. (웃음)

욕심 많은 프로듀서

"더더 4집 나오고 '여기까지구나' 싶어서 탈퇴했다. 내가 혼자 다 해야 되는 성격이기도 했고, 잃을 게 없기 때문에 나올 수 있었다."

지 어릴 때부터 아버님이 듣던 송창식, 패티김 같은 분들 음악을 들으면서 막연하게 음악을 하겠다고 생각하셨다면서요.

한 친척들 중에 악기를 전공하는 언니, 오빠들이 많았어요. 피아노는 학교 들어가기 전부터 쳤고요. 그러다가 바이올린을 전공하는 언니로부터 바이올린을 배우기 시작했죠. 재능 있다고 하니까. 그래서 지원을 해주셨던 건데… 레슨 때마다 연습을 너무 안 해서 혼나기만 했어요. 예중에 입학하려다가 안 가고, 그때부터는 취미로만 했어요. 아빠도 음악을 좋아하시고 친척들도 음악을 전공한 분들이 많으니까 음악에 대한 생각이 무의식중에 늘 있었던 것 같아요. 그런데 연주자는 아닌 것 같고, 내 음악을 해야겠다고 생각했어요. 그래서 그것을 빨리 배우고 습득할 수 있는 밴드를 찾았던 것이고.

지 그러면 롤모델이 되는 사람이 있었나요? 밥딜런처럼 해야지, 이런 식의.

한 그런 게 없었어요. 어떤 누군가의 음악을 듣고 쇼크를 먹어서 음악을 해야겠다는 결심을 하고… 이러지 않았어요. 그냥 하다 보면 내가 되어 있겠지, 하고 생각했죠. 어릴 때는 백지였어요. 모든 것을 다 흡수

했고.

지　음악도 굉장히 다양하게 들었던 것 같거든요. 아버님 때문에 들었던 가요라든지, 70년대 록, 일렉트로닉 등 다양하게 섭렵하신 것이 지금 음악하는 데도 도움이 되는 것 같아요.

한　메탈은 못 들었어요. 데스메탈 장르는 들어보지를 못했네요.

지　밴드를 하는 과정에서 혼자 공부를 하고, 실험을 해온 것 같은데요. 솔로 1집을 같이 작업했던 'MOT'의 이이언 씨가 같이 작업하고 나서 '처음에는 내가 프로듀서의 역할을 하면 되겠구나 생각했는데, 오산이었다. 그녀는 이미 훌륭한 프로듀서였고 모든 작·편곡과 연주, 녹음을 혼자 도맡아 해냈다. 나 역시 그러한 작업 방식을 전폭적으로 지지하는 쪽이었으므로 나는 사운드를 좀 더 깔끔하게 정돈하는 역할을 맡기로 했다'라고 얘기했잖아요. 밴드를 하면서 혼자 공부하고 실험한 결과인가요?

한　과찬이죠. (웃음) 실험이라고 치면 그 이전의 것들이 시행착오가되기 때문에 실험은 아니고요. 저는 혼자 다 해야 되는 성격인 거죠. 누구한테 맡기지 못하는 그런 사람 있잖아요. 누가 뭐 하고 있으면 '내가할게, 이리 줘봐' 그러는 사람인 거죠.

지　어떻게 보면 더더에서 나오게 된 것도 음악적으로 '이거 내가 할게' 할 수 있는 입장이 아니고, 아무래도 김영준 씨가 음악적 영향력을 더 많이 행사할 수밖에 없으니까 그랬던 건가요?

한 영준이 오빠 팀이니까요. 더더 4집 나오고 '여기까지구나' 하고 생각했어요. 단적인 예를 들면 이런 거죠. 영준 오빠가 쓴 곡 중에 가사는 제가 쓰고, 가이드만 불러놓고, 이 곡은 좀 아닌 것 같으니까 빼자고 해서 뺐던 곡이 있어요. 그런데 그게 5집에 실려 있는 거예요. 그때 나오길 잘했다고 생각했죠. (웃음)

지 더더 4집은 상업적으로는 성공하지 못했지만 음악평론가들의 평이 좋았지 않습니까? 박준흠 씨는 '더더 4집 『The The Band』는 작년 김광진 4집처럼 현재 한국 오버그라운드뮤직신에서 나올 수 있는 최고 수준의 앨범이다'라고 했고, 제1회 한국대중음악상 올해의 앨범상도 받았어요. 그래서 어떤 분들은 '결과물이 좋았는데, 왜 탈퇴했을까?' 이런 얘기도 했던 것 같은데요. 당시 가슴네트워크하고 인터뷰한 것을 보니까 불편하거나 불만인 부분을 솔직하게 얘기했더라고요. 활동하면서 힘들었던 얘기들도 거침없이 하셨고….

한 힘들었던 부분들은 그런 거겠죠. 프런트맨으로서 메이저 신에서 연예인같이 하지 못한 것에 대한 미안함과 불편함. 사실 제가 나가겠다고 했을 때 5집까지 해보자고 잡았어요. 근데 제가 재미없어져서. (웃음) 잃을 게 없었기 때문에 그런 것 같아요. 영준 오빠는 그렇지 못한 사람이거든요. 부양해야 할 가족이 있고, 돈을 벌어야 하고… 음악을 하는 데 있어서도 그런 것들이 작용하는 것 같아요. 음악을 만들 때 저보다는 많이 복잡한 사람이죠.

푸른새벽

> "앨범에 있어서 나의 비중이나 대중의 평가에 크게 연연하지 않는다. 나는 그냥 곡 만드는 것이 제일 재미있는 사람이다."

지   정상훈 씨와 2001년에 푸른새벽을 결성하셨죠.

한   2001년 2월인가 3월에 처음 알게 됐고, 클럽 빵에서 공연을 한 건 겨울쯤부터였어요.

지   더더에서보다 역할이 훨씬 커지고, 1집 평도 좋았어요.

한   저는 비중에 있어서 욕심은 없어요. 같이 작업을 하면서 느껴지는 재미를 중시하죠. 영준 오빠는 음악적 실험이나 성취 이전에 성공을 해야 하는 사람이었고, 상훈 오빠는 그런 것보다는 하고 싶은 것을 하자는 사람이었기 때문에 그런 면에서 저랑 맞았어요. 그래서 같이 작업하면서도 재미있었고.

지   푸른새벽은 언제든지 같이할 수 있게 열려 있다고 말씀하셨던 것 같은데요. 2012년에는 김연수 씨와 크리스마스 앨범을 했어요.

한   크리스마스 앨범은 정말 뜬금없이 하게 됐어요. 늘 연락은 하고 지내는데, 어느 날 '너 세 곡만 불러라' 그러는 거예요. '그래' 그랬더니 그러면 그냥 푸른새벽으로 작업하자고 하더라고요. 그래서 제 앨범 작업하다 말고 뜬금없이, 2주 만에 뚝딱 만들었어요.

지 　푸른새벽에 대해서는 늘 그렇게 열려 있다고 말씀하시는데, 더 더와는 앞으로 같이할 일이 없을 것 같은 느낌으로 말씀하시잖아요. (웃음)

한 　상훈 오빠가 세 곡만 불러달라고 한 것은 자기 앨범에 피처링 식으로 해달라고 했던 거예요. 저도 피처링으로 참여해주겠다고 한 건데, '그러면 그냥 푸른새벽으로 내자' 그렇게 된 거죠. 그런데 더더 같은 경우, 저는 탈퇴한 사람이고 그 팀에는 보컬이 있기 때문에 피처링할 일이 없어요.

지 　「100beat」 선정 2000년대 베스트 앨범 100에 더더의 4집이 국내 35위에 올랐고, 푸른새벽의 3집이 국내 25위에 올랐어요. 그리고 「대중음악 SOUND」지에서 뽑은 인디명곡 100선에는 더더의 「작은새」, 푸른새벽의 「스무살」이 선정되었습니다. 여기에 동의하시나요? 다른 게 훨씬 좋은데, 하는 생각이 들 수도 있을 것 같은데요. (웃음)

한 　저는 평에는 크게 신경 안 써요. 어떤 분은 2집을 듣고 '이런 음악 하는 사람인 줄 몰랐다. 이렇게 재능 있는 사람인 줄 몰랐다'고 하세요. 저는 그 이전부터 계속 그렇게 해왔고, 다만 제 이미지만 확 바꾼 건데 그게 그 앨범을 부각시킨 거예요. 그게 제 앨범에서 제가 한 일을 부각시킨 것이고, 녹음, 연주, 편곡, 프로듀싱까지 직접 했는데 동료 뮤지션들도 잘 몰라요. 믹싱하는 분들이 다 해준 줄 알더라고요.

지 　내가 한 거니까 다 알 줄 알고, 1집 나올 때도 별 말씀 안 하셨다고 했잖아요.

한 생색을 내야 된대요. 저는 부끄러워서 안 했는데 그렇게 하지 않으면 모른다는 거죠. 비평이라는 것이 그런 것과 많이 연관이 있는 것 같아요. 어떤 사람은 앨범 리뷰조차 그런 식으로 써요. 믹싱, 프로듀싱 등에 대한 이해 없이 편견, 선입견을 가지고 쓰는 거예요. 그래서 저는 평가에 크게 연연하지 않아요.

지 평가에 연연하지는 않더라도 자기가 한 부분에 대해서 사람들이 제대로 봐주는 게 좋지 않나요? 그래서 그걸 알리기 위해 노력할 필요도 있는 것 같은데요. 어떻게 보면 초기에 홍대 여신이라는 콘셉트로 알려지게 된 것이 음악적으로는 저평가를 받게 하는 역할을 한 것 같은데요.

한 사실 그래서 많이 홍보가 됐을 거예요. 아마 그 이름 때문에. 사람들은 쉽게 볼 수 있는 것을 먼저 보잖아요. 그런 것을 좋아하고. 그런데 어떤 장기적인 측면에서는 저에게 약간 해가 된 거죠. 그래서 이번에는 엉뚱한 이미지를 가지고 가야겠다 생각한 것이고요.

지 물론 예능이긴 하지만, 「방송의 적」에서 '이제 홍대 여신이 아니라 홍대 댄싱머신으로 불러달라'고 하셨어요. 홍대 여신으로 불리는 분들이 다들 그 얘기들을 싫어하거나 달갑지 않게 생각한다고 들었습니다.

한 아니, 저는 싫지는 않아요. 여신이라고 해주는데 누가 싫어요. 여신이 너무 많을 뿐. 그러니까 저는 여신 안 하고 다른 거 하고 싶어요. (웃음) 저는 곡 만드는 것이 제일 재밌는 사람이니까, 그거 하는 사람으로.

이미지와의 싸움

"작업을 직접 하는데도, 누가 다 해줄 것 같은 이미지로 보여지는 것 같다. 선입견을 깨려고 작업 제의를 정중히 거절한 적도 있다."

지   1집부터 관계가 주제인데요. 『너의 다큐멘트』,『끈』,『잔혹한 여행』,『날마다 타인』… 물론 대중음악이라는 것이 관계나 사랑 얘기를 주로 다루기는 하지만 앨범 타이틀이 전부 관계를 연상시키는 경우는 많지 않았던 것 같아요. 그렇게 관계에 천착했던 이유가 무엇인가요? 개인적으로 사람과의 관계를 힘들어했나요? (웃음)

한   제가 사교적인 편이 못돼요. 사람을 사귀는 데 재주가 없어요. 낯도 많이 가리고. 폐쇄적인 사람이 더 세상에 관심을 갖는 것처럼 관계에 재능이 없어서 관계를 공부한 것일 수도 있죠.

지   다음 앨범은 관계를 벗어난 콘셉트로 하겠다고 했는데, 이제 관계에 대해서 많이 알게 됐으니 자신감을 갖고 다른 걸 해보겠다는 건가요? (웃음)

한   하하하. 친구가 많이 생겼어요. 음악 하는 친구들도 많이 생기고, 음악 안 하는 친구들도 많이 생겼어요.

지 이번 앨범에서는 무나 씨, 해금 연주자 김보미 씨 등과 협업을 하셨는데, 다음 앨범에서도 그런 계획이 있나요?

한 아직 곡 작업을 하는 단계라서 떠오르는 것은 없네요. 다음 앨범은 한희정 표 발라드예요. 2집에서도 「더 이상 슬픔을 노래하지 않으리」 같은 곡을 가장 좋아하는 분들이 계세요. 『잔혹한 여행』의 「드라마」나 『끈』의 「멜로디로 남아」같이 느린 노래들, 그리고 어쿠스틱한 노래들이 제 목소리랑 잘 맞아요. 그래서 아예 기타와 첼로와 바이올린, 그리고 제 목소리까지 4중주로 편곡할 계획이에요. 2013년 단독 공연에서 한두 곡을 바이올린과 첼로와 기타에 노래했는데, 참 좋더라고요.

지 인터뷰 때마다 밴드 멤버를 구하기 힘들어서 작업에 어려움을 겪은 얘기가 나오더라고요. 처음에는 솔로로 데뷔하지 않으려고 했는데 멤버 구하기가 어려워서 솔로로 데뷔했다는 말씀도 하셨고요.

한 푸른새벽을 하면서 저의 또 다른 메인이 되는 프로젝트를 하려고 했어요. 저는 리듬을 좋아했고, 그래서 리듬에 능통한 드러머, 그리고 드럼을 치지만 시퀀싱도 가능한 멤버를 찾았죠. 그런데 없더라고요.

지 사실 연주하는 사람은 굉장히 많지만 본인 음악에 맞는 연주자를 구할 수 없었다는 얘기로 들리는데요.

한 한번은 정말정말 유명한 분의 메일을 받았어요. 제 데모를 듣고 연락을 주셨는데요. 정말 대선배님. 제 눈을 의심했죠. 그런데 정중하게 거절했어요. 너무 거대한 분이라, 제 팀이 아니라 그분의 팀이 될 것 같은 느낌이 들었어요. 음악적인 면이 아니고 외부에서 보이는 이미지 자체가. 그런 선입견을 피하고 싶어서 거절했죠.

지 그동안 혼자 작업했음에도 불구하고 남들이 그렇게 느꼈던 부분에 대한 피해의식 같은 것일 수도 있겠네요. 이이언 씨하고 작업했을 때도 이이언 씨가 프로듀싱한 것으로 생각하고.

한 이이언 씨가 연주까지 하지 않았느냐고, 그 사람이 기타 다 쳐준 줄 알았다고 하는 사람도 있었어요. 제가 약간 그래 보이는 게 있나 봐요. 누가 다 해줄 것 같고. 실제로는 제가 다 해야 되는 그런 사람인데.

지 보통 우울함을 탈피하기 위해서 곡을 쓴다고 하셨는데, 1집의 「우리 처음 만난 날」은 밝은 노래예요.

한 그 노래는 그런 곡을 만들어야겠다고 생각해서 만든 곡이에요. 밝은 상태에서 자연스럽게 만들어진 곡은 없는 것 같아요. 「우리 처음 만난 날」 같은 곡은 부를 때 제가 아닌 것 같은 느낌이 들 때가 있었어요. 그런데 최근에는 이런 생각이 들더라고요. 아주 나한테 없는 면은 또 아니니까 나도 그럴 때가 있지, 하는.

지 밴드 할 때 아무래도 우울한 정서의 노래들이 많았고, 그 노래들이 너무 잘 어울리다 보니까 푸른새벽의 팬들 중 일부에서는 어떻게 이렇게 밝은 노래를… 배신감 느긴다는 반응도 있었던 것 같은데요. (웃음) 그분들 중 남아 있는 팬들은 '아, 여러 가지를 가진 사람이구나' 하

고 편해졌을 것 같아요. (웃음)

한 인정했겠죠. 푸른새벽만 할 사람은 아니라는 것을. 그런데 푸른새벽의 감성을 늘 가지고 있어요. 그것만 하지는 않을 뿐.

지 달파란 씨가 믹싱을 하셨는데, 프로듀싱이 아니라 믹싱만 한 것은 처음이라고 들었거든요. 이분도 음악적 고집이 상당하신 분이잖아요.

한 에피소드가 하나 있는데요. 어떤 곡에서 달파란 샘(선생님)이 믹스를 하다가 '귀찮아서 안 하려고 했는데… 그래, 내가 이거 하나 해준다' 하고 되게 선심 쓰듯이 해주신 게 있어요. 그런데 저는 그게 마음에 안 들었던 거죠. (웃음) 감사하지만, 이건 안 하는 게 좋을 것 같아요, 하고 뺀 적이 있어요. 이건 처음 얘기하는 거예요. (웃음) 달 샘이 프로듀싱 안 하고 믹스만 한 것은 처음이라 '아, 믹스만 한다는 것은 이런 기분이구나' 하시더라고요. 처음 알았대요. 믹스가 정말 잘된 것 같아 감사하죠.

지 『이야기해주세요』 앨범에 참여하셨는데요. 「이 노래를 부탁해」가 첫 번째 곡으로 들어갔잖아요. 모든 사람들이 그 곡을 꼽았다고 들었습니다. 내로라하는 분들이 참여했기 때문에 기분 좋으셨을 것 같은데요. 인정받았다는 의미잖아요. (웃음)

한 인정의 분위기는 아니었고요. (웃음) 첫 번째 트랙으로 적당하다는 거였죠. 노래들이 다 좋았어요. 다들 진지하게 작업했고. 재밌었어요. 소규모 아카시아 밴드의 송은지 씨가 그 앨범을 기획하면서 이 앨범이 하나의 몸처럼 다가갔으면 좋겠다고 하셨어요. 거기에 착안해서 목소리로만 노래를 만들었죠. 그래서 첫 트랙같이, 인트로처럼 느껴졌을 거예요.

지 『이야기해주세요』 앨범을 작업하고 공연하는 과정에서 (송)은지 씨나 다른 분들하고 다들 친해진 것 같아요. 관계에 대해서 친구가 많이 생겼다고 한 부분이 그 부분에서도 해소가 된 것 같은데요. (웃음)

한 맞아요. 은지 씨한테 그래서 너무 고마워요. (웃음) 앨범에 참여하는 다른 뮤지션들과도 모두 만나 같이 회의하고, 서로의 공연을 보고… 정말 좋았어요.

지 노래할 때는 얌전한데, 평소에는 4차원적이라고 하는 사람도 있더라고요.

한 친한 사람들한테는 그런 모습을 보여주죠. 어렸을 때 여동생한테 보여주면 저한테 항상 '또라이'라고 했어요. 엄마, 아빠도 그 모습은 몰라요.

지 어떤 것을 보여줬길래. (웃음)

한 모르겠어요. 그냥 저의 있는 그대로를 보여주는데, 또라이래요. (웃음)

지 회사에 다닌 적도 있고, 동대문에서 일한 적도 있다고 들었는데,

지금은 전업으로 해도 괜찮은 건가요?

▣ 부모님이 의류업을 하셨어요. 도와드리면서 앨범 작업을 했죠. 그러다가 다른 일을 하면서 돈을 버는 것과 음악 하면서 돈을 버는 것에 별반 차이가 없다는 걸 알았어요. 그래서 지금은 음악만 하고 있어요.

한희정은
완벽주의자?

"완벽주의자는 아니다. 다만 내 한계나 능력을 잘 알고 있다. 하고 싶은 것을 하기 위해서 한계 안에 있는 것들을 할 뿐이다."

▣ 아티스트로서의 지향점이랄까, 앞으로 어떤 음악을 하고 어떤 음악가로 기억되고 싶은가요?

▣ 어렸을 때는 그런 게 있었죠. 큰 영감을 주거나 감동을 주거나 그렇게 영향을 주는 사람이요. 사명감 같은 것을 가지고 했는데, 하다 보니까 제가 재밌는 것이 짱이더라고요. (웃음) 그러다 보면 사람들이 '아, 이 사람은 어떤 음악을 하는 사람이구나' 하고 자연스럽게 생각하게 되겠죠.

▣ 음악을 잘하기 위한 욕심도 굉장히 많으신 것 같아요. 어떤 인터뷰에서 음악과 연애의 공통점에 대해 '둘 다 환희와 절망을 동시에 품고 있지. 미숙해서 열정적이기도 하고. 나는 음악 쪽에 더 중독돼 있어. 단

한 번의 환희를 위해 수만 개의 절망을 겪어야 한다고 해도 포기할 수 없거든'이라고 표현하셨어요. (웃음) 그만큼 음악에 대해서 뭐라고 할까, 몰입 같은 것이 있다는 얘기인데요.

한 저만의 고집이 있죠. 어릴 때부터 습득하면서 키워온 저만의 감성이 있어요. 그걸 표현하면서 또 달라지는 저만의 작법이 있고요. 그런데 그것을 어떠한 틀에 고정시키고 싶지는 않아요. 최대한 해보고 싶어요. 최대한 해보고, 좋은 것을 만들고 하면서. 그렇다고 제가 완벽주의자는 아니에요. 동료 뮤지션들 중에는 저를 그렇게 생각하는 사람들이 있어요. 물론 그 완벽주의라는 것이 상대적인 개념일 수 있죠. 제가 다른 어떤 뮤지션을 볼 때 '너무 완벽주의 아냐?' 이렇게 생각할 수도 있거든요. 저는 제 한계나 제 능력을 잘 알고 있는 것 같아요. 그 안에서 추구하는 거죠. 하고 싶은 것을 하기 위해서 할 수 있는 것을 하고 있는 거예요.

지 취미라고 해도 만 피스짜리 퍼즐을 맞추는 건 힘든 일이잖아요. 좋아하지 않으면 못하는 일이고, 그렇지 않은 사람에게는 고문이잖아요. 그런 것을 좋아하니까 즐겁게 한다는 느낌이에요. 다른 분들 음악도 많이 들으시나요?

한 최근에 음악은 많이 못 들었고, 영화를 많이 봤어요.

지 영화도 음악처럼 폭넓게 좋아하시더라고요. 허진호 감독의 「봄날은 간다」하고 「혹성탈출」을 같이 좋아하시잖아요. (웃음) 최근에는 어떤 영화를 재미있게 봤나요?

한 웨스 앤더슨 감독의 「그랜드 부다페스트 호텔」을 재밌게 봤어요. 그 감독 영화를 좋아해요. 그리고 짐 자무쉬 감독의 「오직 사랑하는 이들만이 살아남는다」도 재미있었고요. 「논스톱」도 봤고… 꽤 많이 봤네요.

지 다시 영화에 출연하고 싶은 생각은 없나요? (웃음)

한 영화에 출연했던 것은 영화음악을 만드는 것이 재미있을 것 같아서였어요. 그게 조건이었어요. 음악영화이기 때문에 뮤지션이 스스로 출연해야 된다고 해서. 공연하는 장면들이 꽤 많이 나오거든요. 노래 만드는 신이라든지. 그 영화 이후로 두어 번 시나리오를 받았는데, 거절했죠.

지 지금까지 낸 앨범 중에 가장 애착이 가는 앨범은 어떤 건가요?

한 너무 많아서… 벌써 열 장이 됐더라고요. 최근 앨범에 가장 애착이 가네요.

지 지금까지 낸 앨범들이 스스로에게 각각 의미가 있을 것 같아요. 특별히 의미가 있는 앨범이 있을 것 같은데요. 어떤 계기가 됐다든지.

한 일단 한희정 1집은 솔로의 첫 앨범이라 그런 면에서 의미가 있을 거예요. 이번 앨범은 앞으로 제가 가야 할 이정표가 되어준 것 같아서 의미가 있는 듯해요.

지　정규 앨범과 EP를 내는 기준이 있나요? EP는 짧으니까 아쉬워서 '좀 늘려 정규앨범 내지' 하는 팬들도 있잖아요.

한　느낌이 좀 달라요. 말로 표현하기는 좀 힘들어요. 『잔혹한 여행』에 대해서도 그 앨범을 좋아하는 분들이 왜 EP로 냈냐, 두어 곡만 더해서 정규앨범으로 내지, 그런 분들이 많았어요. 그런데 저한테는 느낌이 안 왔어요.

지　『잔혹한 여행』이 나왔을 무렵의 인터뷰를 보니까 그중 세 곡을 「잔혹한 여행」, 「드라마(밴드 버전)」, 나머지 전부들이라고 꼽았던데, 지금 시점에서 가장 좋아하는 곡은 어떤 건가요?

한　지금 앨범 중에서 세 곡을 고르는 게 맞는 것 같아요. 「무소음」, 「나는 너를 본다」, 「날마다 타인」을 좋아해요.

지　그런데 타이틀 곡은 「흙」이네요. (웃음)

한　귀에 가장 쉽게 들어오니까요.

지　제목이 대체적으로 좀 짧은 편입니다. 한 글자짜리도 있어요.

한　긴 것도 있어요. 푸른새벽 노래 중에 저도 잘 못 외우는 긴 제목의 노래가 있어요. 「우리의 대화는 섬과 섬 사이의 심해처럼 알 수 없는 짧은 단어들로 이루어지고 있다」. (웃음)

나에게 팬이란?

"음악은 들어주는 사람이 없으면 불가능한 일이다. 그들이 있기 때문에 음악을 계속할 수 있다. 고마운 사람들이다."

지 솔로 작업과 밴드 작업에는 어떤 차이가 있나요? 장단점도 있고 스스로 느끼는 행복감의 차이도 있을 것 같은데요.

한 밴드에 대한 열망을 달리 표현해보면, 음악적인 메이트에 대한 열망이 될 거예요. 나도 그렇고, 다른 멤버도 그렇고. 서로에게 큰 영감을 주거나 서로 재밌는 지점을 교차해서 공감할 수 있는 부분들이 많은 팀을 해보고 싶죠. 될 수 있을지는 모르겠어요. 그게 밴드여야 한다면 더더욱이나. 밴드는 적게는 세 명, 많게는 대여섯 명까지 있으니까 마음 맞는 서너 명을 한꺼번에 만나서 관계를 유지하는 일이 그렇게 쉽지가 않아요. 사실 친하게 지내는 뮤지션이 많아야 팀도 해보자고 하는데 아는 사람이 별로 없어서 그런 것일 수 있어요. (웃음)

지 언어유희를 즐기는데, 그 코드가 맞는 사람이었으면 좋겠다는 말씀도 하셨어요.

한 유머코드가 맞는다는 것은 정말 중요한 일이예요.

지 그게 음악적 견해보다 더 중요한가요? (웃음)

한 하하하. 음악적인 지점들이 완전히 같으면 또 재미가 없죠. 좀 다르고, 스펙트럼도 넓고, 좋아하는 부분들이 많이 겹치고, 그러면서 시너지가 나는 사람이면 좋겠는데, 유머코드가 다르면 겹치기 힘들더라고요.

지 밴드 멤버의 다른 조건은요?

한 글쎄요. 일단 프로 의식이 있으면 좋겠고 열려 있는 사람이면 좋겠어요. 유머러스한 사람이면 좋겠고요.

지 본인은 여러 가지 면을 가지고 있고, 2집 앨범 재킷을 그런 의미로 받아들이는 사람들이 많았거든요. 내 안의 타인들 얼굴이 CD 형태로 만들어진 것을 들춰보고 있는. 2011년 2월 11일, 홈페이지에 쓴 글이 '내가 가진 수많은 얼굴 중 가장 대조적인 두 얼굴이 있습니다. 그것을 꺼내어 나란히 놓았다가 살며시 포개어보기도 합니다. 웃는 것 같기도 하고 우는 것 같기도 한 그 얼굴이 낯설게 느껴집니다'라는 글인데요. 두 가지 얼굴은 어떤 얼굴인 건가요?

한 글쎄요. 단어로 표현하자면 기쁨과 슬픔 같은, 서로 반대가 되는 단어들이 있죠. 사람의 얼굴이라는 것은 어떠한 단어 안에 한정할 수 없잖아요. 대조적인 두 얼굴이라고 하는 것은 그 수많은 모습 중에 가장 대조되는 두 개를 뽑은 거예요. 「두 얼굴의 여자」라는 공연 때문에 쓰게 된 글인데, 루시아로 활동하고 있는 (심)규선이한테 저와 똑같은 옷을 입혀서 게스트로 등장하게 했죠.

지 본인에게 팬은 어떤 의미인가요?

한 앞으로도 음악을 할 수 있게 해주는 고마운 사람들. 혼자 방구석에서 작업하는 것을 좋아한다고 하지만 들어주는 사람이 없으면 불가능한 일이잖아요. 그들이 있기 때문에 계속할 수 있는 거죠.

지 음악을 만들 때 수용자들을 의식하고 만드는 것은 아니잖아요.

한 완전히 배제하지는 않아요. 정말 실험적인 예술만을 추구한다면 저는 완전히 다른 음악을 할 거예요. 판매가 되는 것이고, 들으면서 제가 느낄 때 좋아야 되기도 하고, 어떤 사이트에서 유료로 다운받고 싶게 만들어야 하기 때문에.

지 어떻게 보면 사람 나이가 숫자에 불과하다고 할 수 있지만, 마흔 넘어가다 보면 음악 색깔도 바뀌고 그래야 되지 않나 하고 생각하는 분들이 있어요. 동안이라 그렇지, 얼마 안 남았잖아요. (웃음) 그때쯤 되면 어떤 변화를 줘야 되나, 거기에 대해 고민하고 계신가요?

한 「우리 처음 만난 날」 같은 곡은 다시 쓰지 못하겠죠. 그 곡은 당시에도 일부러 만든 곡이었고, 앞으로도 쓸 수 없을 것 같아요. 아는 언니가 이런 얘기를 한 적이 있어요. 어렸을 때 어떤 밴드를 하는데, 그 밴드 노래를 하면서 문득 이런 생각이 들더래요. 내가 나이 마흔이 돼서도 이 노래를 부르고 있으면 어떻게 하지? 질문하신 것과 비슷한 맥락이겠네요. 저는 사실 그 나이이기 때문에 할 수 있는 게 있다고 생각해요.

지 사람이 어떤 나이를 계기로 변할 수도 있지만, 그렇지 않고 예전의 것을 가지고 그 나이에 맞게 조금씩 확장해가면서 넓어질 수도 있는 거니까요. 푸른새벽 노래를 라이브에서는 안 하시죠?

한 제 솔로 공연 때는 안 하죠.

지 팬들 중에는 한두 곡 해주면 좋겠다고 생각하는 분들이 있지 않나요?

한 올 초 공연에 게스트로 상훈 오빠를 불렀어요. 푸른새벽으로 공연을 했죠. 친구가 보면서 울었대요. 내가 지금 푸른새벽 노래를 듣고 있다니, 하면서. 그런데 주위에서 훌쩍훌쩍 소리가 들리더래요. (웃음)

지 그런 분들을 위해서라도 두 분이 그런 자리를 자주 마련해야겠네요. (웃음)

한 이제 자주는 못하죠.

지 홍대 신도 처음 데뷔할 때에 비해 많이 변했을 것 같은데요.

한 음악에 대한 관심보다는 즐기기 위한, 혹은 가십거리를 위한 콘텐츠들이 많이 생겨났어요. 실질적으로 클럽들은 많이 줄었고, 90년대 말에 있던 클럽들이 대부분 사라졌죠. 저는 가끔 클럽 빵에 공연 보러 가거든요. 그때나 지금이나 똑같아요. 사람들이 잘 안 와요.

지 홍대가 너무 상업적인 공간으로 변해서 싫다는 말씀도 하셨는데요. 공연할 수 있는 공간이 많이 없어졌죠.

🔲 홍대 클럽이 많이 사라졌죠. 날것 그대로 들을 수 있는, 여과 없이 새로운 것을 들을 수 있는, 개성 넘치는 그런 곳이 사라지고 있다는 것은 좋지 않은 일이죠.

🔲 인디뮤지션으로서의 정체성이랄까, 그런 것을 가지고 계신 건가요?

🔲 사람들이 개념을 어떻게 정리하는지 모르겠어요. 스스로 앨범을 제작하는 사람이고 회사에서는 매니지먼트와 유통을 맡고 있고, 그런 면에서 보면 저는 인디뮤지션이죠. 그렇게 따지면 '10㎝'도 인디뮤지션인데, 10㎝는 정말 유명하잖아요.

🔲 간섭 없이 독립적으로 음악을 할 수 있다는 의미인 것 같은데요. '크라잉넛'도 대중적인 밴드라고 할 수 있지만, 여전히 클럽에서 노래하잖아요. 앨범을 만들 때 독립적인 방식으로 만들고요.

🔲 그런 면에서는 인디뮤지션이라고 할 수 있겠네요.

dance, dance…
otherwise we're lost

"음악을 계속 쓰고 만들기 때문에 내가 살아갈 수 있는 것 같다. 그렇지 않으면 길을 잃을 것이다."

지 　본인의 뮤지션으로서의 장점은 뭐라고 생각하세요? 다른 사람보다 이런 건 나은 것 같다. (웃음)

한 　잘 모르겠어요. 비교를 못하겠어요. 그건 다른 사람들이 판단하겠죠.

지 　음악적으로 욕심이 나는데 지금은 좀 아쉽다, 더 갖췄으면 좋겠다, 하는 부분이 있나요?

한 　그런 부분은 있죠. 지금 하고 싶은 작업을 하기 위해서는 더 많은 것이 필요해요. 스펙트럼도 더 넓어야 하고, 필요한 많은 부분들을 스스로 느끼고 있어요.

지 　보통 음악 작업 순서는 어떻게 되나요?

한 　곡마다 달라요. 어떤 곡은 드럼을 먼저 프로그래밍하기도 하고, 어떤 곡은 기타를 먼저 치기도 하고, 어떤 곡은 흥얼거리다 멜로디가 먼저 나오기도 하고, 어떤 곡은 가사를 먼저 쓰기도 하죠. 건반을 먼저 친 곡도 있고요.

지   한희정에게 음악이란 어떤 의미인가요? 식상하지만 늘 끝에 나오는 질문이니까요. 그리고 대답도 매번 다르죠. (웃음)

한   그렇죠. 『날마다 타인』을 작업할 때 한강 작가님이 이런 말을 해주셨어요. 독일의 현대무용가 피나 바우쉬가 영화 「피나」에서 그런 말을 해요. 'dance, dance… otherwise we're lost'라고. 그 말을 인용하면서 '열심히 쓰고, 열심히 만들고, 열심히 부르면서 살아가자'고 말씀하셨어요. 참 위로가 되더라고요. '음악은 내 삶이야' 그건 좀 부끄럽고, 계속 쓰고 만들기 때문에 계속 살아갈 수 있는 것 같아요. 그렇지 않으면 피나의 말처럼 길을 잃을 것이기 때문에.

지   한희정에게 타인은 어떤 존재인가요? 2집 작업하시면서 타인의 의미에 대해 한 번 더 곱씹어봤을 것 같은데요.

한   「시네도키, 뉴욕」이라는 영화에 필립 세이모어 호프만이 연극 연출가로 나와요. 항상 다른 사람 작품만 각색해서 연출하다가 거대한 상금을 받고, 자신을 중심으로 등장인물만 1,300명이 되는 거대한 연극을 만들어요. 우리가 살아가면서 삶이라 할 수 있는 이 시간의 흐름 안에 꽉 차 있는 것이, 관계잖아요. 사랑도 그렇고, 가족도 그런데. 마무리를 이렇게 하더라고요. 결국 그들은 모두 나 자신이 될 수 있고, 나는 나고, 나는 너고, 너는 너고, 너는 나다, 이런 식의 경계 없는, 경계를 굳이 나눌 필요가 없는 거죠. 지금 타인은 그렇게 생각돼요.

지   그런 의미에서 타인이 누군지를 생각하다 보면 타인하고 다른 지금의 나, 한희정이라는 사람이 어떤 사람인지에 대해서도 생각해봤을 것 같은데요.

한 그런 생각은 늘 하죠. 조금씩 낯설어져요. 갑자기 내 손을 보거나 지금 하고 있는 일을 문득 다시 떠올리거나 지금 내가 여기 앉아 있는 것을 문득 인지할 때, 나라는 존재가 너무 낯설죠. 내가 지금 여기 있구나, 내가 여기 존재하고 있구나, 하는 사실을 새삼 느끼는 거예요. 최근 낯설게 느껴질 때가 많았어요. 뮤직비디오 편집을 제가 했는데 편집하는 동안 저를 계속 보잖아요. 정말 제가 아닌 것 같더라고요.

지 그런 경험을 남들보다 많이 하시는 거잖아요. 보통 사람들도 자기가 듣는 목소리와 녹음으로 듣는 목소리가 달라서 '어, 내 목소리가 이래?' 하고, 끔찍하다고 생각하는 경우가 있잖아요. 음악 하면서 자신의 목소리를 계속 듣고 영화에 출연해서 자신의 모습을 보다 보니까 더 그런 생각이 들 수 있을 것 같은데요.

한 좀 다른 차원인 것 같아요. 말로 어떻게 표현해야 될지 모르겠네요.

지 사람들과의 관계에 있어서 두려워하는 부분이나 살면서 무섭다고 생각하게 되는 부분이 있나요? 사람들이 각자 가진 트라우마가 다르잖아요.

한 믿었던 사람한테 실망한 적이 있어요. 그런 부분에 있어서 좀 조심하려고 하는 편이에요. 그때는 어렸고, 그저 나의 모든 것을 여과 없이 다 보여주면 나를 잘 알 것이라 생각했는데, 모르더라고요. 나의 모든 것을 다 보여준다고 해서 나를 잘 아는 것은 아니더군요. 지금 친하게 지내는 친구들에게는 모든 것을 보여주기도 하지만, 조심스럽게 대하죠. 배려도 하고, 약간 거리를 둘 때도 있고.

지　그게 사실 관계에 있어서 맞는 태도이긴 한데, 뭔가 공허한 느낌이 들 때도 있을 것 같아요.

한　오히려 예전의 경험이 더 공허했어요. 가족들한테 막 하는 사람들 있잖아요. 가족이기 때문에 다 받아줄 것이다. 저는 그렇지 않거든요. 나 자신에게도 지켜야 할 예의가 있어요. 거리를 두는 것이라 할 수 있는데, 벽을 치는 것이 아니라 배려와 예의라고 생각하고 있어요.

지　지난번 「디시인사이드」 인터뷰에서 예전에 뮤지션이랑 연애했느냐는 질문에 연애했다는 얘기는 밝혔지만, 거기에 대해 구구절절이 밝히는 것은 옳지 않다고 하셨어요. 그게 만났던 사람에 대한 예의라고 생각하신 건데, 요즘 방송에서는 그런 것을 얘기하게 만들잖아요. 방송과 거리를 두는 것에 그런 이유도 있나요?

한　동생(배우 한주완)이 유명해지면서 같이 출연하겠느냐는 제의를 한두 번 받았어요. 같이 출연해서 나눌 얘기가 어려웠을 때 얘기라든지 가족사, 개인적인 일들이잖아요. 저는 음악 하는 사람이고, 대중 앞에 나설 때는 음악 하는 사람으로서 음악에 대한 얘기를 하고 싶으니까 출연하지 않겠다고 했죠.

지 동생이 잘돼서 그런 제의가 오는 것이 기쁘면서도 10년 넘게 음악을 해왔는데 가십거리 비슷하게 소비되는 것이 불편하셨겠네요.

한 받아들이기로 했어요. 동생이 잘되는 일은 저에게도 기쁜 일이에요.

지 음악을 통해 대중들에게 더 노출되고 싶다는 생각은 안 해보셨나요? 해보니까 나는 그런 게 적성에 안 맞는 사람이라고 생각하는 건가요?

한 그렇죠. 뮤지션이 자기를 노출할 수 있는 통로가 없잖아요. 예능하고 있는 사람들을 보면 참 잘한다는 생각이 들지만, 한편으로는 저런 방식으로 노출할 수밖에 없네, 하는 생각도 드니까. 그 부분에 있어서는 저도 늘 고민하고 있어요. 저에게만 한정되는 얘기가 아니고, 모든 뮤지션들이 같이 고민해봐야 될 문제이고, 모든 매체와 리스너들이 다 함께 고민해봐야 되는 문제겠죠.

지 인터뷰를 마무리하면서 마지막으로 하실 말씀은 없나요?

한 인터뷰하면서 음악 생활을 정리하는 시간을 갖게 됐어요. 감사합니다.

지승호, THE INTERVIEW

지은이 | 지승호

초판 1쇄 발행일 2015년 5월 15일
초판 2쇄 발행일 2015년 11월 2일

발행인 | 한상준
편집 | 김민정 · 이현령 · 이경민
표지 디자인 | 조경규
본문 디자인 | 김성인
종이 | 화인페이퍼
인쇄 · 제본 | 영신사

발행처 | 비아북(ViaBook Publisher)
출판등록 | 제313-2007-218호(2007년 11월 2일)
주소 | 서울시 마포구 월드컵북로 6길 97 2층(연남동 567-40)
전화 | 02-334-6123 팩스 | 02-334-6126 전자우편 | crm@viabook.kr
홈페이지 | viabook.kr

ⓒ 지승호, 2015
ISBN 978-89-93642-98-8 03300